Political Parties and World Politics

Volume Ⅰ

政党与世界政治（第一辑）

王存刚 / 主编

当代世界出版社
THE CONTEMPORARY WORLD PRESS

主编的话

2017 年 12 月，中国共产党与世界政党高层对话会举行，习近平总书记在主旨讲话中指出："政党在国家政治生活中发挥着重要作用，也是推动人类文明进步的重要力量。"从实践来看，政党不仅是国内政治的重要行为体，还通过不同方式对世界政治产生影响。一方面，政党在国内制度框架下的活动影响国家的政治生态、经济发展和社会稳定，影响国家的对外政策取向与对外关系状况；另一方面，政党通过跨国互动，直接参与全球或地区的和平、发展与合作进程。既往的世界政治研究主要聚焦国家和国际组织两大行为体，没有充分反映世界政治行为体的多样化状况，特别是没有给予政党在世界政治中的作用足够重视。因此，世界政治研究确实需要"把政党找回来"。

有鉴于此，2020 年以来，我在南开大学周恩来政府管理学院推动"政党与世界政治"这一主题的学术研究和学生培养工作，发起"政党与世界政治"工作坊，邀请国内相关领域的知名学者举办专题学术讲座；举办"全球发展与政党责任"学术研讨会，来自中国人民大学、复旦大学、外交学院、云南大学和中国社会科学院、中国国际问题研究院、上海国际问题研究院等 14 家单位的 18 位学者参与此次活动，中国社会科学网对活动做了专题报道；主办"区域国别视野下的政党政治与政党外交"博士生论坛，来自复旦大学、中国社会科学院大学、外交学院、山东大学、中山大学、南开大学等高校20位朝气蓬勃的年轻学人做了精彩发言，收入本专辑的部分论文就是由参会论文修改而成。与此同时，我个人及指导的研究生也在《世界经济与政治》《当代亚太》等权威学术期刊上围绕这一主题发表论文，部分论文收入本专辑。

感谢南开大学周恩来政府管理学院领导和同事们的大力支持。没有他们的支持，相关工作是无法开展的，更不可能顺利推进。

感谢当代世界出版社编辑刘娟娟女士。刘编辑的热情和通达、高水平的专业能力和高效率的工作作风，均给我留下深刻印象。没有她的鼎力相助，这本专辑不会如此迅速出版。同时还要感谢当代世界出版社邀请的复审专家。专家的严格把关，有力保证了本专辑的学术质量。

感谢所有参与南开大学周恩来政府管理学院“政党与世界政治”工作坊相关学术活动的专家学者和硕博士研究生。正是你们的支持和鼓励，坚定了我们继续走下去的信心。

政党与世界政治研究未来可期！让我们共同努力！

王存刚

2024年5月5日

目录
CONTENTS

主编的话

百年未有之大变局与中国共产党外交领导力∥1
王存刚

执政党认知、国家战略与全球治理机制变革
——以中国共产党与全球气候治理机制为例∥26
王存刚

执政党领导力与后发国家在全球价值链中的位移
——基于对印度尼西亚的过程追踪研究∥58
王存刚　朱方迪

马来西亚不同政党应对“一带一路”的策略探究（2013—2023 年）∥93
赵新雷

政党认知、共识效应与冷战后的美国外交政策∥115
郭新靓

美国对华竞争战略中的政党政治探析∥150
王佳霖

止于水边还是趋向分裂
——1920 年以来美国两党对外政策意识形态的演变趋势与极化特征研究∥177
熊辰锐

社会集团、政党结盟与变革政治：从土地改革透视 2003—2010 年巴西卢拉政府的战略困境∥203
董青青

国际关系研究的两大结构主义差异性比较
——兼谈如何进行马克思主义的政党结构分析∥227
孟凯强

帝国主义概念的差异逻辑与重塑∥253
梁岱桐

百年未有之大变局与中国共产党外交领导力*

王存刚

【内容提要】当今世界正处于百年未有之大变局，坚持走和平发展道路的中国则日益走近世界舞台中央。面对世界大变局，主要大国间的竞争更趋激烈和复杂，其核心内容之一是国际领导力竞争。国际领导力融合国家实力和国际影响力两大基本要素，是主观因素与客观条件交互作用的结果。作为新型大国，中国虽已在某些领域形成国际领导力，但就更广泛领域和更高层次而言仍存在诸多不足。中国国际领导力的提升需要通过外交领导力提升来实现，作为执政党的中国共产党的外交领导力提升自然就成为中国外交领导力提升的核心内容。面对机遇与挑战并存、变数与希望同在的当今世界，中国共产党外交领导力提升的战略选择应当是：坚持中国与世界共同发展目标，把促进发展作为第一要务；坚持独立自主的外交原则，不结盟、“不打牌”；始终站在国际道义制高点上，坚持正确义利观；坚持推动构建人类命运共同体，努力为世界谋大同；在国际事务中发挥引领、协调、塑造和示范

* 本文为作者主持的山东省重大理论与实践专项重点课题“中国共产党外交领导力研究”的阶段性成果。

作用，积极推进外交体制机制建设。

【关键词】 百年未有之大变局；和平发展道路；中国共产党；国家领导力；外交领导力

一、百年未有之大变局与外交领导力竞争

外交领导力是外交行为体在跨国互动中形成的，其演进态势与世界形势及外交行为体自身状况有关。因此，探讨中国共产党外交领导力，首先必须明了当今世界的历史方位和基本特点。

（一）当今世界的确正处于百年未有之大变局

2018 年 6 月，习近平在中央外事工作会议上首次提出“世界处于百年未有之大变局”这一重大判断，引发学术界和战略界的广泛关注。同年 12 月，在中央经济工作会议上，习近平强调，“变局中危和机同生并存”。在中共十九大报告中，习近平又指出：“世界正处于大发展大变革大调整时期”。[1]虽然报告未使用“大变局”这一名词，但其中关于世界现状及走向的判断与“大变局”一词在内涵上是一致的。对于何谓“百年未有之大变局”，[2]中国学术界已有多种阐释。大体而言，不外乎从全球力量对比变化、世界格局和世界秩序变迁、科技革命兴起及影响等几个变量着眼。[3]由此形成的思考路径、得出的结论或判断无疑有一定价值，但未能触及当今世界大变局的本质，无法令人信服地解释当今世界大变局为何在规模和影响两个维度上百

---

〔1〕 习近平：《决胜全面建成小康社会 夺取新时代中国特色社会主义伟大胜利——在中国共产党第十九次全国代表大会上的报告》，北京：人民出版社，2017 年版，第 58 页。

〔2〕 关于“百年”一词如何理解，国内学者有不同看法。有学者认为，“百年”不是严格的时间界定，而是指着眼于长远看问题。有学者认为，“前所未有之大变局”至少有五个时间维度，即 500 年、400 年、300 年、200 年和 100 年。较多学者认为，“百年”是指 1917 年至今的 100 余年的历史。本文赞同第三种观点，认为其更切合原命题的真实含义。

〔3〕 国内学术界研究“百年未有之大变局”的基本状况，参见朱锋：《近期学界关于“百年未有之大变局”研究综述》，载《人民论坛 · 学术前沿》，2019 年第 7 期，第 6—12 页。

年间前所未有。本文认为，应当透过人类基本生存状态、全球发展格局和世界文明格局三个维度所发生的“前所未有”的重大变化，描述、分析和预测百年未有之大变局。之所以如此，与上述三个维度的特性有关，即它们分别涉及社会分工、人类交往以及由两者交互作用而体现出来的人类整体进步程度三大基本要素，因而它们是衡量世界变化规模和影响的基本标准，也是解决人类生存和发展两大基本诉求的核心条件。

就人类生存状态而言，得益于第四次科技革命，互联网、大数据、云计算、人工智能等技术的发展势头强劲，在使人类生产方式发生重大变革的同时，也使得当今“人类生活的关联前所未有，同时人类面临的全球性问题数量之多、规模之大、程度之深也前所未有”。[1]

就发展模式而言，在整个 20 世纪和 21 世纪初叶，以盎格鲁-撒克逊文明为基底的欧美国家或曰西方国家所采用的经济、政治和社会发展模式，通过殖民化和全球化两种途径，传播到其他国家和地区，一时间似乎成了全世界唯一发展典范和人类唯一正确发展方向；至于曾经具有局部重要影响并一度被视为可以同欧美发展模式相抗衡的所谓“苏联模式”，终因绩效快速衰减，特别是 1991 年苏联解体，而烟消云散。而以中国为代表的广大新兴经济体进入 21 世纪后在经济领域的快速发展以及由此形成的整体实力显著增强态势，特别是这些国家采取的有别于既往的发展模式，不仅意味着全球力量对比乃至世界格局、世界秩序已经发生重大变化，同时意味着国家发展并非以欧美（也包括亚洲的日本）那些先发现代化国家所长期运营、着力倡导甚至强行推销的那种模式为唯一或最优。2008 年国际金融危机和 2020 年全球新冠疫情暴发后，欧美国家所实施的一系列不力的应对措施及其较低的总体绩效进一步强化了人们对这方面的认知。换言之，国家发展模式已有了新

---

[1] 习近平:《论坚持推动构建人类命运共同体》,北京:中央文献出版社,2018 年版,第 509 页。

的选项。[1] 由此，全球发展格局乃至发展方向正在发生根本性变化，选择包容性而不是排斥性的增长模式[2]日益成为潮流。因为只有这种增长模式，才可以使经济全球化和经济发展成果惠及所有国家、地区和人群，并在可持续发展中实现协调和共同发展，实现公平正义。

就人类文明格局而言，中国和印度两个最大发展中国家和新兴市场国家的快速发展成就和良好发展势头，特别是两国战略契合点的不断增多、文化自信几乎同步增强，意味着以两国为代表的东方文明再次复兴。而美国整体实力的相对衰落、对外行为模式日益由国际主义向国家主义的转化，欧盟内部不断升级的争吵和不断扩大的裂痕，跨大西洋关系的日趋冷淡，特别是西方制度自信和文化自信的不断降低，使得近代以来长期占据世界文明格局主导地位的西方文明整体上继续衰落，影响力持续下降。[3] 世界文明格局进入相对均衡状态的可能性则显著增加，文明间平等相待以及在此基础上的交流互鉴已不再是愿景，而是活生生的现实；居高临下对待其他文明的傲慢心态和错误做法已不再被忍受，而是遭到严厉批判和公开唾弃；建立在共同价值基础上、能为关联度前所未有紧密的人类不同群体提供基本道德准则的全球伦理（Global Ethics）已不再被视为乌托邦，而正在成为可能。这样一种

---

〔1〕 正因为如此，习近平才自信地说，中国特色社会主义已经取得的成就，“意味着中国特色社会主义道路、理论、制度、文化不断发展，拓展了发展中国家走向现代化的途径，给世界上那些既希望加快发展又希望保持自身独立性的国家和民族提供了全新选择，为解决人类问题贡献了中国智慧和中国方案”。参见习近平：《决胜全面建成小康社会 夺取新时代中国特色社会主义伟大胜利——在中国共产党第十九次全国代表大会上的报告》，北京：人民出版社，2017年版，第10页。

〔2〕 美国经济学家德隆·阿西莫格鲁（Daron Acemoglu）、詹姆斯·A. 罗宾逊（James A. Robinson）的研究显示：一国所采取的政治和经济制度，决定了该国的经济绩效，进而决定了它与其他国家在经济绩效上的差异。两位学者将不同国家的政治和经济制度用包容性（Inclusive）和汲取性（Extractive）两个概念加以描绘和区分，认为包容性的政治和经济制度是实现国家经济长期增长的关键，汲取性的政治和经济制度虽然在一定时期内可以实现经济增长，但不可持续。详见德隆·阿西莫格鲁、詹姆斯·A. 罗宾逊著，李增刚译：《国家为什么会失败？》，长沙：湖南科学技术出版社，2015年版。

〔3〕 欧美有识之士日益强烈地认识到了这一点。这方面的一个典型案例是：2020年2月召开的慕尼黑安全会议，将“西方缺失”（Westnessless）设定为会议主题，意指西方阵营正变得不那么“西方”，当今世界也没那么“西方”了，世界日益去西方化。这一主题当中的焦虑感、失落感显而易见。

状态在世界历史上的确前所未有。也因此，上述三个方面的变化具有重大世界历史意义。[1]

确立百年未有之大变局这一重大判断，对中国外交的意义重大而深远。它明确了当前和今后一个时期中国外交外部战略环境的新特点与新趋势：既面临"大变"的确定性，又面临"向何处变"的不确定性。由此，中国外交既面临必须审慎应对的重大挑战，同时也面临应当牢牢抓住的重大机遇。就此而言，当今中国的前途和命运就掌握在中国人自己手中，关键是做出正确选择以及在此基础上采取积极有效的行动。

（二）国际领导力竞争是国家间竞争的核心内容

自国际关系产生以来，国家间竞争就是一种常态。[2] 回溯历史不难发现，每次世界大变局总是源于国家间发展不平衡，且总会在演化过程中引发更为激烈的国际竞争，区别只在于卷入竞争的主体及数量、竞争的具体内容及结果。就国际竞争的内容而言，主要涉及国际领导权、全球关键地区和关键领域等多个方面、多种层次。国际竞争的最终结果则是在全球范围内重新实现战略平衡和秩序稳定。

世界大变局意味着世界整体发展方向存在多种可能性。各种可能性对世界各国的利害关系是大不一样的。主要大国都希望自己能够在大变局中发挥引领作用，主动驾驭而非被动应对大变局，从而使不确定性演化为对自身有利的确定性。因此，国际领导力竞争是主要大国身处世界大变局时彼此竞争的核心内容，获得甚至独占国际领导力是主要大国的核心目标。所谓"国际领导力"（International Leadership），按照现实主义国际关系理论的观点，就是一国让他国接受其主导国际事务的地位的能力，是一国物质生产优势相对

---

〔1〕 按照马克思主义观点，不具有世界历史意义的变化，也即未产生"世界历史性的"存在，自然称不上是"世界大变局"。

〔2〕 国际关系的基本状态，大体可用三个"C"来概括，即竞争（Competition）、冲突（Conflict）与合作（Cooperation）。

直接的后果；按照自由主义国际关系理论代表人物约翰·伊肯伯里（G. John Ikenberry）的界定，国际领导力是“一国为实现集体目标而使用自身权力资源组织协调集体行动的能力”，[1] 其关键因素是权力和目的；而“马克思主义视域中的国际领导力，是指特定国际行为体（国家、国际组织、跨国公司等）之间的引领性影响力，或人类整体实践系统中主体性实践子系统间的引领性影响力”。[2] 上述三种关于国际领导力的界定尽管存在明显差异，但至少有两个共同点：其一，国际领导力是在国际互动中形成的，它与集体行动有关；其二，国际领导力是一种综合能力，融合了实力与引领性影响力两大基本要素，是主观愿望与客观条件交互作用的结果。

国际领导力具有多重属性。首先是多样性，即在国际关系和全球事务的不同领域都存在领导力问题。其次是不平衡性，这种不平衡性既指不同国际行为体（通常是主权国家或者说是主要大国）在国际关系和全球事务同一领域的领导力存在差异，比如美国和英国、法国、德国同为北约成员国，但它们在该组织中的领导力显然是不一样的；也指同一国际行为体（通常是主要大国）在国际关系和全球国际事务不同领域中的领导力存在差异，比如德国在欧盟中的领导力与其在全球层次上的领导力就有明显差异。最后是相对独立性，也就是说，一国国际领导力的上升与下降，与该国国家实力和国际地位的上升和下降并不完全同步。比如第一次世界大战结束后，美国已成为事实上的世界头号强国，但直到第二次世界大战结束后，它才从英国手中接过领导世界的权杖。[3]

---

〔1〕 G. John Ikenberry, "The Future of International Leadership", *Political Science Quarterly*, Vol. 111, No. 3, 1996, pp. 387-388.

〔2〕 陈鹏、奚洁人：《马克思主义视域中的国际领导力问题探析》，载《上海行政学院学报》，2017年第1期，第17页。

〔3〕 参见王立新：《踌躇的霸权：美国崛起后的身份困惑与秩序追求：1913—1945》，北京：中国社会科学出版社，2015年版。

二、日益走近世界舞台中央的中国亟须强化外交领导力

中国日益走近世界舞台中央已是客观事实。它与百年未有之大变局同时发生并交互作用，从而对中国外交提出了新的目标和任务。

（一）当今中国的确正在走近世界舞台中央

所谓“走近世界舞台中央”，无疑意味着成为世界核心国家或主要大国。从世界历史看，任何一个被视为世界核心的国家或主要大国，除了必须拥有相当面积的疆域、一定数量的人口之外，还必须拥有强大经济实力、军事实力以及由此产生的强大全球竞争力和影响力。从疆域和人口两个要素看，中国可以与迄今为止世界历史上出现过的任何核心国家或主要大国相媲美；如将上述两个要素结合起来，甚至可以说罕有其比。因此，论证中国日益走近世界舞台中央，主要应涉及中国的经济实力、军事实力和全球竞争力与影响力。

中国经济实力已稳居世界前列。无论何种衡量综合国力的标准，经济实力都构成国家实力的核心要素。纵览国际关系史，一国要走近或者居于世界舞台中央，一定要先成为全球经济中一种构成性乃至领导性力量。[1] 自改革开放以来，特别是进入 21 世纪后，中国经济发展状况举世瞩目。2019 年，中国国内生产总值为 990 865 亿元人民币，连续 10 年位居世界第二位，约占全球经济总量的 16%左右。按年均汇率折算，中国经济总量已达 14.4 万亿美元，与日、德、英、法四大发达国家的国内生产总值之和大体相当。[2] 中国也已成为世界第一大货物贸易国、第二大服务贸易国，是全球近 130 个国家和地区的最大贸易伙伴和最大出口市场。中国对外投资总量已超过吸引

〔1〕 对照近代以来的大国兴衰史和世界经济史，很容易就可以得出这样的判断。参见保罗·肯尼迪著，陈景彪等译：《大国的兴衰》，北京：国际文化出版公司，2006 年版；盖尔·伦德斯塔德著，张云雷译：《大国博弈》，北京：中国人民大学出版社，2015 年版；安格斯·麦迪逊著，伍晓鹰等译：《世界经济千年史》，北京：北京大学出版社，2003 年版。

〔2〕 宁吉喆：《中国经济再写新篇章》，载《中国信息报》，2020 年 2 月 4 日，第 1 版。

外资总量，成为资本净输出国。中国对世界经济增长贡献率多年超过30%。

中国已具备较强的军事实力，能为国际社会提供较多公共安全产品。中国的社会主义国家性质、走和平发展道路的战略抉择、独立自主的外交政策以及“和为贵”的文化传统决定了中国必然选择防御性国防政策。但全球战略格局的深刻变化，国家安全面临的多元、复杂的风险挑战，又使建设同自身国际地位相称、同国家安全和发展利益相适应的稳固国防和强大军队成为中国的必然选择。目前，中国的国防费规模已居世界第二位，军队组织架构和力量体系也已实现革命性重塑。中国积极参加国际维和、海上护航、人道主义救援等行动，加强国际军控和防扩散的国际合作，建设性参与国际热点问题的政治解决，与相关国家共同维护国际通道安全，与国际社会合力应对恐怖主义、网络安全、重大自然灾害等全球性挑战。总之，日益强大的中国军队始终“是维护世界和平稳定、服务构建人类命运共同体的坚定力量”。[1]

中国的全球竞争力和影响力已大幅增强。全球竞争力[2]是全球影响力的来源之一。自1979年世界经济论坛开始对各国竞争力进行评估和排名以来，中国的全球竞争力排名不断提高。根据世界经济论坛2019年《全球竞争力报告》，中国全球竞争力排名第28位，是最具竞争力的新兴市场国家之一，且在市场规模、宏观经济稳定性和创新能力等关键指标上得分靠前，在信息技术等重要领域的表现与主要为发达经济体的经济合作与发展组织成员不相上下。中国在国际组织中的地位和影响力也在不断提升。2018年，中国在世界银行的投票权为4.45%，在国际货币基金组织的投票权为6.09%；均

〔1〕 中华人民共和国国务院新闻办公室：《新时代的中国国防》，北京：人民出版社，2019年版，第12页。

〔2〕 由夏威尔·萨拉·伊·马丁（Xavier Sala-I-Martin）教授设计、2004年首次使用的全球竞争力指数（The Global Competitiveness Index，GCI），可用于衡量一国中长期经济持续增长能力。全球竞争力指数由12个支柱项目构成，包括制度、基础设施、宏观经济稳定性、健康与初等教育、高等教育与培训、商品市场效率、劳动市场效率、金融市场成熟性、技术设备、市场规模、商务成熟性、创新等。

仅次于美国和日本，列第三位。此外，中国在亚洲基础设施投资银行、新开发银行等新建国际金融机构中占有重要地位。越来越多的中国人在国际组织中担任重要职务。

总之，中国的幅员、人口、经济和军事实力特别是发展潜力、日益增长的全球竞争力和影响力，加之中国特色社会主义制度与中华文明悠久辉煌的特质,[1] 使得中国快速发展在国际关系、世界历史和文明史三个方面的意义均十分重大。[2]就此而言，日益走近世界舞台中央的中国的确是引发世界百年未有之大变局的核心变量之一。

（二）快速发展的中国亟须强化国际领导力

中国是一个大国，但绝非传统意义上的大国（Great Power），而是新型大国（New Model of Major-Country）。为有力论证这一判断，理论思想史的简要回顾和概念诠释是必要的。

何谓“大国”，学术界、战略界历来存在不同看法。不少西方学者和战略家都曾对大国做过界定。历史学大家利奥波德·冯·兰克（Leopold von Ranke）专门写过一篇题为《大国》（*The Great Powers*）的文章，认为如果一个国家能够抵御其他国家的威胁，甚至不怕所有其他国家联合起来对付自己，那么这个国家就是一个大国。正如英国学派代表人物赫德利·布尔（Hedley Bull）批评的那样，兰克关于大国的定义是含糊不清的。布尔认为，当人们说到大国的时候，表达了三种意思：一是指两个以上地位具有可比性的国家；二是指被称为大国的国家在军事实力方面占据一流地位；三是指其他国家承认大国拥有某些特殊权利与义务，或者大国的领导人和人民认为本

〔1〕 赵汀阳极具创造性地将中华文明概括为“旋涡模式”，认为“旋涡效应的关键在于它的持续向心力”“中国的精神世界以历史为刻度，一切存在的意义都在历史中展开”“中国存在之本在于其变在的方法论”。这些显然都是中华文明的特质。参见赵汀阳：《惠此中国》，北京：中信出版集团，2016年版，第49—50、27—28、138页。

〔2〕 关于中国复兴的文明意义，参见王存刚：《文明史视野中的中国复兴》，载《当代世界》，2017年第7期，第23—25页；彼得·J.卡赞斯坦著，魏玲等译：《中国化与中国崛起：超越东西方的文明进程》，上海：上海人民出版社，2018年版。

国拥有这样的权利与义务。依据这些标准，布尔将当时的美国、苏联和中国视为大国，而将日本算作潜在大国。[1] 布尔之所以将当时的中国列为大国俱乐部成员之一，理由是："中国是核国家、联合国安理会常任理事国、对外援助的提供国，而且最重要的是，愿意在平等的基础上与美国达成政治协议。"[2]基于不同理论取向，更重要的是基于对国家在国际体系中所谓"不同位置"和国家利益的不同认识，直到今天"大国俱乐部成员的构成标准和行动标准还不清晰"。[3]

对于何谓"大国"，以及中国是否为大国，也即中国的国家身份（Identity）等问题，中国共产党的政治领袖们有着独特且深嵌辩证法的精辟阐释。1954 年 12 月，毛泽东在会见时任缅甸首相吴努（U Nu）时指出："我国是一个大国，原因就是人口多，地方大，但是并不强。"1956 年 4 月，毛泽东在会见丹麦驻华大使时重申了上述观点。同月，在《论十大关系》这一著名讲话中，毛泽东更为系统地阐述了中国国家身份的两重性："工业不发达，科学技术水平低，除了地大物博，人口众多，历史悠久，以及在文学上有部《红楼梦》等等以外，很多地方不如人家，骄傲不起来。"1957 年 11 月，在莫斯科共产党和工人党代表会议的发言中，毛泽东再次指出："中国从政治上、人口上说是一个大国，从经济上说现在还是一个小国。"[4]毛泽东晚年关于三个世界的划分特别是对于中国属于第三世界的宣示，同样折射出他对大国内涵以及中国大国身份的独特理解。邓小平继承和发展了毛泽东的大国观。1981 年 1 月，邓小平在会见美国客人时，针对当时美国报刊和一些人宣

---

〔1〕 1970 年，时任日本首相佐藤荣作发表讲话称，以往的大国都是凭借军事力量成为大国的，而日本将成为历史上第一个不依靠军事力量的大国。其理由是：当时的日本凭借经济实力拥有很大的政治影响力，把诉诸武力当作对外政策工具的做法已经受到制约。但是布尔不赞成这种观点。

〔2〕 赫德利·布尔著，张小明译：《无政府社会——世界政治中的秩序研究》（第四版），上海：上海人民出版社，2015 年版，第 173 页。

〔3〕 马丁·格里菲斯、特里·奥卡拉格汉、史蒂芬·罗奇著，朱丹丹译：《国际关系关键概念》，北京：北京大学出版社，2015 年版，第 130 页。

〔4〕 中华人民共和国外交部、中央文献研究室编：《毛泽东外交文选》，北京：中央文献出版社、世界知识出版社，1994 年版，第 193、233—234、238、296 页。

扬的“中国很弱很穷，装备又落后，所以中国是无足轻重的，是一个不值得重视的国家”的观点指出：“这个问题不是一个小问题，而是一个对世界力量对比的判断问题。至于说我们穷呀弱呀，我们历来不回避，我们向来这样讲。中国有它的长处，就是地方大、人多……我们有‘块头大’这个好处，还有就是不信邪。”[1] 1984 年 10 月，邓小平在会见时任马尔代夫总统穆蒙·阿卜杜勒·加尧姆（Maumoon Abdul Gayoom）时说：“中国是个大国，又是一个小国。所谓大国就是人多，土地面积大。所谓小国就是中国还是发展中国家，还比较穷，国民生产总值人均不过 300 美元。中国是名副其实的小国，但是又可以说中国是名副其实的大国。联合国安理会常任理事国，中国算一个。”[2] 1985 年 6 月，邓小平在中央军委扩大会议的讲话中又说：“世界上都在说苏、美、中‘大三角’。我们不讲这个话，我们对自己力量的估计是清醒的，但是我们也相信中国在国际事务里面是有足够分量的。”[3] 1990 年 3 月，邓小平强调：“世界格局将来是三极也好，四极也好，五极也好……中国算一极，怎么样也算一极。”[4]总之，在毛泽东和邓小平看来，中国始终是一个大国，这不仅仅是因为中国幅员辽阔、人口众多、市场广大和国内生产总值总量巨大，也因为中国拥有安理会常任理事国身份、在国际安全与稳定方面具有特殊重要性、奉行独立自主的外交原则、具有不怕鬼不信邪的独特精神气质。[5]

总之，所谓“大国”，既指规模，包括幅员、人口、经济实力和军事实力等，也就是通常所说的“硬实力”（Hard Power），也指影响力、塑造力、引领力和领导力，也就是通常所说的“软实力”（Soft Power）。两大方面实

---

〔1〕 邓小平:《邓小平文选》(第二卷),北京:人民出版社,1994 年版,第 376 页。
〔2〕 邓小平:《邓小平文选》(第三卷),北京:人民出版社,1993 年版,第 94 页。
〔3〕 同〔2〕,第 128 页。
〔4〕 同〔2〕,第 353 页。
〔5〕 中华人民共和国国务院新闻办公室:《新时代的中国与世界》,北京:人民出版社,2019 年版,第 46 页。

力之和，构成国家总体实力。当然，对于不同大国来说，两方面实力的比例是不一样的。传统意义上的大国更强调硬实力。所谓“新型大国”，显然应该与传统意义上的大国有区别，也就是要更强调软实力。

之所以将中国称为新型大国，其主要理由是：中国不是也始终无意成为霸权国。自1949年以来，从毛泽东到习近平，历任中国主要领导人均明确且反复宣示：坚决反对霸权主义和强权政治，中国永远不称霸。1956年11月，毛泽东在题为《纪念孙中山先生》的短文中郑重指出：“中国人在国际交往方面，应当坚决、彻底、干净、全部地消灭大国主义。”〔1〕1961年9月，英国元帅伯纳德·蒙哥马利（Bernard Law Montgomery）来华面见毛泽东时曾意味深长地说：“再过50年，你们就了不起了。”他的言下之意是50年后中国就会壮大起来，而且会“侵略”别的国家，50年内则不会。毛泽东明确回应说：“我们是马克思主义列宁主义者，我们的国家是社会主义国家，不是资本主义国家，因此，一百年、一万年，我们也不会侵略别人。”〔2〕直到晚年，毛泽东仍明确把“不称霸”列为中国的基本国策。邓小平坚定继承了毛泽东的这一思想，他的关于中国反对霸权主义的主张，是与强调中国永远属于第三世界、永远站在第三世界一边联系起来的。1978年5月，邓小平在会见外宾时明确指出：“作为一个社会主义国家，中国永远属于第三世界，永远不称霸。”即使将来中国发展了，“如果中国还是社会主义国家，就不能实行霸权主义，仍然属于第三世界。如果那时中国翘起尾巴来了，在世界上称王称霸，指手画脚，那就会把自己开除出第三世界的‘界籍’，肯定就不再是社会主义国家了”。他还特别强调：“这是毛泽东主席、周恩来总理制定的对外政策，我们要用来教育子孙后代。”〔3〕其后，江泽民、胡锦涛以不同

---

〔1〕中共中央文献研究室编：《毛泽东文集》（第七卷），北京：人民出版社，1999年版，第157页。这里的“大国主义”是当时“霸权主义”的另一种说法。

〔2〕中共中央文献研究室编：《毛泽东文集》（第八卷），北京：人民出版社，1999年版，第301页。

〔3〕邓小平：《邓小平文选》（第二卷），北京：人民出版社，1994年版，第112页。

话语诠释了这一基本国策的内涵，并切实予以践行。由此，习近平总结性地指出："一个民族最深沉的精神追求，一定要在其薪火相传的民族精神中来进行基因测序。有着五千多年历史的中华文明，始终崇尚和平，和平、和睦、和谐的追求深深植根于中华民族的精神世界之中，深深溶化在中国人民的血脉之中。""中国历史上曾经长期是世界上最强大的国家之一，但没有留下殖民和侵略他国的记录。"〔1〕也因此，"中国人民不接受'国强必霸'的逻辑"。〔2〕可以确认中国抱持不称霸意愿的另一个有力例证是：新中国成立以来的历次中国共产党全国代表大会的报告均明确载入反对霸权主义和中国永远不称霸的内容，这些内容是具有强大政治约束力的。〔3〕回溯近代以来的国际关系史和世界政党史，没有哪一个国家的政府和执政党坚持不懈地宣示这一点，并始终如一地做到这一点。总之，对于中国来说，反对霸权主义同时自己不称霸绝不是外交辞令或宣传口号，而是长期坚持的基本国策。

作为日益走近世界舞台中央的新型大国，当今中国面临的已经不是要不要强化国际领导力的问题，而是必须进行更为有效、更高水平的国际领导力建设的问题。〔4〕这是一种历史使命，也是一种国际担当。

中国国际领导力建设已经取得积极进展。自新中国成立以来，中国关于和平共处五项原则的倡议、关于建立以和平共处五项原则为基础的国际新秩

〔1〕 习近平：《论坚持推动构建人类命运共同体》，北京：北京文献出版社，2018 年版，第 89 页。

〔2〕 同〔1〕，第 107 页。

〔3〕 中国共产党领导人和中国国家领导人的产生机制，直接决定了这一特性。

〔4〕 对于中国是否需要国际领导力问题，国内外学术界、战略界是存在争论的。庞中英、赵可金、陈志敏等明确主张中国需要国际领导力。参见庞中英：《效果不彰的多边主义和国际领导力——简论中国在国际集体行动中的领导责任》，载《世界经济与政治》，2010 年第 6 期，第 4—18 页；赵可金：《建设性领导与中国外交转型》，载《世界经济与政治》，2012 年第 5 期，第 42—57 页；陈志敏、周国荣：《国际领导与中国协进型领导角色的构建》，载《世界经济与政治》，2017 年第 3 期，第 15—34 页。但一些海外学者对此表示质疑甚至明确反对。参见《斯蒂芬·罗奇：中国应抵制全球领导权诱惑》，http://column.cankaoxiaoxi.com/g/2017/0329/1825050.shtml。贺凯、冯惠云则认为，中国已经与美国进行国际领导权竞争。参见贺凯、冯惠云：《领导权转移与全球治理：角色定位、制度制衡与亚投行》，载《国际政治科学》，2019 年第 3 期，第 31—59 页；《中美国际领导权的竞争和共享》，载《战略决策研究》，2018 年第 2 期，第 40—46 页。

序的倡议等在国际关系实践中所产生的重大深远的影响，实际上就是中国国际领导力的体现。但也应当承认，这种国际领导力还是有限的、局部的，与中国应有的国际地位并不匹配。这与中国长期奉行的“不当头”策略有关。1982年8月，邓小平在会见时任联合国秘书长哈维尔·佩雷斯·德奎利亚尔（Javier Perez de Cuellar）的时候，针对国际社会关于“中国是第三世界头头”的言论，明确指出：“头头可不能当，头头一当就坏了。搞霸权主义的名誉很坏，当第三世界的头头名誉也不好。这不是客气话，这是一种真实的政治考虑。”〔1〕 1990年12月，邓小平在同几位中央负责人谈话时，针对第三世界有些国家希望中国当头的建议，再次郑重指出：“我们千万不要当头，这是一个根本国策。这个头我们当不起，自己力量也不够。当了绝无好处，许多主动都失掉了。中国永远站在第三世界一边，中国永远不称霸，中国也永远不当头。”〔2〕 邓小平的政治嘱托得到了很好的贯彻。20世纪90年代到21世纪初，中国始终奉行“韬光养晦、有所作为”的外交方针，〔3〕 不打旗、不当头，尽管此时中国也已充分意识到自身“在国际舞台上不是无足轻重，是能够并且应该有所作为的”。〔4〕 2008年爆发的国际金融危机把中国推到国际社会讨论和处理重大国际问题的前台。中国领导人既认识到“这是我国经济实力、综合国力、国际影响力上升的必然结果”，也认为这种状况“既使我们具有了处理重大国际经济问题、应对重大国际经济挑战的更好条件，也使我国发展面临新的复杂形势”，因此，仍然强调继续集中精力办好自己的事情，继续埋头苦干，真正把自己做大做强，“贯彻坚持韬光养晦、

〔1〕 邓小平：《邓小平文选》（第二卷），北京：人民出版社，1994年版，第416页。

〔2〕 邓小平：《邓小平文选》（第三卷），北京：人民出版社，1993年版，第363页。

〔3〕 江泽民、胡锦涛均系统阐述了中国坚持“韬光养晦、有所作为”方针的必要性，详见江泽民：《江泽民文选》（第二卷），北京：人民出版社，2006年版，第202页；胡锦涛：《胡锦涛文选》（第三卷），北京：人民出版社，2016年版，第236—238页。

〔4〕 钱其琛：《深入学习邓小平外交思想，进一步做好新时期外交工作——在外交部〈邓小平外交思想研讨会〉开幕式上的讲话》，载《外交学院学报》，1996年第1期，第3页。

积极有所作为的战略方针”。[1] 中国共产党第十八次全国代表大会以来，随着中国在国际事务特别是在世界经济领域的影响力与日俱增，“韬光养晦、有所作为”向“奋发有为”转变，在国际事务中发挥领导力的观念进一步强化，[2] 中国国际领导力随之不断提升。这具体体现在倡议并实施共建“一带一路”、发起创办亚洲基础设施投资银行、设立丝路基金、倡导构建人类命运共同体等多个方面。

毋庸讳言，由于观念、能力以及国际环境等因素的综合作用，当下的中国国际领导力还存在诸多不足。这主要体现在以下两个方面：

第一，国际规则制定能力相对不足。作为国际互动的行为规范，国际规则的制定受到各国特别是各大国的高度重视。国际规则制定能力顺理成章地被视为国际领导力的核心内容。进入 21 世纪以来，“中国已经较深程度地融入了现有国际规则体系，并且正在由国际规则的被动接受者，逐渐转变为国际规则的主动修订者和创设者，正由国际规则中相关优惠规定的受益者，逐渐转变为公共产品的重要提供者。”[3] 中国国际规则制定能力虽有提高，但仍存在诸多不足。仅就国际经济领域而言，在《中华人民共和国加入世界贸易组织议定书》中，就有许多超越世界贸易组织成员应该承担的义务因而对中国明显不公平的条款，其中最为典型的是所谓的“特殊保障条款”以及在贸易补救条款下的“非市场经济”地位。总之，中国不仅承受着现行国际经济规则体系下诸多的不公平待遇，而且面临美欧国家基于自身利益和战略诉求而利用所谓“国际规则”所实施的道义挤压。

---

〔1〕 胡锦涛:《胡锦涛文选》(第三卷),北京:人民出版社,2016 年版,第 285、440 页。

〔2〕 2014 年 12 月 5 日,习近平在中央政治局集体学习时指出,“我们不能当旁观者、跟随者,而是要做参与者、引领者,善于通过自由贸易区建设增强我国国际竞争力,在国际规则制定中发出更多中国声音、注入更多中国元素,维护和拓展我国发展利益”。参见《习近平主持中央政治局第十九次集体学习并发表重要讲话》,http://cpc.people.com.cn/n/2014/1207/c64094-26161930.html。

〔3〕 中国社会科学院世界经济与政治研究所“中国如何应对国际规则”课题组:《中国应如何参与国际经济规则制定?》,载《中国市场》,2012 年第 50 期,第 19 页。

第二，国际议程设置能力相对不足。“国际议程设置是相关行为体通过议题选择与界定、冲突拓展与利益动员以及议程切入点的选择，最终将其关注的议题列入国际议程的过程。”[1]国际议程设置能力也是一国是否真正掌握国际话语权、是否真正具有国际领导力的重要指标。近年来，中国在国际议程设置能力方面已取得积极进展。其中最具代表性的案例是2016年召开的二十国集团领导人杭州峰会。对此，习近平认为：“二十国集团领导人杭州峰会，是近年来我国主办的级别最高、规模最大、影响最深的国际峰会。我们运用议题和议程设置主动权，打造亮点，突出特色，开出气势，形成声势，引导峰会形成一系列具有开创性、引领性、机制性的成果，……我们首次全面阐述我国的全球经济治理观，首次把创新作为核心成果，首次把发展议题置于全球宏观政策协调的突出位置，首次形成全球多边投资规则框架，首次发布气候变化问题主席声明，首次把绿色金融列入二十国集团议程，在二十国集团发展史上留下了深刻的中国印记。”[2]尽管如此，当前中国在国际议程设置方面仍存在诸多问题与不足。比如，在建立超主权储备货币问题上，曾任中国人民银行行长的周小川2009年就呼吁建立超主权货币，以创造“与个别国家脱钩并能长期保持稳定的一种国际储备货币”。[3] 但由于当时人民币国际化刚刚起步，加之欧元走弱，因此，周小川的提案虽然得到一些新兴经济体的响应，却很难成为正式国际议题，美元依旧充当全球通用货币，继续享受“嚣张的特权”。

总之，中国已经拥有的国际影响力并不等于中国已经拥有的国际领导力，中国的国际影响力也不会自动转化为国际领导力。要实现这种转换，需要有主体、有意识、有决心、有路径。

---

[1] 韦宗友：《国际议程设置：一种初步分析框架》，载《世界经济与政治》，2011年第11期，第38页。

[2] 习近平：《论坚持推动构建人类命运共同体》，北京：中央文献出版社，2018年版，第384页。

[3] Zhou Xiaochuan, "Reform International Monetary System", http://www.chinadaily.com.cn/opinion/2009-03/25/content_7612847.htm.

三、提升中国共产党外交领导力的必要性

当代中国是中国共产党领导的社会主义国家。这一鲜明政治属性具有国内和国际双重政治意义。因此，探讨当代中国国际领导力，必然涉及中国共产党的外交领导力问题，否则，相关探讨就是空泛的，也不符合客观事实。

（一）中国共产党的外交领导力是中国国际领导力的核心

中国共产党在当代中国政治生活中居于领导地位，是《中华人民共和国宪法》明文规定的，也是一种举世公认的客观事实。中国共产党的领导人反复强调："领导我们事业的核心是中国共产党。"〔1〕"办好中国的事情，关键在中国共产党。"〔2〕"党政军民学，东西南北中，党是领导一切的。"〔3〕中国共产党通过法定程序使党的主张成为国家意志，通过政权机关实施对国家和社会的全面领导。

中国共产党的领导对中国具有重大政治和社会意义。对此，邓小平曾指出："在中国这样的大国，要把几亿人口的思想和力量统一起来建设社会主义，没有一个由具有高度觉悟性、纪律性和自我牺牲精神的党员组成的能够真正代表和团结人民群众的党，没有这样一个党的统一领导，是不可能设想的，那就只会四分五裂、一事无成。这是全国各族人民在长期的奋斗实践中深刻认识到的真理。"〔4〕进入新时代，习近平对中国共产党在中国政治和社会生活中的地位和作用的论述更为深入。习近平指出，中国近现代史已经充分表明，"没有中国共产党领导，我们的国家、我们的民族不可能取得今天

〔1〕 中共中央文献研究室编：《毛泽东文集》（第六卷），北京：人民出版社，1999年版，第350页。

〔2〕 习近平：《在学习〈胡锦涛文选〉报告会上的讲话》，http://www.xinhuanet.com/politics/2016-09/29/c_1119649745.htm。

〔3〕 习近平：《决胜全面建成小康社会 夺取新时代中国特色社会主义伟大胜利》，北京：人民出版社，2017年版，第20、36页。

〔4〕 邓小平：《邓小平文选》（第二卷），北京：人民出版社，1994年版，第341—342页。

这样的成就，也不可能具有今天这样的国际地位”。[1] 因此，坚持中国共产党的领导，是当代中国的重大政治原则。“坚持中国共产党这一坚强领导核心，是中华民族命运所系。”[2]

中国外交是中国国家意志的集中体现。因此，中国共产党对中国外交的领导是顺理成章的。中国共产党通过法定程序把自己关于外交的理念、理论、战略设计和政策主张上升为国家意志，并通过对外工作体制机制加以落实。中国共产党对中国外交的领导，是新中国外交的鲜明特色。2019 年 11 月，王毅在外交部建部 70 周年纪念大会的讲话中指出：“70 年来，我们始终坚持党对外交工作的集中统一领导，这是中国外交不变的灵魂。我们的外交是党领导下的人民外交事业，党的集中统一领导是中国外交的最大政治优势，也是中国外交的最根本政治保障。”[3] 因此，中国国际领导力必然通过中国共产党外交领导力加以体现，并加以实现。

（二）中国共产党外交领导力是中国共产党领导力的重要组成部分

中国共产党领导力具有全面性和多维性。具体地说，中国共产党在当今中国政治、经济、文化、社会等众多领域，在内政和外交两个方面，均处于领导地位。它通过提出理念和理论，制定路线、方针、政策，统一思想、意志和行动。中国外交在观念、政策和行动等所有方面都统一于中国共产党的思想、理论、意志和行动。在开放的中国与开放的世界互动过程中，中国外交的使命就是要为开放的中国塑造良好国际环境、为世界和平发展创造良好条件。在新时代，中国外交的任务是“不断为实现中华民族伟大复兴的中国梦、推动构建人类命运共同体创造良好外部条件”。[4]

---

〔1〕 习近平：《习近平谈治国理政》（第二卷），北京：外文出版社，2017 年版，第 20 页。

〔2〕 同〔1〕，第 18 页。

〔3〕 《为推动中国特色大国外交接续奋斗》，https://www.fmprc.gov.cn/web/ziliao_674904/zyjh_674906/t1714481.shtml。

〔4〕 习近平：《论坚持推动构建人类命运共同体》，北京：中央文献出版社，2018 年版，第 538 页。

提升中国共产党领导力具有世界政治意义。这不仅仅是因为中国共产党的规模和影响力，更与中国共产党的宗旨和实践有着直接关系。习近平指出：“中国共产党是为中国人民谋幸福的党，也是为人类进步事业而奋斗的党。中国共产党是世界上最大的政党。我说过，大就要有大的样子。中国共产党所做的一切，就是为中国人民谋幸福、为中华民族谋复兴、为人类谋和平与发展。”〔1〕为实现上述目标，中国共产党既广泛开展政府外交，也深入开展政党外交。目前，中国共产党同世界上160多个国家和地区的600多个政党和政治组织建立了不同形式的关系。2017年，中国共产党在北京举行了中国共产党与世界政党高层对话会，来自120多个国家近300个政党和政治组织的领导人共600多名中外代表参加，与会政党数量和主办方的接待规格在世界政党交往史上前所未有。它表明：中国共产党已经日益走近世界政党舞台的中央，〔2〕其影响已远超中国国内，辐射至全球范围。

因此，中国国际领导力的核心是中国共产党外交领导力。提升中国国际领导力，必须首先提升中国共产党的外交领导力。

四、中国共产党外交领导力提升的战略选择

中国共产党外交领导力提升既是一个系统工程，也是一项长期任务。面对机遇与挑战并存、变数与希望同在的当今世界，既要有战略规划，也要做艰苦细致的努力。

（一）坚持中国与世界共同发展的目标

邓小平曾言简意赅地说：发展是解决中国一切问题的基础和关键。因

〔1〕 习近平：《论坚持推动构建人类命运共同体》，北京：中央文献出版社，2018年版，第513—514页。

〔2〕《中联部部长宋涛回顾2019：中国共产党日益走近世界政党舞台中心》，载《人民日报》，2019年12月25日，第3版。

此，发展是硬道理。对于新时代的中国而言，发展的核心依然是经济发展，具体表现为适当的经济增长速度。经济发展以及在此基础上形成的经济实力始终是形成中国国际领导力进而也是中国共产党外交领导力的关键要素。戴维·兰普顿（David Lampton）就认为，“中国一直将获得国家经济权力作为国家权力的战略核心，非常明智。经济这种权力，既可被转化为强制性权力，也可被转化为软权力或观念性权力。经济权力是最有用、最可转换的权力形式”。[1]

中国必须与世界共同发展。中国发展离不开世界，世界发展也已离不开中国。这同中国与世界的经济依存度直接相关。中国经济总量已居世界第二位，在全球产业链中同样占有重要位置，[2]成为持续推动世界经济增长的主要动力源。没有与世界的共同发展，中国的发展是不可持续的；没有中国发展这一核心引擎，世界的发展也会失速甚至停滞。

对于中国共产党而言，应当始终把促进国家发展视为执政兴国的第一要务，把促进中国与世界共同发展放在对外工作的核心位置，始终从全人类高度看待和处理发展问题，一如既往地为促进世界共同发展、为满足各国人民对美好生活的向往作贡献。这也是全面提升中国共产党领导力尤其是不断提升其外交领导力的关键环节。

（二）继续坚持独立自主外交原则

大党大国外交总是独立自主的。中国共产党及其领导的中国特色大国外交尤应如此。成为大党大国通常是因为其能够独立制定国内和国际日程，能够赢得国内和国际上对其内外政策的支持与赞同，能够影响政策实施过程并

---

〔1〕 戴维·兰普顿:《中美关系中的力量与信任》,载《国际展望》,2010年第4期,第44页。

〔2〕 数据显示,在全球20个主要行业中,中国有17个行业的消费份额在全球总消费中占比超过20%。参见《中国在全球产业链中的地位将进一步巩固》,https://baijiahao.baidu.com/s?id=1659648614147539831&wfr=spider&for=pc。

有效协调初衷与结果，能够避免出现无效或南辕北辙的政策。[1] 中国共产党主要领导人对坚持独立自主外交原则的重要性有着深刻认识和精辟阐述。1949 年 6 月，毛泽东在新政治协商会议筹备会上的讲话中庄严宣告："中国必须独立，中国必须解放，中国的事情必须由中国人民自己作主张，自己来处理，不容许任何帝国主义国家再有一丝一毫的干涉。"[2] 赓续这一精神，此后的 30 余年间，中国共产党在对外工作中既秉持国际主义理念，又突出强调独立自主品质，[3] 并同大党和大国沙文主义进行了坚决斗争。1982 年 9 月，邓小平在中国共产党第十二次全国代表大会开幕词中郑重申明："中国的事情要按中国的情况来办，要依靠中国人自己的力量来办。独立自主，自力更生，无论过去、现在和将来，都是我们的立足点。"[4] 中国共产党第十二次全国代表大会报告则明确提出"独立自主、完全平等、相互尊重、互不干涉内部事务"的党际交往四原则，并正式写入中国共产党的章程。2013 年 1 月，习近平在主持中央政治局集体学习时强调："我们要坚持走和平发展道路，但决不能放弃我们的正当权益，决不能牺牲国家核心利益。任何外国不要指望我们会拿自己的核心利益做交易，不要指望我们会吞下损害我国主权、安全、发展利益的苦果。"[5] 其后，习近平又多次重申了这一点，并提出了"在建立新型国际关系基础上建立求同存异、相互尊重、互学互鉴的新型政党关系"的主张，[6] 继承和发展了党际交往四原则。坚持独立自主原则，中国共产党所领导的中国外交战胜了诸多艰难险阻，打赢了不少大仗硬仗，办成了不少大事难事，取得了历史性成就，中国共产党和中国政府的

---

〔1〕 戴维·兰普顿著，姚芸竹译：《中国力量的三面——军力、财力和智力》，北京：新华出版社，2009 年版，第 10 页。

〔2〕 毛泽东：《毛泽东选集》（第四卷），北京：人民出版社，1991 年版，第 14、65 页。

〔3〕 宋涛：《不断推进党的对外工作理论和实践创新》，载《人民日报》，2019 年 9 月 28 日，第 15 版。

〔4〕 邓小平：《邓小平文选》（第三卷），北京：人民出版社，1993 年版，第 3 页。

〔5〕 习近平：《论坚持推动构建人类命运共同体》，北京：中央文献出版社，2018 年版，第 3 页。

〔6〕 同〔5〕，第 513 页。

国际信誉也因此空前提升。这些宝贵历史经验值得长期汲取。

在新时代坚持独立自主原则意味着彻底的不结盟。尽管面临守成大国的围追堵截、部分政党和政治组织的信任或认同不足、国际舆论环境不尽友善等复杂严峻的外部战略环境，新时代的中国共产党仍须恪守不结盟原则，在发展党际关系及国家关系中不针对第三党、第三国，不与任何政党、任何国家结盟或建立准结盟关系，以确保外交上的自主性和灵活性。中国共产党应当在求同存异、相互尊重、互学互鉴的新型政党关系指引下，敞开胸襟、广交朋友、厚植人脉、普施善意，努力建成遍布全球、形式多样、相互尊重、稳定和谐的党际关系网络，以争取世界各国政党、政治组织和普通民众对中国梦的普遍理解和有力支持，并使它们充分了解到中国共产党追求的既是中国人民的福祉，也是各国人民共同的福祉。

在新时代坚持独立自主原则还意味着在党际关系和国家关系中“不打牌”。中国共产党和中国政府既不要打别人的牌，也决不允许别人打自己的牌。从历史上看，处理对外事务中的打牌策略，实质上是一种机会主义行为。而机会主义是以牺牲长远、全局的利益，换得暂时、局部的利益，结果总是十分有害的，因而也是必须坚决加以反对的。

（三）始终站在国际道义制高点

对于大党、大国来说，是否拥有为世界其他政党和国家所认可的国际道义形象，是否遵循国际规范、遵循怎样的国际规范，[1] 事关重大。仅靠“地大国富，人众兵强”，只是具备了成为大党、大国的物质条件，如果操作失当，甚至有可能“与危亡为邻矣”。[2] 只有“招携以礼，怀远以德”，并且“德礼不易”，才能“无人不怀”。[3]

新时代的中国共产党应当始终坚守国际道义。对外交史极为熟稔的亨

---

〔1〕 阎学通：《国际领导与国际规范的演化》，载《国际政治科学》，2011 年第 1 期，第 8 页。

〔2〕 李山、轩新丽译注：《管子》（上），北京：中华书局，2019 年版，第 274 页。

〔3〕 刘利译注：《左传》（上册），北京：中华书局，2012 年版，第 358 页。

利·基辛格（Henry Kissinger）曾写道："几乎是某种自然规律，每一世纪似乎总会出现一个有实力、有意志且有知识与道德动力，希图根据其本身的价值观来塑造整个国际体系的国家。"〔1〕很显然，基辛格在这里提出了成为主要大国的四个指标，道德就是其中之一。从国际关系史和外交史看，主要大国如果不能够站在道义制高点上，或者丧失了道义制高点，其结果只能是出局。作为具有远大抱负的新型大国，中国的对外行为应当展现鲜明的道德属性，任何实用主义、机会主义的理念和做法都是十分有害的。而中国对外行为的道德属性只能由作为执政党的中国共产党赋予并在实践中加以体现。

新时代的中国共产党应当明确提出并切实践行中国外交核心价值观和国际正义观。这也是始终占据国际道义制高点的必然要求。其中，中国外交核心价值观既应与社会主义核心价值观相衔接，以保持内外价值观的统一；又应与人类共同价值观相吻合，以保持与人类文明进步总体方向的一致。中国的国际正义观既应当符合马克思主义国际正义观，并从中国传统正义观中汲取合理成分，以保持其政治正当性及历史延续性；又必须符合国际公认的正义标准，以得到国际社会的普遍认可和广泛尊重。〔2〕新时代的中国已经有了自己的外交核心价值观和国际正义观，那就是习近平提出的正确义利观。正确义利观既适用于中国与世界其他国家的关系，也适用于中国共产党与世界其他政党的关系。

（四）坚持推动构建人类命运共同体

人类对未来世界的构想引领自身努力方向，并提供前行的动力和克服困难的勇气。中国共产党自诞生之日起就是一个对未来世界有构想的政党，并为此不懈努力。习近平提出的构建人类命运共同体理念是新时代中国共产党

---

〔1〕亨利·基辛格著，顾淑馨、林添贵译：《大外交》，海南：海南出版社，1998 年版，第 2 页。

〔2〕关于中国外交核心价值观的讨论，可参见王存刚：《论中国外交核心价值观》，载《世界经济与政治》，2015 年第 5 期，第 4—20 页；关于中国国际正义观的讨论，可参见王存刚：《论当代中国的国际正义理念》，载《世界经济与政治》，2016 年第 10 期，第 94—113 页。

对未来世界的宏大构想。构建人类命运共同体已经载入《中国共产党章程》和《中华人民共和国宪法》。它是中国共产党对中国人民和世界人民的庄严承诺，也是中国对世界各国的庄严承诺。中国共产党以及中国外交正朝着这一伟大目标持续努力，并日益获得国际社会的认可和尊重。

如同人类历史上所有梦想一样，构建人类命运共同体从而实现世界大同的道路肯定是漫长而曲折的，需要长期艰苦的努力，需要做多领域、多层次的扎实工作。对此，中国共产党人有着十分清醒的认知。习近平已经向中国共产党人发出号召："我们不能因现实复杂而放弃梦想，不能因理想遥远而放弃追求。"〔1〕

（五）着意提升在国际事务中的引导、协调、塑造和示范能力

与百年未有之大变局几乎同步发生的国际力量对比变化，既推动着国际体系和国际秩序转型，也推动着全球治理体系的变革。日益走近世界舞台中央的中国要提升国际领导力，中国共产党要提升自身外交领导力，应当在国际体系和国际秩序转型中、在全球治理体系的变革中有新的更大的作为，发挥越来越大的引领作用，为不确定的世界寻到确定的方向。这种作用不仅包括通过政府外交途径向国际社会持续贡献中国理念、中国智慧、中国方案，还包括不断提升中国的国际规则制定能力和国际议程设置能力（这两种能力都无法规避领导权问题）。〔2〕 中国共产党应当通过政府外交途径，在努力维护联合国在全球发展、安全和治理中的核心地位基础上，积极支持各种国际组织的平台机制化建设，特别是要积极推动构建新的具有合法性、包容性、〔3〕

〔1〕 习近平：《决胜全面建成小康社会 夺取新时代中国特色社会主义伟大胜利》，北京：人民出版社，2017年版，第58页。在2017年12月举行的中国共产党与世界政党高层对话会的主旨讲话中，习近平又向各国政党和政治组织领导人发出了类似倡议。参见习近平：《论坚持推动构建人类命运共同体》，北京：中央文献出版社，2018年版，第513页。

〔2〕 参见陈琪、管传靖：《国际制度设计的领导权分析》，载《世界经济与政治》，2015年第8期，第4—28页。

〔3〕 对包容性国际制度的内涵及中国建立包容性国际制度必要性的论述，参见贺凯、冯惠云著，魏冰译：《领导权转移与全球治理：角色定位、制度制衡与亚投行》，载《国际政治科学》，2019年第3期，第29页。

有效性的国际机制；在重大国际议题上主动发声，充分发挥引导、协调、塑造和示范作用，并愿意承担相应成本。

鉴于现代政治特别是国内政治的基本特点，以及政党外交在全球外交格局和国家总体外交中的特殊地位和重要作用，新时代的中国共产党还应在协调好与政府外交关系的基础上，创新外交理念和外交形式，既善于做大党、执政党和精英的工作，又要深耕与小党、在野党和草根的关系，在全球政党互动中更好发挥引领、协调、示范和塑造作用，并以建设新型政党关系推动新型国际关系构建，与世界其他政党携手建设更加美好的世界，为各国人民创造更加美好的生活。

（六）积极推进国家外交体制机制的改革和建设

中国共产党外交领导力深深植根于中国大地，导源于国家治理体系和治理能力。中国共产党的外交领导力直接决定着新时代中国外交体制机制的完善程度和运行绩效的高低。中国共产党应当在领导和推进国家治理体系和治理能力现代化进程中，不断深化国家外交体制机制的改革和建设，加强各类涉外部门、驻外机构党的组织建设，进一步完善党总揽全局、协调各方且规范高效的对外工作大格局，更好落实“党管外交”这一根本原则，更充分体现当代中国外交的基本属性。与此同时，要更加重视涉外人才队伍建设，特别是做好高端人才培养和使用工作，为中国共产党和中国政府在更广范围、更高层次上参与国际事务和外交活动提供强有力的人才支撑。

新时代提升中国共产党外交领导力的基础工程是加强党的全面领导。通过固根基、补短板、重创新等途径，可以更好发挥中国共产党的政治优势和组织优势，并将其更好地转化为中国共产党在国际和外交事务中引领、协调、示范和塑造的效能。

（原文载《世界经济与政治》，2020 年第 5 期）

执政党认知、国家战略与全球治理机制变革

——以中国共产党与全球气候治理机制为例

王存刚

【内容提要】 在各国相互依存更加密切但全球治理能力显著不足的时代背景下，全球治理机制变革已成为当今世界广受关注的重大议题。政党特别是执政党作为全球治理的重要行为体，其与全球治理机制变革的关系尚未得到学术界的充分讨论，执政党开展内外行动基础的认知与全球治理机制变革的关系尤为如此。本文认为，执政党特别是主要大国的执政党对某一社会实践领域认知的形成与转化，在对本国的国家治理产生直接而重大影响的同时，也会通过国家的对外行为在相关领域直接甚至显著地引发全球治理机制的变化。本文选取中国共产党应对气候变化、参与全球气候治理的认知变迁对全球气候治理机制影响的案例进行检验，发现执政党的学习过程及所在国家的政治结构、政治过程、政府过程等因素，对执政党认知变迁、执政党认知上升为国家意志和转化为国家战略有着直接而深刻的影响；主要大国的执政党领导本国政府实施的积极外交行为，则会引发全球治理机制多方面、多层次的重要变化。

【关键词】 执政党认知；国家战略；政治过程；气候变化；全球气候治理

在各国相互依存更加密切但全球治理能力显著不足的时代背景下，全球治理机制变革已成为当今世界广受关注的重大问题，也是学术界研究的焦点之一。无论是从逻辑上推断，还是基于实践观察，政党都是全球治理的重要行为体，并通过相关行动对全球治理机制产生影响。行为科学研究显示，无论是个体，还是群体，其行为都受到认知（Cognition）的影响。政党认知属于群体认知（Collective Cognition）范畴。政党在某一社会实践领域是否采取行动、采取怎样的行动，均取决于政党的相关认知。在国内事务与国际事务相互渗透、相互影响日益加强的大背景下，无论是执政党，还是非执政党（在野党或参政党），都以某种方式影响着外交事务和国际关系。就全球治理领域而言，由于执政党在国内政治进而在外交事务和国际关系中的特殊地位，因此它比非执政党参与全球治理的途径更多、作用更直接，对全球治理机制运行产生的影响也更大。有鉴于此，本文关注的核心问题是：执政党的认知变迁是如何影响全球治理机制变革的。

一、既有研究的简要评述

关于全球治理主体。尽管学术界承认全球治理主体已呈现多元化趋势，[1] 但对国家在全球治理中的关键作用，学者们并无多大分歧。至于在全球治理中作用越来越大的非国家行为体到底包括哪些类型，学术界存在不

〔1〕 参见 Frank Biermann et al.，"The Fragmentation of Global Governance Architectures: A Framework for Analysis"，*Global Environment Politics*，Vol. 9，No. 4，2009，pp. 14-40。

同看法。归纳起来，大体有国际组织[1]、跨国社会运动[2]、议题联盟[3]、城市（包括跨国城市网络）[4]以及学术共同体[5]等。对于国家行为体和非国家行为体在全球治理体系和进程中的关系，有学者以气候治理为例，认为当今全球治理是一个混合驱动系统，包括专注于直接供给治理方案和规则的多边治理实践以及强调“引领”和“政治动员”的多边制度。[6]还有学者认为，作为当代最复杂的系统性治理，全球气候治理逐渐形成了包括多元行为体和多维治理机制在内的机制复合，逐步确立了“多利益攸关方”（Multi-Stakeholder）这一概念。多利益攸关方包括社会组织、跨国公司、城市等。[7]

关于政党与全球治理的关系。部分学者注意到政党这一特殊的非国家行为体对全球治理的影响。有学者探讨了全球治理中的政党责任问题，认为一个责任政党在全球治理过程中的政治合法性，来自国内公民社会的利益诉求

---

〔1〕 Sebastian Oberthür, "Where to Go from Paris? The European Union in Climate Geopolitics", *Global Affairs*, Vol. 2, No. 2, 2016, pp. 1-12；谢来辉：《为什么欧盟积极领导应对气候变化?》，载《世界经济与政治》，2012年第8期，第72—91页；李昕蕾、王彬彬：《国际非政府组织与全球气候治理》，载《国际展望》，2018年第5期，第136—156页；董亮、张海滨：《IPCC如何影响国际气候谈判——一种基于认知共同体理论的分析》，载《世界经济与政治》，2014年第8期，第64—83页。

〔2〕 李昕蕾：《非国家行为体参与全球气候治理的网络化发展：模式、动因及影响》，载《国际论坛》，2018年第2期，第17—26页。

〔3〕 比如，在巴黎气候变化大会上浮现出来的“雄心壮志联盟”（High Ambition Coalition）就是如此。该联盟包括欧盟、美国以及79个非洲、加勒比海和太平洋国家，但不包括中国和印度等发展中大国。

〔4〕 参见于宏源：《城市在全球气候治理中的作用》，载《国际观察》，2017年第1期，第40—52页；庄贵阳、周伟铎：《非国家行为体参与和全球治理体系转型》，载《外交评论（外交学院学报）》，2016年第3期，第133—156页；李昕蕾、宋天阳：《跨国城市网络的实验主义治理研究——以欧洲跨国城市网络中的气候治理为例》，载《欧洲研究》，2014年第6期，第129—149页；Thomas Hale, "Transnational Actors and Transnational Governance in Global Environmental Politics", *Political Annual Review of Political Science*, Vol. 23, No. 1, 2020, pp. 203-220。

〔5〕 参见李昕蕾：《全球气候治理中知识供给与话语权争夺——以中国气候研究影响IPCC知识塑造为例》，载《外交评论（外交学院学报）》，2019年第4期，第32—70页。

〔6〕 余博闻：《认知演化与全球气候治理的变革》，载《世界经济与政治》，2019年第12期，第101页。

〔7〕 于宏源：《多利益攸关方参与全球气候治理：进程、动因与路径选择》，载《太平洋学报》，2021年第2期，第1—13页。

和全球治理的共同主张两个方面，后者对一个国家的政治压力必然对相关国家执政党的政治行动产生影响。〔1〕部分学者探讨了政党对全球治理具体领域特别是气候治理领域的影响。有学者研究了美国民主党和共和党在气候政策上的差异化、多变性及对相关国际机制的影响，认为造成差异的原因在于美国的政治传统及在此基础上形成的两党对选举利益的高度关注。〔2〕有学者注意到了绿党和右翼民粹主义政党在2019年欧洲议会选举中的强劲表现，认为两者对决使未来欧洲的气候政治图景面临加剧极化的挑战。〔3〕还有一些学者讨论了中国共产党与全球治理的关系，认为在中国共产党的全球治理理念指引下，中国不谋求另起炉灶，而是努力维护以联合国为核心的全球治理体系，并以实际行动引领全球治理体系的改革。〔4〕鉴于当今世界秩序已无法适应时代要求，全球第一大党中国共产党被赋予了引领全球治理的历史使命。〔5〕

关于全球治理机制的发展与变革。学术界承认全球治理机制的复杂性，〔6〕且普遍认为，随着全球性挑战日益增多，全球性危机此起彼伏，全球治理能力亟须加强，但现实情况是全球治理机制碎片化趋势不断加剧，合法性与代表性不足，国际领导力缺失。因此，推进全球治理机制变革、加强

---

〔1〕姚尚建：《全球治理中的责任政党——兼论中国共产党的国际责任》，载《甘肃社会科学》，2008年第4期，第177页。

〔2〕参见戚凯：《美国气候政策变化分析——基于政党竞争的视角》，载《美国问题研究》，2012年第1期，第137—154页；李淑俊：《贸易限制、全球气候治理与美国国内政治基础》，载《理论学刊》，2013年第9期，第90—92页。

〔3〕参见杨云珍：《欧洲右翼民粹主义对气候治理的影响》，载《国际论坛》，2020年第2期，第76—85页；Matthew Lockwood, "Right-Wing Populism and Climate Change Agenda: Exploring the Linkages", *Environmental Politics*, Vol. 27, No. 4, 2018, pp. 712-732。

〔4〕王巧荣：《新中国成立以来中国共产党对世界的贡献》，载《中共中央党校（国家行政学院）学报》，2021年第3期，第34页。

〔5〕郭平：《新时代中国共产党增强引领全球治理领导力的思路探析》，载《领导科学》，2020年第6期，第4页。

〔6〕参见王明国：《全球治理机制复杂性的探索与启示》，载《国外社会科学》，2013年第5期，第67—74页。

全球治理能力建设已是大势所趋。[1]至于推动全球治理机制发展与变革的动力，大体包括领导权转移[2]、价值观念更新[3]、重大国际倡议提出[4]、新国际组织和国际机制设立[5]等因素。一些学者探讨了全球治理与国家治理的内在关联与互动以及二者与新的世界秩序建构的关系，并认为中国式治理在塑造世界秩序方面有积极影响。[6] 有学者探讨了霸权国的联盟扩容行为对全球治理秩序产生的负面影响。[7] 此外，还有学者讨论了全球治理机制内化问题，认为相关国际规范内化有助于主权国家更为理性、更为主动地参与全球治理。[8]

从总体上看，学术界对全球治理的研究取得重要进展，但在具体研究议题方面仍有待完善。其中一个重要缺漏，就是未能充分注意到政党特别是执政党这一特殊政治行为体在全球治理中的重要作用；即使有所涉及，研究角度和主题也相对有限，更没有关注执政党认知与全球治理机制变革的关系。而认知是执政党展开国内外相关行动、处理国内外相关关系的基础。由于组

---

〔1〕 参见戴维·赫尔德著，李秋祺译：《如何走出全球治理的"僵局"》，载《探索与争鸣》，2019年第3期，第34—39页；于宏源、王文涛：《制度碎片和领导力缺失：全球环境治理双赤字研究》，载《国际政治研究》，2013年第3期，第38—51页；李慧明：《全球气候治理制度碎片化的国际领导及中国的战略选择》，载《当代亚太》，2015年第4期，第128—156页。

〔2〕 参见贺凯、冯惠云：《领导权转移与全球治理：角色定位、制度制衡与亚投行》，载《国际政治科学》，2019年第3期，第31—59页。

〔3〕 参见唐士其：《观念与机制的变革——从新冠肺炎疫情看未来的全球公共安全治理》，载《国际政治研究》，2020年第3期，第9—14页。

〔4〕 参见刘志中：《"一带一路"倡议与全球贸易治理变革》，载《东北亚论坛》，2017年第6期，第46—55页。

〔5〕 参见Inna Andronova，"Andrei Shelepov，Potential for Strengthening the NDB's and AIIB's Role in the Financial System"，*International Organizations Research Journal*，Vol. 14，No. 1，2019，pp. 39-54。

〔6〕 参见蔡拓：《全球治理与国家治理：当代中国两大战略考量》，载《中国社会科学》，2016年第6期，第5—14页；陈志敏：《国家治理、全球治理与世界秩序建构》，载《中国社会科学》，2016年第6期，第14—21页。

〔7〕 参见任琳、郑海琦：《虚弱的联盟扩容与全球治理秩序》，载《国际政治科学》，2022年第1期，第1—37页。

〔8〕 参见马建英：《国际气候制度在中国的内化》，载《世界经济与政治》，2011年第6期，第91—121页；康晓：《利益认知与国际规范的国内化——以中国对国际气候合作规范的内化为例》，载《世界经济与政治》，2010年第1期，第66—83页。

织形态、追求目标及在政治结构、政治过程特别是政府过程中所处的地位、所具有的功能不同，执政党认知不同于政府认知，更不同于部门认知或利益集团认知，这种不同表现在内容、形成路径、表达方式及实践影响等多个方面。执政党认知也不能简单等同于决策者（Policymaker）认知，这是因为决策者包含不同类型，有群体和个体之分，也有政党、政府、企业和社会组织之别，在决策者语境下进行的相关探讨遮蔽了执政党的特殊性。上述缺漏导致既有相关结论的解释力明显不足，也影响了人们对于推进全球气候治理的动力更为细致和准确的理解。

二、执政党认知与全球治理机制变革——理论分析、案例选择与基本假设

无论作为国内行为体，还是作为国际行为体，政党都是全球治理的重要参与者。一些政党甚至就是为全球治理而建立的，比如绿党。当然，处于一国政治体系中不同地位的政党参与全球治理的途径、方式及影响是不一样的。执政党在国内政治进而在外交事务和国际关系中均处于特殊地位，它比非执政党参与全球治理的途径更多、更直接，对全球治理体制机制运行所产生的影响也更大。执政党可以通过提出理念和思想、制定战略和政策、设立组织机构和任免高级官员等方式，确立所在国家参与全球治理的战略、政策和行动方式，对全球治理体制机制运行及全球治理绩效产生的影响一般也更大。非执政党既可以通过政党合作或议会斗争等国内政治过程影响所在国家参与全球治理的战略、政策和行动，也可以通过加入国际政党组织或地区性政党组织，以及参加国际政党对话会等方式，对全球治理的某一议题或体制机制运行施加影响。当然，这种影响的程度与拥有丰富政治资源的执政党相比存在明显落差。

执政党通过所在国家的国内政治过程（Political Progress）[1] 特别是政府过程（Governmental Process）[2]，将自身认知上升为国家意志，转化为国家战略（National Strategy）以及相应的政策，并据此领导和监督政府采取相应行动。执政党认知形成通常要经过学习过程。按照赫伯特·西蒙（Herbert A. Simon）的界定，“学习过程是对一系列符号的学习、存储及以后的提取和应用的过程”。[3] 不同类型的执政党有不同的内部组织结构。这种内部组织结构或总体呈现“松散状”，即没有严密的组织体系和组织原则；或呈现“紧密状”，即有严密的组织体系和组织原则。基于不同的内部组织机构，执政党的领导体制也存在明显的差别，或强调党的代表大会的最高权威，即党的全国代表大会选举中央委员会进而选举产生常设机构，领导全党执行全国代表大会的纲领和决议，党的其余组织均服从中央的统一指挥，进入政府的党员由党推荐并传递党的意图、执行党的主张；或突出执政权威，即党的领导体制围绕国家权力机关形成，党组织之间的上下级隶属关系较为松散；或是兼有上述两种类型特点的混合制。因此，执政党的学习过程在不同国家有很大不同。但无论经过何种过程，执政党学习的目的都是为了获取相关知识，形成相关理念，以致力于治国理政。因此，执政党的学习过程具有鲜明实践导向，不同执政党的区别仅在于意识和行动上主动与否。通过学习，执政党认知得以形成和发展，并据此确立行动目标，制定战略和策略。

在执政党认知上升为国家意志、转化为国家战略过程中，执政党认知表达、认知转化是两个重要环节。通过认知表达，执政党将某一方面的学习结果通过特定途径（如党的文件或领导人讲话）、采取特定形式（如使用某种

---

〔1〕 所谓“政治过程”，是由政治行为体在政治体系中所发生的一系列互动行为构成。政治行为体既可以是个人，也可以是群体。在当代政治生活中，影响政治过程最重要行为体是政党和政府。政治过程的动力是政治权力。

〔2〕 所谓“政府过程”，是指以政府为核心，在政府的职能、机构、体制和官员个人行为之间起串联作用的一系列政治活动，包括利益表达和综合、政策决策和施行等环节。

〔3〕 赫伯特·西蒙著，荆其诚、张厚粲译：《认知：人行为背后的思维与智能》，北京：中国人民大学出版社，2020 年版，第 217 页。

概念、口号或提出某种主张、倡议）昭告世人（包括本党党员、本国国民和国际社会其他成员），并观察他们的反馈。根据对反馈结果的评估，执政党有可能对既有认知做出调适（修改、补充、完善或者放弃）。认知转化是认知表达的后续行为，通常表现为执政党将得到正向反馈的某一概念或主张采用路线、方针、政策等形式体现出来。

在执政党认知上升为国家意志、转化为国家战略过程中，国内政治结构发挥着桥梁和纽带作用。在国内政治结构中，政治制度是核心要素，而政党体制又是政治制度的核心要素。政党体制决定着政党对国家内外政策的影响方式和影响力大小。无论一个国家采用何种政党体制，都存在着执政党如何处理与政府关系的问题。这是因为，“执政党要靠进入政府的本党官员的活动，在政府的决策和实施过程中体现本党意图”。[1] 在不同国家或同一个国家的不同历史阶段，国内政治结构以及与之相关的政治过程、政府过程是存在差异的，执政党对政府决策机构、决策过程以及决策人员的影响机制即执政方式也有明显的不同。由此导致执政党认知转化为国家战略的方式、途径有所不同甚至相去甚远。人们可以根据这一转化过程的顺畅程度特别是转化结果，判断执政党领导力的大小。

在国际互动过程中，一国尤其是大国的国家战略（特别是对外战略）的实施，会对相关国际规则、规范和机制产生程度不等的影响，其中，国家的性质决定着影响的方向，国家的实力地位和利益诉求则决定着影响的着力点、方式和力度。[2] 人们可以根据一国对相关国际规则、规范和机制影响程度，判断该国在国际体系中的地位和作用，进而推断出该国执政党的国际影响力和外交领导力。

---

〔1〕 王长江：《政党论》，北京：人民出版社，2009 年版，第 205 页。

〔2〕 参见 Robert O. Keohane, Helen V. Milner, eds. *Internationalization and Domestic Politics*, New York: Cambridge University Press, 1996；阎学通：《国际领导与国际规范的演化》，载《国际政治科学》，2011 年第 1 期，第 1—28 页；陈琪、管传靖：《国际制度设计的领导权分析》，载《世界经济与政治》，2015 年第 8 期，第 4—28 页。

在全球命运与共、各国休戚相关的时代大背景下，上述国内国际两种过程相互关联。通过这种关联，执政党与政府外交、国内政治与国际政治链接了起来，相关研究可以纳入同一框架中，从而体现出鲜明的跨层次分析、跨学科研究特征。

根据上述简要分析，本文选取的案例是中国共产党应对气候变化、参与全球气候治理的认知变迁对全球气候治理机制的影响。之所以这样做，首先是作为当今党员人数最多、连续执政时间最长的政党，日益走近世界政党舞台中央的中国共产党对包括全球气候治理在内的国际事务的影响力乃至领导力越来越大，研究中国共产党的认知形成及对中国外交的影响，对理解当代中国的对外政策和对外关系有重要启示；其次，气候变化是当今国际社会普遍关心的重大全球性问题，应对气候变化业已成为全球治理的核心内容之一，并上升到国际议程的前端，在应对气候变化过程中形成的国际规则、机制和秩序，对包括全球气候治理机制在内的全球治理机制的发展与变革有着重要影响。

本项研究有以下三个基本假设：

第一，中国共产党应对气候变化、参与全球气候治理的认知形成是一个主动、渐进和逐步提升的过程，其间经历了中国共产党特有的学习过程；

第二，执政党中国共产党的应对气候变化、参与全球气候治理的认知，通过中国特有的政治过程和政府过程，促成中国政府制定和实施相关领域的国家战略；

第三，中国政府制定和实施应对气候变化、参与全球气候治理的国家战略，通过积极、有效的气候外交，促使全球气候治理机制发生了多方面的重要变化。

三、中国共产党应对气候变化、参与全球气候治理认知的形成与表达

作为一个具有开阔全球视野、与时俱进品格和贡献世界远大抱负的执政党，中国共产党高度关注气候变化及其治理，通过自身特有机制逐步形成相关认知，并不断采取富有成效的相关行动。中国共产党应对气候变化、参与全球气候治理的认知，通过党的文件、领导人讲话加以表达。

（一）认知形成

中国共产党是学习型政党。“重视学习、善于学习，使得党能够适应不断发展变化的形势，树立新观念，掌握新本领，解决新问题”，被视为中国共产党建党百年的一条重要经验。[1] 中共十六大以来，中央政治局建立集体学习制度，由中共中央总书记主持，中央政治局全体委员参加，邀请有关部门负责人、专家学者就相关问题进行讲解。这一当今世界执政党中仅有的定期学习制度，其宗旨是为解决当下中国面临的现实问题寻找思路和对策。因此，中央政治局集体学习始终围绕“治国理政”这一主题，具有鲜明的针对性、现实性和战略性。

2000 年前后，气候变化议题尚不是决策者优先关注事项。[2] 随着中国加入世界贸易组织后国内外形势的深刻变化，中国共产党对处理好国家发展与生态环境之间关系重要性的认知逐步提升。2010 年 2 月，中共十七届中央政治局集体学习“应对气候变化的国际合作”。这是中央政治局集体学习首次触及“气候变化”这一主题。主持会议的时任中共中央总书记胡锦涛强调，要充分认识应对气候变化工作的重要性、紧迫性、艰巨性，统一思想，明确任务，坚定信念，扎实工作，把应对气候变化作为国家经济社会发展的

---

〔1〕 中共中央宣传部:《中国共产党的历史使命与行动价值》,北京:人民出版社,2021 年版,第 72 页。

〔2〕 参见李志斐、董亮、张海滨:《中国参与国际气候治理 30 年回顾》,载《中国人口 · 资源与环境》,2021 年第 9 期,第 205 页。

重大战略、加快经济发展方式转变和经济结构调整的重大机遇。要坚持共同但有区别的责任原则，承担与发展中国家地位相适应的责任，积极参与应对气候变化国际合作，帮助发展中国家提高应对气候变化能力。[1]由此，中共中央领导集体关于应对气候变化、参与全球气候治理的目标、原则、政策的认知框架大体形成。

2015 年 2 月，中国杭州获得 2016 年二十国集团峰会举办权。同年 10 月，中共十八届中央政治局集体学习“全球治理格局和全球治理体制”。主持此次学习的中共中央总书记习近平阐述了中国参与全球治理的根本目的和推动全球治理体制变革的总体方向。[2] 2016 年 9 月，二十国集团峰会在杭州如期举行并获得成功。同月，中共十八届中央政治局在主题为“二十国集团领导人峰会和全球治理体系变革”的集体学习中，对二十国集团杭州峰会成果进行总结，并对未来中国参与全球治理进行战略部署。[3] 中共中央领导集体对包括全球气候治理在内的全球治理相关理念理解进一步深化，战略部署进一步完善。

2021 年 4 月，中共十九届中央政治局举行主题为“新形势下加强我国生态文明建设”的第 29 次集体学习。习近平在主持学习时指出，要站在人与自然和谐共生的高度谋划经济社会发展，统筹污染治理、生态保护、应对气候变化，努力建设人与自然和谐共生的现代化。[4] 由此，中共中央领导集体将应对气候变化纳入生态文明建设框架，应对气候变化议题在治国理政总体布局中的战略地位进一步提升。

2022 年 1 月，中共十九届中央政治局就努力实现碳达峰碳中和目标进行

---

〔1〕《胡锦涛在中共中央政治局第十九次集体学习时强调 统一思想明确任务坚定信念扎实工作进一步做好应对气候变化各项工作》，新华社北京 2010 年 2 月 23 日电。

〔2〕 习近平：《论坚持推动构建人类命运共同体》，北京：中央文献出版社，2018 年版，第 259 页。

〔3〕 同〔2〕，第 384 页。

〔4〕《习近平主持中央政治局第二十九次集体学习并讲话》，http://www.gov.cn/xinwen/2021-05/01/content_5604364.htm。

第36次集体学习。习近平在主持学习时指出，实现碳达峰碳中和，是贯彻新发展理念、构建新发展格局、推动高质量发展的内在要求，是党中央统筹国内国际两个大局作出的重大战略决策。要加强党对“双碳”工作的领导，加强统筹协调，严格监督考核，推动形成工作合力。要实行党政同责，压实各方责任，将“双碳”工作相关指标纳入各地区经济社会发展综合评价体系，增加考核权重，加强指标约束。[1] 中共中央领导集体对“双碳”问题的认知进一步深化。

上述情况表明，中共中央领导集体通过其特有的学习制度，形成应对气候变化、参与全球气候治理的认知。伴随学习过程，相关认知不断深化、具体化。这一过程同中国与世界关系的变化特别是中国参与全球治理进程的深度和广度密切相关。作为党的领导决策核心，中共中央领导集体的认知对全党具有引领作用；“全党服从中央”的原则，则使得中共中央领导集体的认知可以转化为全党的认知。

（二）认知发展

中国共产党充分认识到全球治理理念的重要性。习近平曾指出：“全球治理体制变革离不开理念的引领，全球治理规则体现更加公平合理的要求离不开对人类各种优秀文明成果的吸收。”[2] 为引领全球治理理念，中国共产党始终坚持解放思想，特别重视从中国优秀传统文化中汲取精华。习近平强调，要积极发掘中华文化中积极的处世之道和治理理念同当今时代的共鸣点，继续丰富打造人类命运共同体等主张，弘扬共商共建共享的全球治理理念。[3]

中国共产党全球气候治理认知的发展是与创新全球治理理念相关联的。

---

〔1〕《习近平主持中央政治局第三十六次集体学习并发表重要讲话》，http://www.gov.cn/xinwen/2022-01/25/content_5670359.htm。

〔2〕习近平：《论坚持推动构建人类命运共同体》，北京：中央文献出版社，2018年版，第261页。

〔3〕同〔2〕。

中国共产党创新全球治理理念集中体现在两个方面：一是弘扬共商共建共享的全球治理观。中共十九大报告提出的这一新型全球治理观，回答了“谁来治理”“怎样治理”和“为什么治理”等重大问题。新型全球治理观自然适用于全球气候治理领域。二是着力打造并持续丰富构建人类命运共同体主张。2012 年 11 月，胡锦涛在中共十八大报告中首次使用“人类命运共同体”这一概念，呼吁“同舟共济，权责共担，增进人类共同利益”。〔1〕 2017 年 10 月，习近平在中共十九大报告中明确主张“各国人民同心协力，构建人类命运共同体”。〔2〕 “推动构建人类命运共同体”随之被写入修订后的《中国共产党章程》。在同年 12 月举行的中国共产党与世界政党高层对话会的主旨演讲中，习近平系统阐述了人类命运共同体的内涵，强调应当坚持人与自然共生共存的理念。〔3〕构建人类命运共同体主张为中国参与全球气候治理提供了更高层次的理念基础，也为全球气候治理提供了中国路径和愿景。〔4〕

在创新全球治理理念的同时，中国共产党强调加强参与全球治理能力建设和战略投入的重要性。2015 年 10 月，习近平在主持十八届中央政治局第 27 次集体学习时强调：“要加强能力建设和战略投入，加强对全球治理的理论研究，高度重视全球治理方面的人才培养。”〔5〕 这一要求自然适应于全球气候治理领域。2019 年 10 月召开的中共十九届四中全会强调，要“推动在共同但有区别的责任、公平、各自能力等原则基础上开展应对气候变化国际合作”。〔6〕

〔1〕 胡锦涛：《坚定不移沿着中国特色社会主义道路前进 为全面建成小康社会而奋斗》，北京：人民出版社，2012 年版，第 47 页。

〔2〕 习近平：《论坚持推动构建人类命运共同体》，北京：中央文献出版社，2018 年版，第 491 页。

〔3〕 同〔2〕，第 510—512 页。

〔4〕 参见薄燕：《中国全球气候治理观的要义、基础与实践》，载《当代世界》，2019 年第 12 期，第 54 页。

〔5〕 同〔2〕，第 261 页。

〔6〕《中共中央关于坚持和完善中国特色社会主义制度 推进国家治理体系和治理能力现代化若干重大问题的决定》，新华社北京 2019 年 11 月 5 日电。

（三）认知表达

中国共产党全国代表大会报告（以下简称全国党代会报告），是中国共产党指导思想、执政理念、战略构想、政策主张的集中体现，并因此成为观察中国内政和外交走向的重要风向标。梳理相关资料可以发现，全国党代会报告涉及应对气候变化、参与全球气候治理议题有一个发展过程，具体表达不断调适、逐步完善。

中国共产党应对气候变化、参与全球气候治理的认知是从对全球治理的一般认知起步的。在中共十七大之前，全国党代会报告并未涉及气候变化及治理议题。2012 年 11 月，胡锦涛在中共十八大报告中首次使用“全球治理”这一概念，更新了此前使用的“全球经济治理”概念，表明中国共产党已把全球治理从经济领域扩展到更为广泛的社会事务中；同时也首次使用“全球治理机制”这一概念，表明中国共产党已经认识到，全球治理不只是一种外交事务和国际现象，而是一种国际机制和国际制度，并且正在发生“深刻变革”。该报告还首次提及“应对气候变化”问题，强调“坚持共同但有区别的责任原则、公平原则、各自能力原则”,〔1〕这些原则成为其后中国政府应对气候变化、参与全球气候治理的指导性原则。

2017 年 10 月，习近平在中共十九大报告中明确将气候变化列为全人类面临的共同挑战，指出中国在过去五年中“引导应对气候变化国际合作，成为全球生态文明建设的重要参与者、贡献者、引领者”。〔2〕这是将“引导”气候变化国际合作首次写进全国党代会报告，表明中国共产党对中国在全球气候治理中的身份认知已经发生重大变化。报告还提出了“人与自然是生命共同体”这一重要论断,〔3〕“人与自然生命共同体”这一概念呼之

〔1〕 胡锦涛:《坚定不移沿着中国特色社会主义道路前进 为全面建成小康社会而奋斗》,北京:人民出版社,2012 年版,第 4、40—41、48 页。

〔2〕 习近平:《决胜全面建成小康社会 夺取新时代中国特色社会主义伟大胜利》,北京:人民出版社,2017 年版,第 6 页。

〔3〕 同〔2〕,第 50 页。

欲出。

加拿大学者马修·霍夫曼认为，参与全球治理的各种行为体天然具有适应能力，“可以针对治理效果进行评估和采取行动，从而更新他们对情景的认知。”〔1〕前述情况显示，中国共产党应对气候变化、参与全球气候治理的认知建立在对国内国际形势客观判断基础上，是一个主动、渐进和逐步提升的过程。中国共产党通过具有鲜明主动性、创新性特点的学习过程形成核心概念和重要判断，并通过制定党的路线、方针加以具体体现。

中国共产党之所以在应对气候变化、参与全球气候治理方面具有主动性、创造性，除了与其“使命型政党”的自我定位有关外，更与其对学习的高度重视及采取的特有学习过程有关。中国共产党历来重视学习，认为学习是前进的基础。在百余年实践中，尽管学习内容不同，学习形式有别，但中国共产党人努力学习的传统、理论联系实际的学风得以形成和保持。中共十六大之后建立的中央政治局集体学习制度，是世界政党发展史上的首创。这一学习制度在形式上不断创新，在内容上不断丰富，实践导向更为凸显，示范效应更为突出。“推进学习型党组织建设”“完善和落实党委（党组）中心组学习制度”“在全党定期或不定期开展形式政策教育”〔2〕以及把干部学习情况作为民主评议和选拔任用重要依据等多种制度安排，则保证了中国共产党中央领导集体的认知能够在党内不同层级间有效传递，从而成为全党的共同认知。

---

〔1〕 Mathew Hoffman, *Climate Governance at the Crossroads: Experimenting with a Global Response After Kyoto*, Oxford: Oxford University Press, 2011, p. 66.

〔2〕 参见中共中央宣传部:《中国共产党的历史使命与行动价值》,北京:人民出版社,2021年版,第72页。

四、中国共产党的认知转化与中国应对气候变化、参与全球气候治理的国家战略

从执政党认知到国家战略，其间需要通过一定机制，由此构成另一个政治过程。中央政府在国家战略的制定和实施过程中扮演重要角色。按照现行宪法，国务院即中央人民政府是中国最高国家权力机关的执行机关和最高国家行政机关，依法享有“管理对外事务，同外国缔结条约和协定”的权力。[1]最近30年来，中国政府统筹国内国际两个大局，通过中国特有的政府过程，制定和实施应对气候变化、参与全球气候治理的国家战略，并籍此推动国内经济高质量发展、开展气候外交和参与全球治理进程。在此过程中，中国共产党发挥着领导、组织和监督作用，它以强大的领导力和执政力保证自身认知的转化和传递，保障中国政府相关战略的制定和实施。

（一）中国共产党推动中国政府在应对气候变化、参与全球气候治理方面采取积极行动

中国共产党应对气候变化、参与全球气候治理的认知，除了通过前述使用核心概念、制定路线和方针等方式进行表达外，还通过讨论中央政府制定的国家战略、任命相关领域高级干部等政治行为加以体现，并通过中国特有的政治过程，推动中国政府采取相关行动，从而实现认知转化。

1. 中央政治局通过讨论《国民经济和社会发展五年规划纲要（草案）》和中央政府年度工作报告，关注气候变化和治理问题

在当代中国，制定《国民经济和社会发展五年规划纲要（草案）》和发表年度工作报告，都是中央政府的重大行动，且均需经过中共中央政治局讨论通过。这一过程中，执政党的认知自然会发挥重要作用。具体地说，如果上述两份文件没有涉及中共中央领导集体关注的问题，或者虽有涉及但在

[1] 参见《中华人民共和国宪法》，北京：人民出版社，2018年版。

处置的理念及战略等方面与中共中央领导集体已经形成的认知存在偏差，自然无法审议通过。

《国民经济和社会发展五年规划纲要》（以下简称《规划纲要》），具有鲜明的国家战略性质。《规划纲要》的《建议（草案）》由中共中央提出，相关工作在中央政治局常委会直接领导下进行。先由《建议（草案）》起草小组（成员包括中共中央政策研究室、国务院研究室以及其他有关部门人员）完成《建议提纲》，送交中央领导人审查。根据中央领导人指示并听取有关方面意见后，起草小组开始撰写《建议（草案）》。在此期间，部分中央政治局常委和委员分赴全国各地进行专题调研，并与地方党委和政府负责人直接沟通。同时，中共中央及中央政治局还会通过多种方式，听取党内老同志及各民主党派与全国工商联负责人、无党派人士的意见。《建议（草案）》形成后，中央政治局及其常委会多次开会讨论并形成《建议（讨论稿）》，之后正式提交中共中央委员会全体会议，并由中共中央总书记代表中央政治局作《建议（讨论稿）》说明[1]。《建议》经中央全会审议通过后由中共中央正式对外公布。此后，起草小组依据《建议》编制《规划纲要（草案）》初稿并提交国务院常务会议和全体会议审议，通过后再提交中央政治局常委会和中央政治局会议讨论，形成《规划纲要（草案）》，正式提交全国人民代表大会审议。在全国人民代表大会上，国务院总理就《规划纲要（草案）》作出说明；参会的全国人大代表和列席的全国政协委员分组予以讨论，提出修改意见和建议。在此基础上，全国人民代表大会审议通过《规划纲要》并正式公布。

中央政府即国务院的年度《政府工作报告》（以下简称《报告》），是对五年《规划纲要》的具体落实。《报告》起草工作在国务院总理主持下进

〔1〕 在中共十八届五中全会之前，一般由国务院总理（同时也是中央政治局常委）代表中央政治局作《规划纲要》的《建议（讨论稿）》说明。从中共十八届五中全会开始，改由中共中央总书记代表中央政治局作《规划纲要》的《建议（讨论稿）》说明。

行，起草组成员主要为国务院研究室人员。在国务院总理对《报告》的指导思想、框架结构、主要内容等提出明确要求后，起草组结合学习、调研情况形成起草提纲，报国务院总理批准后开始起草《报告》。《报告》初稿经国务院常务会议讨论修改，以《报告》送审稿形式提交中共中央政治局常委会审议，由此形成《报告（征求意见稿）》，再交回国务院全体会议讨论，并发往各省（区、市）和中央国家机关有关部门和单位征求意见。与此同时，国务院总理主持召开多个座谈会，分别征求各民主党派中央、全国工商联负责人和无党派人士以及经济、社会各领域专家学者的意见和建议，汇总后再由国务院对《报告（征求意见稿）》进行修改，形成新的《报告》送审稿提交中共中央政治局全体会议讨论。国务院根据会议意见再次修改《报告》，并将修改后的《报告》提交全国人民代表大会常务委员会。在每年 3 月召开的全国人民代表大会上，国务院总理作《报告》。《报告》起草组根据收集到的与会人大代表及参加同期召开的全国政协会议的委员的意见和建议，对《报告》再做修改，并报国务院总理审定。全国人民代表大会主席团在听取国务院总理关于《报告》修改情况的说明后，审议通过关于政府工作报告的决议草案，并提交代表大会会议表决通过。

公开资料显示，最近 30 年来，无论是《规划纲要》，还是《报告》，均涉及气候变化及治理问题。从“十二五”开始，单位国内生产总值二氧化碳排放下降幅度作为约束性指标被纳入《规划纲要》；“十四五”规划和 2035 年远景目标纲要则将“2025 年单位国内生产总值二氧化碳排放较 2020 年降低 18%”作为约束性指标。[1]在 2021 年和 2022 年的《报告》中，做好碳达峰、碳中和均被列为政府年度重点工作。上述《规划纲要》《报告》和远景目标纲要获得批准并得以实施，表明它们符合中国共产党应对气候变化、参

---

〔1〕 参见《中国应对气候变化的政策与行动》，http://www.gov.cn/zhengce/2021-10/27/content_5646697.htm。

与全球气候治理的认知。

2. 中央全面深化改革委员会持续关注气候变化和治理工作

2013年12月30日召开的中共中央政治局会议决定成立中央全面深化改革领导小组，习近平担任组长。如表1所示，中央全面深化改革领导小组会议多次涉及生态环境和气候变化问题。2018年3月，中央全面深化改革领导小组改组为中央全面深化改革委员会，作为中央直属决策议事协调机构，习近平担任该委员会主任。该委员会召开的第一次会议，即将解决突出环境问题、改善环境质量、推进经济高质量发展列为重点工作，强调夯实生态文明建设和环境保护的政治责任。根据此次会议部署，并经中共中央和国务院批准，生态环境部组建了四个中央生态环境保护督察组，陆续开展第二轮第五批中央生态环境保护督察进驻工作。〔1〕此后，如表2所示，中央全面深化改革委员会又多次开会讨论生态环境和气候变化问题。在该委员会领导下，一批破坏生态环境的重大典型案件被查处，一批人民群众反映强烈的突出环境问题得到解决，中国的"生态环境保护发生了历史性、转折性、全局性的变化"。〔2〕

表1　中央全面深化改革领导小组会议涉及气候变化与治理问题情况

时间	会议	通过文件
2015年7月	第十四次会议	《环境保护督察方案（试行）》《生态环境监测网络建设方案》《关于开展领导干部自然资源资产离任审计的试点方案》《党政领导干部生态环境损害责任追究办法（试行）》
2016年3月	第二十二次会议	《关于健全生态保护补偿机制的意见》

〔1〕截至2022年1月5日，第二轮第五批四个中央生态环境保护督察组全部完成督查进驻工作。参见《第二轮第五批中央生态环境保护督察全面完成督察进驻工作》，https://www.mee.gov.cn/ywgz/zysthjbhdc/dcjz/202201/t20220109_966463.shtml。

〔2〕《中共中央关于党的百年奋斗重大成就和历史经验的决议》，北京：人民出版社，2021年版，第52页。

续表

时间	会议	通过文件
2016 年 6 月	第二十五次会议	《关于设立统一规范的国家生态文明试验区的意见》《国家生态文明试验区（福建）实施方案》
2016 年 7 月	第二十六次会议	《关于省以下环保机构监测监察执法垂直管理制度改革试点工作的指导意见》
2016 年 8 月	第二十七次会议	《重点生态功能区产业准入负面清单编制实施办法》《生态文明建设目标评价考核办法》《关于在部分省份开展生态环境损害赔偿制度改革试点的报告》

资料来源：作者自制。

表 2　中央全面深化改革委员会会议涉及气候变化与治理问题情况

时间	会议	通过文件
2019 年 11 月	第十一次会议	《关于构建现代环境治理体系的指导意见》
2020 年 4 月	第十三次会议	《全国重要生态系统保护和修复重大工程总体规划（2021—2035 年）》
2020 年 12 月	第十七次会议	《关于加快建立健全绿色低碳循环发展经济体系的指导意见》《环境信息依法披露制度改革方案》
2021 年 8 月	第二十一次会议	《关于深入打好污染防治攻坚战的意见》

资料来源：作者自制。

注：本表格统计时间截至 2022 年 8 月。

3. 任命国家应对气候变化、参与全球气候治理高级领导干部

中国共产党应对气候变化、参与全球气候治理的认知形成后，除了通过建立机构、制定规范等方式影响中国政府的相关行动外，还通过任命相关机构的重要干部加以体现，主要方式有以下三种。

一是党内高级干部出任国家应对气候变化、参与全球气候治理领导机构的负责人和成员。2007 年 6 月成立的国家应对气候变化及节能减排工作领导小组，负责研究制订国家应对气候变化的重大战略、方针和对策，统一部署

应对气候变化工作，研究审议国际合作和谈判对案，协调解决应对气候变化工作中的重大问题。[1]国务院总理（同时为中央政治局常委）担任组长，国务院副总理（同时为中央政治局委员）和国务委员（同时为中央委员）各1人担任副组长，成员包括国家发展和改革委员会、外交部、科技部、财政部等17个国务院主要机构负责人（同时也是中央委员）。2021年5月，中央层面又成立了碳达峰碳中和领导小组，作为指导和统筹做好碳达峰碳中和工作的议事协调机构。[2] 同月，时任中共中央政治局常委、国务院副总理韩正主持召开该小组第一次全体会议。[3]

二是中共中央委员出任国家环境保护机构主要负责人。2008年7月，国务院将国家环境保护总局升格为环境保护部。首任部长兼党组书记由中共十七届中央委员周生贤担任。2018年3月，根据中共十九届三中全会通过的《深化党和国家机构改革方案》，国务院整合相关部门职能，组建生态环境部。首任部长为中共十九届中央委员李干杰。2020年4月，中共十九届中央委员孙金龙出任生态环境部党组书记、副部长，九三学社中央委员会副主席黄润秋接任生态环境部部长。

三是中共中央委员出任中国气候变化事务特别代表（特使）。中国气候变化事务特别代表（特使）是中国政府为处理气候变化事务而设立的专门职位。2015—2021年间，在中国政府长期从事环境保护工作并曾担任重要领导职务的解振华，被任命为中国气候变化事务特使。而在中国共产党党内，解振华则先后担任十六、十八届中央委员，第十五、十七届中央纪律检查委员会委员。

---

〔1〕《国务院关于成立国家应对气候变化及节能减排工作领导小组的通知》，http://www.gov.cn/zwgk/2007-06/18/content_652460.htm。

〔2〕《中央层面的系统谋划、总体部署——就〈中共中央 国务院关于完整准确全面贯彻新发展理念做好碳达峰碳中和工作的意见〉访国家发展改革委负责人》，新华社北京2021年10月24日电。

〔3〕《韩正主持碳达峰碳中和领导小组第一次全体会议并讲话》，http://www.gov.cn/guowuyuan/2021-05/27/content_5613268.htm。

（二）中国政府制定应对气候变化、参与全球气候治理的国家战略

如表 3 所示，最近 30 年来，特别是进入 21 世纪以后，中国政府多次发布应对气候变化、参与全球气候治理的战略性文件，提出了明确的目标、原则、规划、路径和措施。相关国家战略的编制由中央政府即国务院在中共中央领导下完成，因此可以说，中国共产党实质上参与了中国国家战略的制定，中国共产党的相关认知及其渐进性也在中国国家战略的演化中得以体现。

梳理中国政府陆续出台的应对气候变化、参与全球气候治理的国家战略可以发现，它们都是对中共中央提出的应对气候变化、参与全球气候治理的理念、路线、方针的贯彻落实。这一点可以从相关文件发布的时间先后、文件主旨和内容吻合程度上发现。它们从一个侧面印证了中国共产党对中国政府的政治领导。

表 3　中国国务院及其部委发布的应对气候变化的战略性文件

时间	发布部门	名称	内容
2007 年 7 月	国务院	《中国应对气候变化国家方案》	确立到 2010 年中国应对气候变化的具体目标、基本原则、重点领域及政策措施
2013 年 11 月	国家发展和改革委员会	《国家适应气候变化战略》	中国第一部专门针对适应气候变化方面的战略规划
2015 年 6 月	国务院	《强化应对气候变化行动——中国国家自主贡献》	提出到 2030 年应对气候变化自主行动目标、实现路径和政策措施
2017 年 12 月	国家发展和改革委员会	《全国碳排放权交易市场建设方案（发电行业）》	正式启动全国碳市场建设

续表

时间	发布部门	名称	内容
2018 年 1 月	中国人民银行	《关于进一步完善人民币跨境业务政策 促进贸易投资便利化的通知》	以“一带一路”为依托，为推动碳市场国际化进程迈出重要一步
2021 年 3 月	全国人民代表大会	《中华人民共和国国民经济和社会发展第十四个五年规划和 2035 年远景目标纲要》	对推动绿色发展、促进人与自然和谐共生作出重大战略部署
2021 年 10 月	国务院	《2030 年前碳达峰行动方案》	按照《中共中央 国务院关于完整准确全面贯彻新发展理念做好碳达峰碳中和工作的意见》要求，聚焦 2030 年前碳达峰目标，对推进碳达峰工作进行总体部署

资料来源：作者自制。

注：本表格统计时间截至 2022 年 8 月。

（三）中国政府实施应对气候变化、参与全球气候治理的国家战略

中国政府应对气候变化、参与全球气候治理战略的实施涉及国内和国际两个层次，其间体现的是统筹国内国际两个大局的思维。在国内层次上，中国政府相关战略的实施主要体现在以下三个方面：

1. 制定应对气候变化的国内法律法规和行业标准

最近 30 多年来，中国立法机关已制定数十部应对气候变化的法律和法规，包括《清洁能源法》《清洁生产促进法》《可再生能源法》《循环经济促进法》《环境保护法》等，应对气候变化的国内法律法规不断健全。在这一过程中，全国人民代表大会及其常务委员会对于国务院及其组成部门提交的应对气候变化方面的法律和法规草案做了大量审议工作。此外，国务院及其

组成部门还制定和颁布了大量行业性规范和国家标准。这些规范和标准与前述法律法规一起，在落实中国政府应对气候变化、参与全球气候治理战略方面发挥了重要作用。

2. 向国际社会做出自愿减排温室气体的明确承诺

温室气体减排是应对气候变化的关键举措之一。中国政府对温室气体减排的态度，经历了从“被动审慎”到“积极主动”的过程。〔1〕进入21世纪以来，中国政府在温室气体减排方面态度日益主动，目标日益明确，行动日益积极。2007年6月发布的《中国应对气候变化国家方案》提出：到2010年，中国单位国内生产总值能源消耗要比2005年降低20%左右，相应减缓二氧化碳排放；加强氧化亚氮排放治理，控制工业生产过程的温室气体排放，到2010年力争使工业生产过程的氧化亚氮排放稳定在2005年的水平上。〔2〕

2009年9月，胡锦涛在联合国气候峰会上宣布，中国将把应对气候变化纳入国家经济社会发展规划，争取到2020年单位国内生产总值二氧化碳排放比2005年有显著下降。〔3〕同年11月，中国政府承诺，到2020年温室气体排放比2005年下降40%—45%。12月，温家宝在哥本哈根气候变化会议上做出承诺：中国实现减排目标“不附加任何条件，不与任何国家的减排目标挂钩”。〔4〕自2010年起，中国政府在国内全面启动生态保护、污染控制进程，建立应对气候变化目标分解落实机制，分类确定省级碳排放控制目标并进行考核，将考核结果作为本级政府主要负责人和领导班子综合考核评

〔1〕参见李志斐、董亮、张海滨：《中国参与国际气候治理30年回顾》，载《中国人口·资源与环境》，2021年第9期，第204—208页。

〔2〕《我国发布〈中国应对气候变化国家方案〉》，http://www.gov.cn/gzdt/2007-06/04/content_635590.htm。

〔3〕《胡锦涛出席联合国气候变化峰会开幕式并发表讲话》，http://www.gov.cn/ldhd/2009-09/23/content_1423832.htm。

〔4〕《国务院总理温家宝出席哥本哈根气候变化会议纪实》，http://www.gov.cn/ldhd/2009-12/24/content_1496008.htm。

价、奖惩任免的重要依据。

3. 在碳达峰与碳中和方面采取自主行动

实现碳达峰与碳中和是中国实现高质量发展的内在要求，也是中国在更高水平上参与全球气候治理的重要途径。2015 年 11 月，习近平在气候变化大会开幕式上向世界承诺，中国将于 2030 年左右使二氧化碳排放达到峰值。2020 年 9 月，习近平在第 75 届联合国大会上宣布，中国将力争于 2030 年前实现碳达峰，努力争取 2060 年前实现碳中和。在稍后举行的气候雄心峰会上，习近平再次宣布了中国提升国家自主贡献的新举措。〔1〕2021 年 6 月，中国生态环境部发布《中国应对气候变化的政策与行动 2020 年度报告》，宣布将碳达峰与碳中和纳入国家生态文明建设整体布局，力争如期实现 2030 年前碳达峰、2060 年前峰碳中和目标，并推动相关立法和标准制定。碳达峰与碳中和的提出与落实“体现出我国持续强化应对气候变化的行动和主动承担与国情相符的国际责任”。〔2〕

中国在中国共产党的领导下，通过特有的政治过程和政府过程，制定应对气候变化、参与全球气候治理的国家战略，并采取扎实行动加以有效实施。相关战略的内容及实施行动具体体现了中国共产党的相关认知。通过国内气候治理取得的成就，中国对全球气候治理作出了重要贡献，并为开展气候外交、参与全球气候治理机制改革和建设获得了合法性。

中国共产党应对气候变化、参与全球气候治理的认知之所以能够有效影响中国政府的相关行动，展现出强大的领导力和执政力，除其发挥了一般执政党的作用外，还与以下三大因素有关：一是中国共产党在中国政治制度中的特殊地位。“在当今中国，没有大于中国共产党的政治力量或其他什么力

〔1〕 参见《习近平在气候雄心峰会上的讲话（全文）》，www. gov. chttp://www. gov. cn/gongbao/content/2020/content_5570055. htmn。

〔2〕《落实碳达峰和碳中和目标 加速绿色低碳转型创新》，https://www. chinacace. org/news/view? id=12845。

量。党政军民学，东西南北中，党是领导一切的，是最高的政治领导力量。”〔1〕当今中国特色社会主义最本质特征、当代中国政治制度最大特色，就是中国共产党的领导。二是中国共产党严密的组织体系。严密组织体系有助于全党形成统一意志，遵守统一纪律，采取统一行动，从而把党的理念和思想、路线和方针也就是认知及其表达落到实处。三是中国特有的政府过程。虽然中国共产党是执政党，但它“并不是直接向行政机关发号施令或干预行政体制的运行，而是在综合和代表人民的意志基础上，通过一系列领导体制机制，在包括行政机关在内的国家政权机关中贯彻落实党和人民的意志”。〔2〕在有关应对气候变化、参与全球气候治理的重大公共政策制定过程中，中国共产党能够发扬全过程人民民主，注意听取党内外各方面意见和建议。在国家战略实施过程中，中国共产党通过党的各级纪律检查机关发挥政治监督功能，督促检查党员领导干部的落实成效，提高公职人员的政策执行效率。此外，在中国的国家治理体系中，虽然像世界许多国家一样也存在政党关系，但中国各民主党派“不是在野党、反对党，也不是旁观者、局外人，而是在中国共产党领导下参与国家治理的参政党”；〔3〕虽然也存在党政关系，但彼此之间不存在其他国家通常出现的复杂政治博弈。作为执政党，中国共产党“通过政治领导，在组织和意识形态层面深刻塑造并融入中国特色的政府体系”中。〔4〕

---

〔1〕 习近平：《论坚持党对一切工作的领导》，北京：中央文献出版社，2019 年版，第 8—9 页。

〔2〕 祝灵君、张博：《人民政府论的建构——党领导政府体制的百年探索与启示》，载《中国行政管理》，2021 年第 7 期，第 16 页。

〔3〕 中华人民共和国国务院新闻办公室：《中国新型政党制度》，北京：人民出版社，2021 年版，第 16 页。

〔4〕 王浦劬、汤彬：《当代中国治理的党政结构与功能机制分析》，载《中国社会科学》，2019 年第 9 期，第 4 页。

五、中国政府的战略行动对全球气候治理机制的影响

开展气候外交、参与全球气候治理，是中国总体外交的重要组成部分，是中国参与全球治理的重要方式，也是中国的国家战略在对外维度上的实施。借助多边和双边外交形式，通过维护基本原则、贡献创新理念、提出重大倡议和方案、参与或创建国际机制等途径，中国扮演了“关键性的参与者、重要的贡献者和引领者的角色”[1]，对全球气候治理机制产生了全方位、多层次和长远性的影响。

（一）中国对全球气候治理多边进程的影响

1. 联合国发起或组织的全球气候谈判取得重大进展

中国的积极参与是联合国全球气候治理机制建立并取得重大进展的关键。中国参与了历届《联合国气候变化框架公约》缔约方大会，并于 1992 年签署《联合国气候变化框架公约》。2015 年 12 月，联合国气候变化大会在法国巴黎召开，讨论缔结新的气候变化协定即《巴黎协定》。鉴于 1997 年通过的《京都议定书》未能有效落实，中国努力推动以“国家自主承诺减排”方式提出减排目标、范围、措施和行动路线图，为《巴黎协定》确立以“国家自主贡献”[2] 为核心的减排模式提供了宝贵经验。为保证《巴黎协定》的可执行性，中国坚持要求写入“制定切实可行的路线图”这一内容。会议召开期间，中国同所有参会国充分沟通，以最大限度地凝聚共识、化解各方重大分歧。在大会最后时刻遇到困难时，中国应与会的时任美国国务卿约翰·克里（John F. Kerry）和法国外长洛朗·法比尤斯（Laurent Fabius）吁请，出面协调并最终化解了难题。《巴黎协定》是历史上参与方最多、

〔1〕 李志斐、董亮、张海滨:《中国参与国际气候治理 30 年回顾》,载《中国人口·资源与环境》,2021 年第 9 期,第 204 页。

〔2〕 所谓“国家自主贡献”(The Intended Nationally Determined Contributions,INDCs),是指联合国气候变化协定各缔约方根据自身情况确定的应对气候变化行动目标。

减排力度最大的全球减排协定，“它为2020年后的全球合作应对气候变化明确了方向，标志着合作共赢、公正合理的全球气候治理体系正在形成”。[1]

2. 应对气候变化的其他多边磋商谈判机制得以建立

中国积极参与既有多边框架下的气候议题治理磋商谈判。这方面主要包括国际民航组织、国际海事组织的温室气体减排谈判等，以及在二十国集团峰会、金砖国家领导人会晤机制和金砖国家环境部长机制等多边框架下，中国与其他成员国共谋环境治理，共商应对全球环境挑战良策。

中国推动发起建立新的多边气候治理磋商机制。这方面主要包括“基础四国”[2] 部长级会议和气候行动部长级会议等。作为发展中大国，中国坚定维护发展中国家团结，捍卫发展中国家共同利益，积极协调“基础四国”以及“立场相近发展中国家”和“七十七国集团和中国”应对气候变化谈判立场，增强发展中国家的话语权。

3. 绿色发展合作新平台得以构建

绿色发展是应对气候变化的根本路径，也是全球气候治理的必然选择。2017年5月，中国环境保护部、外交部、国家发展与改革委员会、商务部联合发文，阐述绿色“一带一路”建设的重要意义、总体要求、主要任务和组织保障，其要旨就是通过绿色资金和技术投资，推动共建“一带一路”国家经济与贸易的可持续增长与发展。[3] 2019年4月，中国生态环境部与国际合作伙伴共同发起成立“一带一路”绿色发展国际联盟（International Coalition for Green Development on the Belt and Road），旨在为“一带一路”绿色发展合作打造政策对话和沟通平台、环境知识和信息平台、绿色技术交流与转让平台。2021年6月，中国又在“一带一路”亚太区域国际合作高级别会

---

〔1〕 习近平：《论坚持推动构建人类命运共同体》，北京：中央文献出版社，2018年版，第374页。

〔2〕 指巴西（Brazil）、南非（South Africa）、印度（India）、中国（China）四国，四国英文国名首字母组成“BASIC”一词，意为“基础的”。

〔3〕《关于推进绿色“一带一路”建设的指导意见》，http://www.mee.gov.cn/gkml/hbb/bwj/201705/t20170505_413602.htmcn。

议上与28个国家共同提出《“一带一路”绿色发展伙伴关系倡议》，呼吁各国结合本国国情采取应对气候变化的行动。[1]

（二）中国对全球气候治理双边机制的影响

1. 主要大国间的双边气候外交取得显著成效

中国与美国在应对气候变化方面开展有效合作。2013—2015年，《中美气候变化联合声明》（2013年4月，2014年2月、11月）以及《中美元首气候变化联合声明》（2015年9月）陆续发表，确认中美两国在应对气候变化领域开展了卓有成效的合作，为《巴黎协定》达成发挥了关键作用。在二十国集团杭州峰会前夕，中美先后交存参加《巴黎协定》的批准文书，为该协定早日生效奠定重要基础。[2] 2021年4月，中美两国再次发表应对气候危机联合声明，承诺全面落实《联合国气候变化框架公约》及《巴黎协定》的原则和规定；[3] 11月，双方又联合发布《中美关于在21世纪20年代强化气候行动的格拉斯哥联合宣言》，宣布筹建“21世纪20年代强化气候行动工作组”，并定期举行会议。[4]

中国与欧洲大国应对气候变化合作取得积极进展。在2009年举行的巴黎气候大会期间，中英两国即就加强气候变化风险评估的合作达成协议。[5] 同年9月，中英两国又与瑞士一道联合启动“中国适应气候变化项目”。2015年，《中欧气候变化联合声明》与《中法元首气候变化联合声明》先后发表。2021年4月，习近平与法国总统马克龙、时任德国总理默克尔举行视频峰会，就合作应对气候变化等重大议题深入交换意见。习近平宣布，中国接受《〈蒙特利尔议定书〉基加利修正案》，将加强对非二氧化碳温室气体

〔1〕《“一带一路”绿色发展伙伴关系倡议（全文）》，新华社北京2021年6月23日电。

〔2〕习近平：《论坚持推动构建人类命运共同体》，北京：中央文献出版社，2018年版，第375页。

〔3〕《中美应对气候危机联合声明（全文）》，新华社北京2021年4月18日电。

〔4〕《中美关于在21世纪20年代强化气候行动的格拉斯哥联合宣言》，新华社格拉斯哥2021年11月10日电。

〔5〕《英国和中国决定共同推动气候风险评估》，https://www.gov.uk/government/news/uk-china-agree-to-promote-cooperation-on-climate-change-risk-assessment-at-cop-21.zhww.gov.uk。

的管控。

2. 发展中国家间的双边气候外交取得积极进展

除积极参与和推动建立多边框架外，中国还与发展中国家开展有效的双边合作。2015 年，中国先后与印度、巴西发表《气候变化联合声明》。中国还设立了总额为 200 亿元人民币的南南合作基金，在资金、技术、人员培训、能力建设方面向发展中国家提供帮助，不断提升它们应对气候变化的能力和韧性。

不仅如此，中国还努力做发展中国家应对气候变化的表率。中国国务院于 2007 年 6 月发布《中国应对气候变化国家方案》。这是首份发展中国家应对气候变化的国家方案。2015 年 6 月，中国将《强化应对气候变化行动——中国国家自主贡献》文件提交联合国气候变化框架公约秘书处，成为最早提交国家自主贡献方案的发展中国家。

中国政府通过气候外交和积极实施应对气候变化的国家战略，全方位、多层次、持续性地参与全球气候治理进程，不断扩大中国的国家自主贡献。中国政府的相关行动是统筹国内国际两个大局、实现国家治理与全球治理有机结合的重要组成部分，已经引发全球气候治理机制的深刻变化，并具体体现在填补全球气候治理领导权真空，开创相互尊重、合作共赢的全球气候治理新局面，形成各安其责、各尽所能的全球气候治理新体系等多个方面。

中国政府的气候外交之所以行之有效，一个重要原因是形成了应对气候变化新理念，为全球气候治理贡献力量。而无论是树立共同体意识、贯彻新发展理念，还是以人民为中心、大力推进碳达峰碳中和、减污降碳协调增效，都是中国共产党应对气候变化、参与全球气候治理认知的具体化、政策化。不仅如此，中国共产党的集中统一领导，为新时代中国特色大国外交提供了根本政治保障，[1]有助于形成中国气候外交工作大协同局面，确保了中

〔1〕 王毅：《谱写中国特色大国外交的时代华章》，载《人民日报》，2019 年 9 月 23 日，第 7 版。

共中央制定的路线、方针落到实处，确保了中国气候外交的稳定性和连续性。

六、结论

政党参与全球治理是当今国际舞台上一种引人注目的现象。执政党因其在国内政治进而在外交事务和国际关系中的特殊地位，比非执政党参与全球治理的途径更多、作用更直接。作为当今中国的执政党和当今世界上第一大政党，中国共产党应对气候变化、参与全球气候治理的认知变迁、中国政府制定和实施应对气候变化、参与全球气候治理的国家战略，以及上述两者对全球气候治理机制产生深刻影响的案例表明，在全球命运与共、各国休戚相关的时代背景下，执政党日益成为加强全球治理、推动全球治理机制发展与变革的重要力量。执政党的认知变迁，包括认知形成、认知发展，在对本国内部事务产生直接而重大影响的同时，也会在相关领域越来越直接、越来越显著地引发外部世界的变化。执政党的学习过程及所在国的政治结构、政治过程、政府过程等因素，对执政党认知变迁、执政党认知转化为国家战略有着直接而深刻的影响。执政党领导政府实施的积极外交行为，则对全球治理机制产生了多方面、多层次的重要影响。

应当指出的是，无论是执政党认知的形成、发展，以及学习方式对执政党认知形成、发展的影响，还是执政党内部中央领导集体的认知向其他层级的认知传递，以及在此基础上形成全党的共同认知，都牵涉到非常复杂的认知心理学、组织行为学和政治传播学的理论和知识，本文在这方面尚有进一步细化和改进的空间。此外，执政党认知、国家战略和全球治理机制的复杂互动也需要有更丰富的展示和更深入的分析。未来，随着国家在全球治理中的进一步回归,[1] 政党特别是执政党在全球治理中的地位将更为凸显，对全球治理机制的影响也将越来越大，相关研究自然有进一步深化和拓展的现实需要。在多案例研究基础上进行比较研究、跨学科研究，将有助于深化人们对相关问题的认识。

（原文载《东北亚论坛》，2022 年第 6 期）

〔1〕 参见任剑涛:《找回国家:全球治理中的国家凯旋》,载《探索与争鸣》,2020 年第 3 期,第 26—41 页。

执政党领导力与后发国家在全球价值链中的位移

——基于对印度尼西亚的过程追踪研究

王存刚　朱方迪*

【内容提要】 后发国家在全球价值链中的地位各不相同。本文假设这一现象的国内政治根源在于执政党对国家的领导效能，并以印度尼西亚为案例，对执政党领导力如何影响后发国家在全球价值链中的地位进行研究。印尼专业集团党内部的威权结构阻碍该国深度融入全球价值链；民主党通过内外政策弥补领导力的相对不足，带领该国吸纳外资并实现产业快速升级；民主斗争党领导力由弱变强，通过基础设施建设畅通生产要素循环，但碍于连任压力升级，进程又趋放缓。本文通过对案例的过程追踪发现，执政党内部领导力取决于政党的中央权力结构，影响党内决策的科学性与民主性；执政党外部领导力取决于执政联盟的大小与政党代表性，决定政党意志上升为国家政策及贯彻实施的效率。前者通过顶层设计奠定国家对生产要素的配置方向，后者通过政治过程决定政府对要素流转的调控效率，两者分别从意愿与能力维度影响一国生产要素的国际分工投入，进而导致国家在全球价值链中

* 朱方迪，南开大学周恩来政府管理学院国际关系专业博士研究生。

地位的变动。运用执政党领导力视角分析一国在全球价值链中的位移，可为后发国家利用政党政治克服后发劣势和推动经济转型升级提供镜鉴。

【关键词】 执政党领导力；全球价值链；印度尼西亚；后发国家；过程追踪

一、引言

随着时代发展和技术进步，生产与贸易的全球化成为现代经济的重要特征。一方面，部分先发现代化国家国内生产成本提高，跨国公司在重新界定自身竞争力后将非核心产销业务外包；另一方面，一些后发现代化国家拥有更多动力和潜力参与全球生产分工与贸易活动。生产过程的不同环节在国际维度上的物理分离，导致生产活动的“分散化”与“垂直非一体化”〔1〕，进而在不同国家间形成新的跨境生产和需求网络，在产业内构建起功能分散但前后关联的全球价值链。

现代经济中资本主义世界仍在继续扩张。跨国公司间的互动形成复杂的产业网络，客观上将后发国家卷入国际分工体系，使其不得不像“农村从属于城市”〔2〕般为居于结构中心的先发国家服务。在此背景下，一些后发国家实现了产业能力提升与产业结构升级，在全球价值链中向高附加值的生产环节移动；另一些国家却未能借此提升工业化水平，始终徘徊于低附加值阶段。因此，探索有效的发展模式并实现产业升级，成为后发国家在全球价值链重构背景下面临的重大课题。

印度尼西亚作为新兴经济体，其转型过程和政治制度在后发国家中具有

---

〔1〕“垂直非一体化”指产业上下游生产环节的纵向分离，原材料获取、产品加工和经销等环节被拆散并彼此独立。

〔2〕中共中央马克思恩格斯列宁斯大林著作编译局编译：《马克思恩格斯文集》(第二卷)，北京：人民出版社，2009 年版，第 36 页。

一定代表性。苏哈托（Haji Mohammad Suharto）执政时期，印尼建立一党独大制，专业集团党（Partai Golongan Karya）〔1〕由总统和军队控制并在选举中占据霸权式地位。1997 年爆发的亚洲金融危机开启印尼民主转型道路，该国政党政治一改此前的边缘化特征，先后经历民主斗争党（Partai Demokrasi Indonesia-Perjuangan）、民主党（Partai Demokrat）的执政更替，并在政党制度和程序民主上取得一定进展。如表 4 所示，根据相关学者跨国定量研究，印尼在东南亚地区范围内政党制度相对成熟、代表性强，同时在全球范围内也排在众多发展中国家的中前列。目前，印尼实行总统制下的三权分立，在制度层面建立了相对完善的权力分离与制衡机制，其转型后的政治体系不仅在主权独立、权力制衡且实行多党制的后发国家中具有代表性，也在民主巩固和转型中的第三波民主化国家和发展中国家行列中较为成熟。〔2〕

表 4　东南亚部分国家政党制度化衡量指数　（单位：%）

国家	政党间竞争	政党社会组织	选举正当性	政党组织	制度化水平	统计年份
印度尼西亚	74	30	65	50	55	1999—2009
菲律宾	49	54	57	67	57	1987—2004
泰国	61	41	53	50	51	1992—2007

资料来源：Aurel Croissant and Philip Volkel，"Party System Types and Party System Institutionalization：Comparing New Democracies in East and Southeast Asia"，*Party Politics*，Vol. 18，No. 2，2012，pp. 235-267。

本文拟从政党政治入手，先对执政党领导力进行拆解，探讨执政党领导

〔1〕 专业集团党形成于 1959 年组成的松散的专业集团联合秘书处，1964 年 10 月由 61 个群众组织联合成立专业集团，1970 年 12 月扩大为包括 291 个群众组织的专业组织，1967 年至 1999 年 6 月为印尼事实上的执政党，但一直自称为社会政治组织。1999 年 3 月 7 日正式宣布为政党。由于本文过程追踪研究时间跨度较大，作者为行文简洁统一称专业集团党。

〔2〕 包刚升：《第三波民主化国家的政体转型与治理绩效（1974—2013）》，载《开放时代》，2017 年第 1 期，第 76—95 页。

力对国家生产要素的影响，进而分析执政党在国家参与全球价值链过程中的作用。再以印度尼西亚为案例，运用过程追踪方法还原该国政党政治在对外经济中扮演的角色。

二、全球价值链与政党：研究状况的简要评估

国家在全球价值链中的地位受诸多因素影响，其根源可追溯至国内政治。现代国家普遍建立了政党制度，确保全球产业链、供应链、融资环境的稳定畅通，已被视为政党特别是执政党的重要任务。关于全球价值链的影响因素与政党政治作用的现有研究，大体可以归纳为以下各方面。

（一）全球价值链的影响因素：政治学视角的回归

全球价值链为评估国家经济状况提供了新视角。价值链指企业和劳动者将某项产品从概念变成最终使用经历的所有活动，通常包括研发、设计、制造、营销和消费端。全球价值链即产销分工活动在全球范围内的开展。[1]目前，学界对国家全球价值链地位影响因素的研究体现了政治学视角的回归。一方面，来自经济学的解释由传统的要素结构、技术密集度、劳动生产率、融资条件等逐渐转向重视制度因素；另一方面，以国家能力、政府治理等为解释变量的研究日益增多。

第一，关于制度改革与全球价值链中的国家地位问题，经济学界就两者的正相关关系基本达成一致。有学者认为，制度质量的改善能够提升一国产品的技术复杂度，促进该国全球价值链地位升级。[2] 制度改革是一国提升

---

〔1〕 加里·杰里菲著，曹文、李可译：《全球价值链和国际发展：理论框架、研究发现和政策分析》，上海：上海人民出版社，2018 年版，第 3 页。

〔2〕 刘艳：《制度质量与高技术制成品出口复杂度》，载《当代财经》，2014 年第 2 期，第 96—105 页。

国际分工竞争力并形成比较优势的重要来源。[1] 制度促进一国在全球价值链中经济升级的可能性机制在于，制度改善有利于减少套牢租金，推动产业分工迈向增值能力更强的生产环节。[2] 后发国家参与全球价值链本质上属于经济现代化范畴，不可避免地面临诸多后发劣势。鉴于经济发展受限于国内政治发展的不成熟，一些后发国家模仿先发国家改造政治制度，以求解决政治回应性和责任性不足的问题。[3] 良好的制度环境似乎成为经济成功的根本因素。[4] 但也有学者指出，制度安排和经济增长之间具有很强的内生关系。[5] 一些国家尽管进行了内部制度和治理改革，但是在全球价值链中仍难以实现产业升级，无法摆脱中等收入陷阱。[6]

第二，关于国家和政府如何影响一国在全球价值链国际分工中位置的演变问题，学界主要从权力和角色视角展开研究。在微观层面，国家权力介入具体产业中，通过区别对待本国与他国企业以重塑自身在全球价值链相关产业中的主导权。[7] 在宏观层面，主导国与跨国公司不断进行权力互动，国家权力流散与重塑的动态机制推动全球价值链的变革与发展。[8] 逆全球化潮流挑战了传统的自由主义经济秩序，国家需要不断调适自身在全球价值链

---

〔1〕 Andrei A. Levchenko, "Institutional Quality and International Trade", *The Review of Economic Studies*, Vol. 74, No. 3, 2007, pp. 791-819.

〔2〕 胡昭玲、夏秋：《制度质量对价值链分工位置的影响——基于亚太地区的跨国实证研究》，载《亚太经济》，2017年第4期，第114—124页。

〔3〕 塞缪尔·亨廷顿著，王冠华、刘为等译：《变化社会中的政治秩序》，北京：三联书店，1989年版，第89页。

〔4〕 Daron Acemoglu and James A. Robinson, *Why Nations Fail: The Origins of Power, Prosperity, and Poverty*, New York: Crown Publishing Group, 2012, pp. 372-373.

〔5〕 Adam Prezworski, "Institutions Matter?", *Government and Opposition*, Vol. 39, No. 4, 2004, pp. 527-540.

〔6〕 郑宇：《中等收入国家的国际制度"陷阱"》，载《世界经济与政治》，2016年第7期，第131—155页。

〔7〕 任星欣、余嘉俊：《持久博弈背景下美国对外科技打击的策略辨析——日本半导体产业与华为的案例比较》，载《当代亚太》，2021年第3期，第110—136页。

〔8〕 张彦、刘德学：《从"流散"到"重塑"：主导国权力嬗变与全球价值链重构》，载《当代亚太》，2022年第1期，第4—39页。

中的定位。[1] 与此同时，不少学者也意识到后发国家在全球价值链重构中的升级困境，并以印尼和越南等国为案例，发现在角色上，政府一方面在跨国公司与国内供应商之间搭建桥梁，发挥引导和促进的作用，另一方面通过管理商业竞争扮演分配者和监管者的角色。[2] 方法上，政府一方面通过政策手段应对全球价值链的不对称性，另一方面利用国有企业应对全球生产网络变化带来的挑战。[3] 研究还发现，全球价值链重构对国际关系产生了结构性影响，引发各国在政治、经济等领域的新一轮博弈。[4] 国家在供需端掌握的权力发生流转，催生区域网络或国际格局的演变，[5] 结果反而强化了国家对全球价值链进行政治干预的动机。

第三，关于国际体系因素和全球价值链网络结构影响国家的升级进程问题，有学者发现，一国自由贸易协定伙伴的数量和市场信息资源占有量成正比，自由贸易协定网络通过技术扩散和制度改善促进了一国的全球价值链分工地位提升。[6] 全球价值链网络的竞争性与排他性日益明显，后发国家向

〔1〕 参见 Gary Gereffi,"Global Value Chains in a Post-Washington Consensus World",*Review of International Political Economy*,Vol. 21,No. 1,2014,pp. 9-37;管传靖:《全球价值链与美国贸易政策的调适逻辑》,载《世界经济与政治》,2018 年第 11 期,第 118—155 页。

〔2〕 参见 Lotte Thomsen,"Accessing Global Value Chains? The Role of Business-State Relations in the Private Clothing Industry in Vietnam",*Journal of Economic Geography*,Vol. 7,No. 6,2007,pp. 753-776;Matthew Alford and Nicola Phillips,"The Political Economy of State Governance in Global Production Networks:Change,Crisis and Contestation in the South African Fruit Sector",*Review of International Political Economy*,Vol. 25,No. 1,2018,pp. 98-121。

〔3〕 参见 Jeffrey Neilson,"Value Chains,Neoliberalism and Development Practice:The Indonesian Experience",*Review of International Political Economy*,Vol. 21,No. 1,2014,pp. 38-69;Pritish Behuria,"The Domestic Political Economy of Upgrading in Global Value Chains:How Politics Shapes Pathways for Upgrading in Rwanda's Coffee Sector",*Review of International Political Economy*,Vol. 27,No. 2,2020,pp. 348-376。

〔4〕 参见袁平红:《全球价值链重构与中国新发展格局构建》,载《当代世界》,2022 年第 4 期,第 45—49 页;张韦恺镝、黄旭平:《基于价值链重构的全球经济治理体系调整的趋势与出路》,载《世界经济与政治论坛》,2021 年第 6 期,第 85—104 页。

〔5〕 李巍、李玙译:《解析美国对华为的"战争"——跨国供应链的政治经济学》,载《当代亚太》,2021 年第 1 期,第 4—45 页。

〔6〕 张晨霞、李荣林:《自由贸易协定网络与全球价值链分工地位》,载《中南财经政法大学学报》,2023 年第 1 期,第 123—135 页。

全球价值链中高端攀升的难度不断增加。[1] 同时，国家作为全球价值链网络中的节点，其经济发展受到体系内其他国家的影响。全球价值链的增加值深层结构产生了结构性权力，[2] 后发国家的升级进程受到价值链网络主导国的制约。有学者认为，发展中国家对发达国家的制造业形成冲击，全球价值链重构必然会有政治力量介入。[3] 美国更是热衷于遏制具有“挑战潜力”的价值链节点实体，对崛起中的后发国家实施规锁和打击战略。[4]

（二）政党政治的作用：基于能力视角的研究路径

近年来，政党尤其是执政党领导力对国家发展的影响越来越大，但学界对这方面的关注相对较少，已有研究主要集中在政党能力和执政能力方面。对政党能力的探讨涉及政党的整体素质和综合能力，包括理论建设、组织群众与参政议政的能力。[5]学者们一般认为，执政能力是政党能力的部分体现，作用于政权组织和政府治理等方面。[6] 虽然政党相关能力对国家生活

---

〔1〕 程大中：《全球价值链网络演进与中国创新增长》，载《人民论坛·学术前沿》，2022 年第 7 期，第 54—63 页。

〔2〕 庞珣、何晴倩：《全球价值链中的结构性权力与国际格局演变》，载《中国社会科学》，2021 年第 9 期，第 26—46 页。

〔3〕 Reinhilde Veugelers, “Remaking Europe: the New Manufacturing as an Engine for Growth”, *Bruegel Blueprint Series*, Vol. 26, 2017, pp. 11-14.

〔4〕 参见马涛：《美国对华战略规锁下的贸易冲突博弈路径选择》，载《当代亚太》，2020 年第 2 期，第 75—99 页；任星欣、余嘉俊：《持久博弈背景下美国对外科技打击的策略辨析——日本半导体产业与华为的案例比较》，载《当代亚太》，2021 年第 3 期，第 110—136 页；李括：《新冠疫情下美国霸权护持与全球价值链重构——基于权力与相互依赖视角的分析》，载《国际关系研究》，2021 年第 1 期，第 22—39 页。

〔5〕 参见 James W. Ceaser and Robert P. Saldin, “A New Measure of Party Strength”, *Political Research Quarterly*, Vol. 58, No. 2, 2005, pp. 245-256; Charles R. Hankla, “Party Strength and International Trade: A Cross-National Analysis”, *Comparative Political Studies*, Vol. 39, No. 9, 2006, pp. 1133-1156; David M. Primo and James M. Snyder, Jr, “Party Strength, the Personal Vote, and Government Spending”, *American Journal of Political Science*, Vol. 54, No. 2, 2010, pp. 354-370; Hanne Fjelde, “Political Party Strength and Electoral Violence”, *Journal of Peace Research*, Vol. 57, No. 1, 2020, pp. 140-155；张垚：《对党的能力的几点认识》，载《理论学刊》，2005 年第 2 期，第 102—103 页；管志利：《能力本位的现代调适：强党视域下政党能力建设论析》，载《理论导刊》，2021 年第 8 期，第 55—61 页。

〔6〕 参见项敬尧：《论中国共产党政党能力》，载《教学与研究》，2021 年第 7 期，第 55—66 页；王韶兴：《社会主义政党政治视阈下的政党能力论》，载《学习与探索》，2012 年第 11 期，第 19—22 页；梁道刚：《论中国共产党执政能力的本源》，载《理论月刊》，2009 年第 7 期，第 11—16 页。

的影响已基本得到证实，但对政党领导力的关注仍然十分有限。有学者注意到，在经济领域，强大的政党有能力抵制裙带关系并提供公共产品，执政党代表性的提升有利于吸引更多外国直接投资；〔1〕在外交领域，增强执政党领导力有利于提升国家的国际领导力；〔2〕在公共卫生领域，执政党通过政治领导、组织动员和资源统筹等方式处理重大疫情危机。〔3〕政党能力对一国经济绩效具有正面促进作用，其主要机制在于强大的政党组织通过问责关系促进经济增长，〔4〕但鲜有文献涉及政党如何影响全球价值链的问题。

总体上看，学界对全球价值链政治动因以及政党政治的作用研究均取得一定进展，但现有的全球价值链政治动因研究聚焦的是国家或政府，政党政治的作用研究主要集中在国内层面，两方面研究均存在缺乏对核心变量的提炼和变量集中度相对欠佳的问题，特别是缺少将二者连接起来的深入探讨。从实践看，国内政治因素极为复杂，涉及统治者、政策、政府官员等多个变量。〔5〕而国际政治是国内政治的延伸，政党作为政治工具，在国际事务中发挥的作用越来越显著。对于大多数后发国家而言，其国内尚未建立成熟稳定的文官体系或独立性较强的公务员制度，国家内外政策和政府管理均离不开执政党发挥作用。塞缪尔·亨廷顿（Samuel Huntington）曾指出，在传统政治制度较弱的情况下，强有力的政党组织或许更为重要。〔6〕执政党作为国家政权的领导者，肩负着制定社会经济政策和保障国家稳定发展的责任，

〔1〕 Joel Simmons et al.,“Party System Structure and its Consequences for Foreign Direct Investment”, *Party Politics*, Vol. 24, No. 2, 2018, pp. 141–153.

〔2〕 王存刚：《百年未有之大变局与中国共产党外交领导力》，载《世界经济与政治》，2020 年第 5 期，第 4—22 页。

〔3〕 唐皇凤、黄小珊：《新冠肺炎疫情防控彰显政党能力》，载《探索与争鸣》，2020 年第 4 期，第 36—44 页。

〔4〕 Fernando Bizzarro et al.,“Party Strength and Economic Growth”, *World Politics*, Vol. 70, No. 2, 2018, pp. 275–320.

〔5〕 秦北辰、石有为：《价值链分工的国内政治逻辑：以马来西亚、泰国、菲律宾汽车产业为例》，载《当代亚太》，2022 年第 4 期，第 38—75 页。

〔6〕 Samuel Huntington,“Political Development and Political Decay”, *World Politics*, Vol. 17, No. 3, 1965, pp. 386–473.

国家现代化进程必然包含加强执政党建设的逻辑。[1]

基于上述情况，本文拟从政党视角切入考察后发国家在全球价值链中位移的机制，以执政党领导力为自变量探索政党政治对后发国家经济状况的影响逻辑。本文将研究视角从政党实力和执政能力进一步聚焦至执政党领导力，以更精准地探究执政党对其他行为体的引导性影响。从执政党领导力角度探讨后发国家在全球价值链中的位移，体现了对国内政治的关注，丰富了传统现代化理论视野，可以为后发国家外向经济的转型升级提供理论支持。

三、执政党领导力分析框架

执政党领导力体现其领导权的强弱。本节拟通过拆解政党领导权的实现过程，建构执政党领导力分析框架。执政党通过党内互动形成政党认知，认知统一后的政党意志经由立法机构上升为国家政策，并最终在地方得到实施。在此过程中，政策起源于政党领袖与党内精英的协商，体现了汉娜·阿伦特（Hannah Arendt）所演绎的高层群体共同行动的能力。[2]政党意志通过法定程序转变为国家政策，需要执政党协调包括反对派、地方政府在内的各方利益，通过政治让步、制度捷径和强制等手段影响或控制其他政治主体，体现了彼得·贝克拉克（Peter Bachrach）等人“权力是行动者之间相互关系”的观点。[3] 政策从无到有并最终落实的过程，反映了执政党领导力的强弱，分别对应政党中央权力结构、执政联盟和政党代表性三个维度。

---

〔1〕 参见王家瑞：《借鉴各国经验，加强执政能力——王家瑞部长谈外国政党执政的经验教训》，载《当代世界》，2005 年第 1 期，第 4—7 页；王韶兴：《现代化国家与强大政党建设逻辑》，载《中国社会科学》，2021 年第 3 期，第 26—45 页。

〔2〕 Hannah Arendt, *On Violence*, London: Allen Lane, 1970, p. 44.

〔3〕 Peter Bachrach and Morton S. Baratz, *Power and Poverty: Theory and Practice*, Oxford: Oxford University Press, 1970, p. 124.

（一）政党中央权力结构

借助“政党中央权力结构”这一概念，可以从内部探讨执政党领导力。执政党的双重身份决定了打开政党内部“权力匣子”的必要性。如同国家作为国际体系中的独立行为体、需要借助外交平台与其他国家角逐博弈一样，执政党是国家政治体系中的一员，需要为了自身利益在立法机构中与其他政党合纵连横。因此，政党参与国内政治和国家参与国际政治在形式上是相似的，在本质上也是相通的，即都为实现某一目标与既定体系中的其他政治实体发生关系。既然评估国家外交离不开国内因素，那么分析政党行为同样离不开党内因素。此外，政党是具有等级和分工的政治系统，成员由主席、精英、忠诚选民、一般选民等组成。在资本主义选举政治下，赢得大选后，政党权力天平从选民端向精英端倾斜。本党候选人成为国家元首或政府首脑，与党主席领导的党内精英占据政府要职，共同进入国家权力体系，短期内对选民动员和驾驭选举的需求下降。根据精英理论和组织过程理论，精英相较于民众不仅拥有更多资源，而且掌握最终决策权。〔1〕资产阶级政党高层通过组织手段垄断重大事务，基层组织和普通党员对政策的参与大多停留在意见征询阶段。因此，分析这些政党的决策需要将视角聚焦至党内高层精英团体。正如伯恩斯（James MacGregor Burns）所说，政党权力的大小取决于政党各级领导者的能力。〔2〕政党的决策产生于中央权力的互动，互动本质上是精英权力的竞合，因此需要以此为基础构建执政党内部领导力的分析维度。

高层权力分配形成的政党中央权力结构，决定执政党的内部领导力。对于资本主义国家执政党而言，决策权力由国家领导人和党内精英共享，〔3〕

---

〔1〕 罗伯特·米歇尔斯著，任军锋译：《寡头统治铁律：现代民主制度中的政党社会学》，天津：天津人民出版社，2003 年版，第 315—325 页。

〔2〕 詹姆斯·麦格雷戈·伯恩斯著，刘李胜译：《领袖论》，北京：中国社会科学出版社，1996 年版，第 372 页。

〔3〕 安格鲁·帕尼比昂科著，周建勇译：《政党：组织与权力》，上海：上海人民出版社，2013 年版，第 27—40 页。

领导人权威与本党精英凝聚力的多元组合构成表 5 中不同的权力结构。以总统制为例，总统是国家领导人，由赢得大选的政党候选人担任，代表全党领导国家事务，在行使最终立法权和政令发布权时，理应遵循国家利益先于党派利益的原则。但是总统往往在本党内部并非最高领导，有时面临以党主席为代表的党内同僚的制约，在签署总统令时需要考虑党内同僚的意见。部分执政党的党内精英出于私利试图左右总统立场，享受恩惠性政治回报。在涉及国家事务的决策中，不少执政党内部实际上呈现领导人和精英共存共治的格局。如果总统相对软弱，政府运行受到执政党内部的精英团体“绑架”，自然会招致社会的厌恶与不信任，进而严重损害政府威信和执政党领导力。反之，如果执政党内部的精英团体存在严重分化甚至派系对立，总统权力过大，同样会损害执政党领导力。一方面，精英团体对总统约束不足，容易形成个人威权领导，从而影响决策的民主性和科学性；另一方面，由于精英团体的分裂造成政治资源内耗，执政党在协调集体行动时需要付出高昂成本。因此，只有总统与本党精英形成稳定的权力结构，才能有效抑制执政党的个人化与寡头化倾向。权力结构稳定也意味着内部矛盾可控，执政党可以将更多资源投入外部领导力的建设。总之，执政党中央权力结构反映党的高层精英团体的内部系统性，构建了执政党的内部领导力。系统性强表明政党相对成熟，系统性弱则通常意味着政党能力的内源性较为贫乏甚至紧缺。

表 5　执政党中央决策层权力结构的类型

本党精英凝聚力	领导人权威	
	强	弱
强	稳健型	官僚型
弱	威权型	脆弱型

资料来源：作者结合对政党权力结构的现有研究绘制而成，变量有改动。参见李路曲：《导致欧美政党权力结构变迁的因素及相关争论》，载《当代世界社会主义问题》，2006 年第 3 期，第 54—59 页；夏方波：《政治转型、权力结构与政党制度化发展——以印度尼西亚为例》，载《东南亚研究》，2021 年第 2 期，第 91—115 页。

（二）执政联盟

在党内建设基本完成后，执政党面临将本党意志上升为国家政策并将政策贯彻落实的挑战。党内决策的“外移”经历立法机构内的博弈，中央决策的“下移”则受到央地关系的制约。面对政治过程中的多主体互动，有必要按照相应的政治过程剖析执政党的外部领导力。

目前大多数代议制国家实行政党政治，政党制度决定了政党间的共处模式。[1] 基于政党数量与权力模式，后发国家的政党制度大体可分为一党独大和多党竞争两种类型，前者主要包括一党制和霸权党制，后者包括温和多党制和极化多党制。[2] 一党制不允许反对党参与政治竞争，国家政权被执政党垄断。[3] 霸权党制虽然允许多党共存和选举竞争，但是执政党滥用国家权力悖离选举公平。[4] 在多党竞争模式中，至少存在三个有执政潜力的政党，且单一政党无法长期独立掌握政权。一党独大模式体现了权力集中，政党关系带有等级性和静滞性。多党竞争模式体现了权力更迭，政党间存在敌友关系的组合变换。由此，通过考察立法机构内政党拥有的关系型资源，可以建构执政党外部领导力的第一维度。

执政党通过组建执政联盟打造本党在立法机构内的领导力。在一党独大模式中，执政党受到的外在约束相对微弱，政党意志外部化的阻碍相对较小。执政党在立法机构内拥有绝对优势，通常能够压倒或同化其他反对声音，组建执政联盟更多出于自证合法性的需要。在多党竞争模式中，执政党

---

〔1〕 Maurice Duverger, *Political Parties: Their Organization and Activity in the Modern State*, London: Methuen, 1959, p. 203.

〔2〕 作者在此处聚焦后发国家经验，借鉴萨托利竞争性和非竞争性的分类方法，但将一党优势制（亦称主导党制）和两党制排除在外。一党优势制要求在自由建党、公开投票、公正结果等方面满足民主标准，两党制侧重两大党交替垄断政权。鉴于多数后发国家并未有效建立这两种制度，故不在本文考虑范围内。另外必须指出的是，中国共产党领导的多党合作和政治协商制度作为一项新型政党制度，具有极强的创新性和独特性，故也不在本文讨论范围内。

〔3〕 乔万尼·萨托利著，王明进译：《政党与政党体制》，北京：商务印书馆，2006 年版，第 178 页。

〔4〕 曾庆捷：《霸权型政党体制的起源模式及其政治后果》，载《复旦学报（社会科学版）》，2018 年第 1 期，第 168—180 页。

主动寻求塑造外部领导力，拉拢其他党派以平衡立法机构内的反对势力。执政联盟占据多数席位，将赋予执政党更多的自主性与领导力。相反，“朝小野大”意味着反对派在立法过程中拥有更多筹码。为使法案顺利通过，执政党不得不与其他政党组建联盟以增强领导力。

（三）政党代表性

执政党承担着政治建设和社会整合的双重责任，如何处理央地关系是其面临的一大难题。后发国家内部普遍存在地区冲突，民族政治诉求和地区经济差距是两大主因。首先，民族结构是历史的产物。选民根据身份认同形成自己的政治立场和偏好，投票支持代表本族群利益的政党。其次，在多民族背景下，经济差距极易激化落后民族对政府的不满。执政党无法对族群结构或归属意识进行强制干预，仅仅通过推动现代化进程也不足以弥合社会矛盾。上层建筑压力一旦超出经济基础可承受范围，社会秩序难免滑向崩溃边缘。现代化程度较低的国家社会改革滞后，农村地区存在大量封建地主，政策执行深受地方封建势力的影响；现代化程度较高的国家虽然在一定程度上控制了封建因素，但是仍面临地方政府自治和民族主义政党影响的问题。因此执政党在立法机构获得足够领导权威后，需要塑造对地方的领导力。中央政策经由政府过程下发至地方，从政令落实效率可以看出央地关系的好坏，由此可以建构执政党外部领导力的第二维度。

政党代表性是执政党外部领导力的重要来源。关于政党代表性的标准概念，学界目前尚无定论。不可否认的是，现代民主体制下的政党必然具有一定的阶级、城乡、民族性，各自代表“部分”服务于社会整体。〔1〕根据具体研究问题，不同学者对这一概念有不同切入视角。例如从党内民主视角看，政党代表性是指政党代表机构与公职候选人反映社会构成的程度。〔2〕

〔1〕 乔万尼·萨托利著，王明进译：《政党与政党体制》，北京：商务印书馆，2006年版，第56页。

〔2〕《提高政党代表性：国外政党发展党内民主的重要途径》，http://chinaps.cass.cn/xszy/mzzzsjk/zwzzbj/201506/t20150629_2316846.shtml。

综合考虑后发国家的一般国情和执政党的功能属性，本文所说的政党代表性是外部导向的，即执政党的政策在全国地区间和民族间的利益覆盖面，特指执政党在央地关系和民族关系中所发挥的协调公民、政府和政策输出的链接功能。[1] 判断代表性强弱的标准在于，执政党能否将地区利益囊括进中央政府的利益框架中，能否将各民族发展意愿纳入国家的发展进程。代表性强的执政党拥有统筹兼顾的胸襟和智慧，能够在国家统一前提下回应少数民族的政治诉求，在国家项目规划中关注区域差异，在预算中对欠发达地区给予适当倾斜。代表性弱的执政党未能超脱民族、宗教或地区主义的禁锢，在职务任命、政策制定、公共福利等方面向本党成员倾斜，通过政治庇护获得特定群体的回报性支持。政党通过互惠关系获得稳定的政治认同无可厚非，但是执政党代表性不足则无法解决碎片化社会对国家参与全球经济的阻碍问题。不同民族在政府中代表的比例失衡，少数民族利益不能通过合法途径得到维护，国家以牺牲地区利益为代价积累财富，势必会加深社会矛盾，威胁执政党的全局领导。

综合来看，如图 1 所示，执政党领导力反映在政党权力结构和国家政治过程中。内部领导力体现执政党提出议案的能力基础，外部领导力决定执政党能力发挥的实践效率。执政党通过调配国内生产要素，影响着国家在全球价值链中的位移。基于上述解释框架，本文拟对印度尼西亚如何参与全球经济进行过程追踪，通过分析该国不同执政党领导力与全球价值链的参与情况，对上述假设进行验证。在案例研究部分，本文剔除了任期不满一个执政周期的执政党政府，以减少案例选取的偶然性。

---

[1] Russell J. Dalton et al., *Political Parties and Democratic Linkage: How Parties Organize Democracy*, Oxford: Oxford University Press, 2011, p. 7.

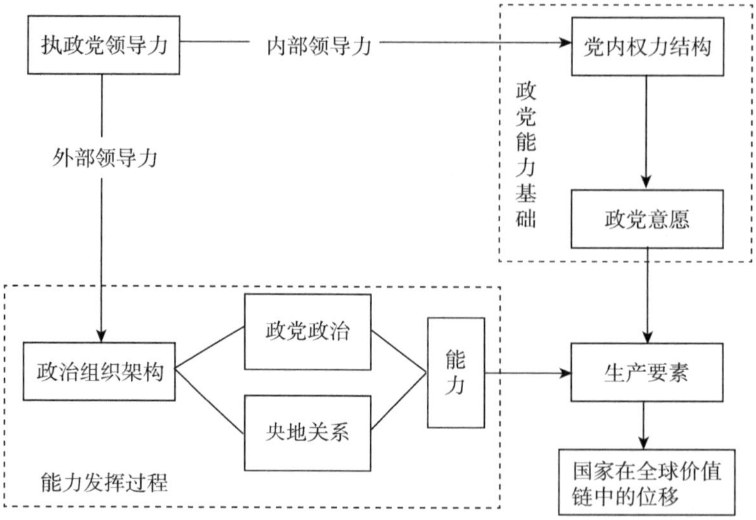

图 1　执政党领导力分析框架及对国家参与全球价值链的影响机制

资料来源：作者自制。

四、全球价值链中的印度尼西亚：迟滞融入与渐次升级

1945 年通过的印尼宪法规定，该国最高立法机构是人民协商会议，由人民代表会议和地方代表理事会组成，负责制定、修改和颁布宪法，并对总统进行监督。[1] 人民代表会议亦称国会，行使一般立法权。印尼国会选举和总统选举彼此独立，执政党不一定是国会多数党。作为二十国集团主要成员，印尼在东南亚地区乃至全球范围拥有一定影响力，它积极参与全球生产分工与跨国贸易，为世界经济增长提供了重要动力。

（一）印尼在全球价值链中的地位和经济走势

对印尼在全球价值链中的地位评估离不开对增加值贸易的分析。增加值总出口体现一国在全球分工中贡献的增加值总量，包括国内增加值（DVA）

〔1〕 World Intellectual Property Organization，"The 1945 Constitution of the Republic of Indonesia"，https://wipolex.wipo.int/en/text/200129.

和国外增加值（FVA）两部分。其中国外增加值体现全球价值链参与的后向关联，与之相对应的是间接国内增加值（DVX）所体现的前向关联。就基本含义而言，国内增加值衡量了一国出口中被国外吸收的国内增加值；国外增加值包括隐含于本国出口的进口国增加值和第三国增加值，简而言之即本国出口中的他国增加值；间接国内增加值是被直接进口国生产向第三国出口所吸收的中间出口的国内增加值，即他国出口中的本国增加值。[1] 图 2 和图 3 分别呈现了近 30 年印尼在这些指标上的表现。[2] 根据图 2 所示，印尼增加值总出口规模总体上升，增长幅度呈现“缓—陡—缓”的趋势。其中国外增加值规模小于国内增加值规模，后者增速较快，且两项指标在 1998 年、2009

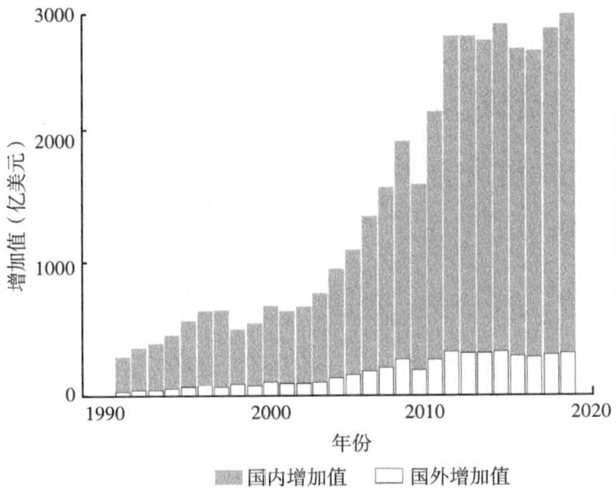

图 2　1991—2018 年印尼增加值总出口及结构

资料来源：UNCTAD-Eora Global Value Chain Database，https://www.worldmrio.com/unctadgvc/。

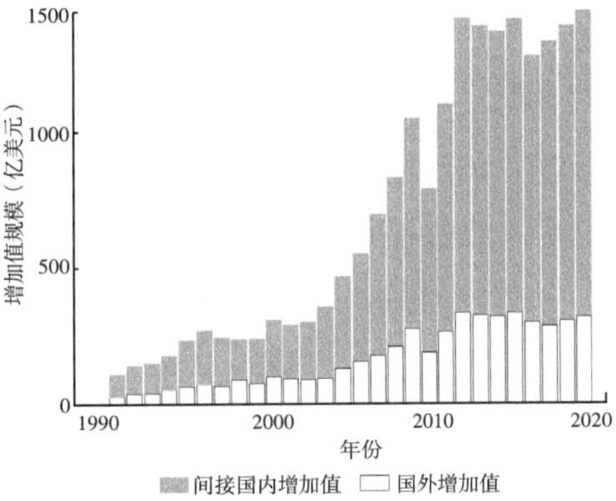

图 3　1991—2018 年印尼参与全球价值链的前向关联与后向关联规模

资料来源：UNCTAD-Eora Global Value Chain Database，https://www.worldmrio.com/unctadgvc/。

---

〔1〕 参见 Robert Koopman et al.，“Tracing Value-Added and Double Counting in Gross Exports”，*American Economic Review*，Vol. 104，No. 2，2014，pp. 459-494；王直、魏尚进、祝坤福：《总贸易核算法：官方贸易统计与全球价值链的度量》，载《中国社会科学》，2015 年第 9 期，第 108—127 页；罗仪馥：《融入与游离：泰国在全球价值链中的地位困境》，载《南洋问题研究》，2022 年第 1 期，第 126—142 页。

〔2〕 考虑到冷战和新冠肺炎疫情影响，本节将数据跨度限制在 1990—2018 年间，以减少体系因素对国家层面的干扰。

年和 2015 年前后均出现明显波动。如图 3 所示，印尼全球价值链参与的前后关联规模均有所扩大。

通过数据和比较分析，可以对印尼近 30 年全球价值链的参与情况进行简要评估。从纵向看，印尼增加值总出口的增长，说明其参与全球价值链的规模逐渐扩大；后向关联规模小于前向关联规模以及国内增加值的大幅增长，说明印尼在全球价值链中主要处于中上游并逐渐升级。数据波动与恢复情况表明，印尼在全球经济中敏感性较强，脆弱性逐渐下降。从横向看，1998 年印尼增加值总出口下降 21.93%，同期菲律宾、泰国、马来西亚的下降率分别为 2.19%、8.56%、6.1%，表明同期印尼对全球价值链的参与很不稳定。2008 年印尼增加值总出口下降 17%，在四国中降幅最低，次年该指标增长率达 25.44%，说明印尼在全球价值链中的韧性显著增强。综合来看，20 世纪末印尼经济虽然实现了量上的小幅增长，但并未实现质上的升级。在 2000—2013 年间，印尼加速融入全球价值链并实现有效升级。2013 年后，印尼升级进程相对放缓，整体保持稳中有进。

为更加可视化地观察印尼在全球价值链中的位置，本文基于库普曼（Robert Koopman）构建的测度国家国际分工地位指标[1]进行考察。如图 4 所示，印尼近 30 年对全球价值链的融入确有成效，但产业嵌入呈现阶段性反复，升级进程较为艰难。如图 5 所示，印尼在全球价值链中的参与度整体增长，2004—2008 年和 2012—2016 年两个时间段增幅明显，同时印尼在国际分工中的地位也整体上向上游移动。但亚洲金融危机（A-B）和美国次贷危机（C-D）造成的冲击以及恢复缓慢的事实也表明，印尼国内生产基础并不稳固，在佐科第一任期末（E-F）印尼在全球价值链中的参与度和位置甚至出现了倒退。库普曼模型测量的结果，基本验证了前文对印尼全球价值链参与状况的评估。

---

〔1〕 参见 Robert Koopman et al.,"Give Credit Where Credit is Due:Tracing Value Added in Global Production Chains",https://www.nber.org/system/files/working_papers/w16426/w16426.pdf。

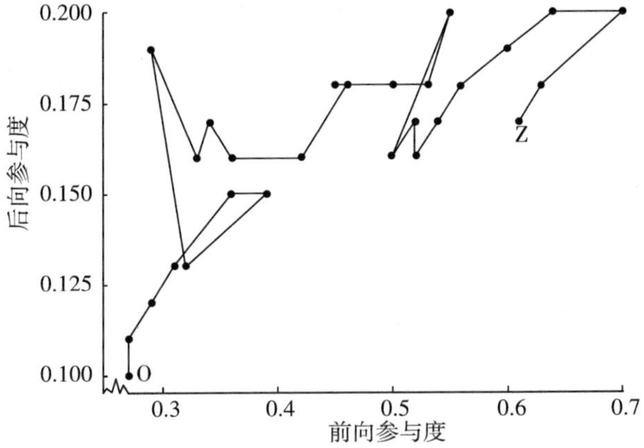

图 4　1990—2018 年印尼前向参与和后向参与度指数

资料来源：UNCTAD－Eora Global Value Chain Database，https://www. worldmrio. com/unctadgvc/。

注：1. 散点所代表的年份遵循从 O 到 Z 的顺序，部分年份有重合。

2. 前向参与度＝间接国内增加值/总出口值，后向参与度＝国外增加值/总出口值。

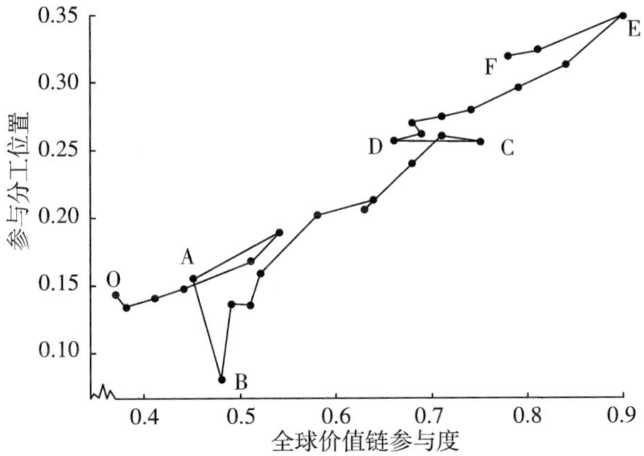

图 5　1990—2018 年印尼全球价值链参与度与参与位置的演变

资料来源：UNCTAD－Eora Global Value Chain Database，https://www. worldmrio. com/unctadgvc/。

注：1. 散点所代表年份遵循从 O 到 F 的顺序，部分年份有重合。

2. 全球价值链参与位置（GVC_position）的计算采取库普曼等学者使用的方法。具体参见 Robert Koopman et al.，“Give Credit Where Credit Is Due：Tracing Value Added in Global Production Chains”，https://www. nber. org/system/files/working _ papers/w16426/w16426. pdf。

（二）专业集团党时期：竭泽式发展与低度融入

1965年印尼发生军事政变，苏加诺（Bung Sukarno）政府被推翻，军人出身的苏哈托于2年后担任总统，自此开启专业集团党长达30余年的执掌政权之幕。专业集团党是典型的威权型政党，基本由印尼陆军高级军官组成，党内权力集于苏哈托一人，且该党在国会中拥有绝对优势。苏哈托通过“物质精神二分法”将执政党以外的所有政党合并，构建了代表伊斯兰主义的建设团结党（Partai Persatuan Pembangunan）和代表世俗主义的印尼民主党作为在野党。[1]专业集团党通过垄断政治资源在选举中屡屡获胜，两大在野党对其言听计从。当时，印尼国会立法遵照“协商一致”原则，政党间的分歧并非通过投票解决，而是被迫持续讨论直到与执政党达成一致为止。[2]在央地关系上，专业集团党实施的军事与法律手段并不能弥补本党代表性的不足。虽然总统掌握对地区自治省长的任命批准权，并于1975年通过政党法全面控制乡级地方政权，但受地理环境和资源问题的影响，专业集团党对亚齐等地采取的高压政策，未能有效整合地方与民族利益。中央政府和部分省级政府关系紧张，政策从中央到地方落实的政府过程存在阻碍。

凭借领导人的权威和在国会中的优势，专业集团党可以顺畅地通过各种政令。为争取外商投资和外国援助，苏哈托一改前总统苏加诺与西方交恶的政策，于1966年将先前国有化的外资企业物归原主，并于1967年颁布《外国投资法》给予外资优惠待遇。1971年亚齐阿伦气田的发现和国际石油价格的上涨，缓解了印尼政府的资金困难，为其走上独立工业化道路提供了契机。印尼政府通过征收进口税、限制进口额、政府订单、严管外资等措施，鼓励本国企业开展进口替代生产。在专业集团党的领导下，印尼努力参与当

〔1〕苏哈托著，居三元译：《苏哈托自传——我的思想、言论和行动》，北京：世界知识出版社，1991年版，第195页。

〔2〕彭述刚、万灵枝：《一党专权或多党竞争——印尼政党与政治发展的回顾与前瞻》，载《东南亚研究》，1999年第5期，第18—21页。

时尚不成熟的全球价值链，打开了本国经济工业化和参与经济全球化的大门。

然而，执政党的短视也使印尼陷入“迟滞工业化”的困境。专业集团党中央权力结构完全失衡，威权结构导致党的内部领导力大打折扣。总统拥有绝对话语权，雅加达的政治精英们陷于派系斗争几乎无法对总统形成制约，导致印尼集体政治的不成熟。[1] 为增加自身在资源产业的短期利润，一些个人和小集团操纵国家政策，将大量资金和劳动力投向初级资源的开采。同时，出于对自身领导力不足的担忧，专业集团党将从国外获得的低息贷款大量注入农村人口项目以遏制印尼共产党的发展，并组织大规模移民以加强对地方少数民族的控制。[2] 资金流向侧面说明，当时的印尼经济是服务于政治需要的，20 世纪 70 年代的工业化更多出于资源禀赋与国际市场耦合的侥幸。此外，在代表性问题上，印尼中央政府本可以利用丰富的国内资源在全球经济中扮演资源供应者的角色，但在开采亚齐天然气资源时却对当地居民进行恐吓、清洗，并鼓励爪哇族向亚齐大量移民，从而导致民族矛盾迅速激化。[3] 再加上液化天然气带来的收益源源不断地输送到雅加达，亚齐本地收益甚少，专业集团党被当地居民视为爪哇族的代言人，最终导致 1976 年的亚齐独立运动。执政党代表性不足导致印尼中央政府的政策在一些地区实施困难，国家相对完整地参与全球经济主要依赖于执政党的军事背景，并通过武装力量勉强应对国内的分裂问题。

亚洲金融危机爆发前，印尼经济一度增长迅速。自 1966 年起，印尼经济增长率平均在 5%—7%之间，贫困人口由 60%下降到危机前的 14%，20

---

〔1〕 孙云霄:《自主抑或依附:印尼发展道路的三重陷阱》,载《文化纵横》,2022 年第 2 期,第 118—127 页。

〔2〕 Brad Simpson,“Indonesia's Accelerated Modernization and the Global Discourse of Development, 1960-1975”, *Diplomatic History*, Vol. 33, No. 3, 2009, pp. 467-486.

〔3〕 Geoffrey Robinson,“Rawan is as Rawan Does: The Origins of Disorder in New Order Aceh”, *Indonesia*, Vol. 66, 1998, pp. 127-156.

世纪70年代更是创造了制造业产值年均增长率13%、国内生产总值年均增长率8%的“亚洲奇迹”。[1] 但是，20世纪80年代国际石油价格暴跌也导致印尼不得不放弃进口替代战略。此时，印尼借助资源积累的优势几乎损耗殆尽，国内制造业已经远远落后于做了10余年国际代工厂的泰国、马来西亚等本地区国家。慌忙开启的经济自由化改革又导致印尼通货膨胀和贫富分化加剧，专业集团党威权式领导的弊病暴露无遗。为化解亚洲金融危机造成的巨大冲击，专业集团党转而将改革大权完全交给国际货币基金组织，由此丧失了对国家经济的领导力。

综合来看，专业集团党领导下的印尼虽然为跻身全球价值链做了诸多准备，但是未能发展起与资源配套的中下游产业，仍处于全球价值链的中低端位置，甚至半游离于全球价值链之外。造成这种状况的原因主要有三个，其一，威权型权力结构将个人利益与政党意志捆绑，执政党对全球生产参与路径判断失误。其二，极端化的外部领导力将政党错误在国家层面无限放大，形成有缺陷的国家发展战略。中央政府将生产要素大量用于扩大资源开采规模，相对牺牲了对基础工业与技术研发的投入，长期依赖初级能源出口无异于“涸泽而渔，焚林而猎”。其三，执政党代表性不足使中央政府难以盘活地方资源，无法在全国范围内实现生产要素的最优配置。总之，专业集团党统治下的印尼虽然利用先天资源禀赋换得了短期的经济增长，但宏观战略失误和地方民族矛盾冲击了国民经济的发展基础，执政党领导力的僵化则稀释了自上而下调整与优化生产要素的动力，30年的发展成果犹如浮光跳跃的水泡，一场危机将所有幻彩冲击得支离破碎。

（三）民主党时期：承前启后与经济复苏

1997年爆发的亚洲金融危机瓦解了专业集团党的统治，印尼政治在后苏

---

[1] 约翰·芬斯顿主编，张锡镇译：《东南亚政府与政治》，北京：北京大学出版社，2007年版，第77页。

哈托时代经历了短暂动荡。2004 年苏西洛（Susilo Bambang Yudhoyono）当选总统，民主党成为执政党。

民主党的领导力在其执政初期表现得并不理想。在内部，民主党的中央权力结构近似于官僚型，党内精英对总统存在比较优势。苏西洛早期并非民主党成员，曾先后服务于瓦希德（Abdurrahman Wahid）政府和梅加瓦蒂（Megawati Soekarno Putri）政府。因与梅加瓦蒂政见不合，苏西洛于 2004 年宣布辞职并以民主党候选人身份参加大选。虽然他在两轮总统选举中所获选票均超过 60%，[1] 但是在 2005 年召开的民主党代表大会上哈迪·乌托莫（Hadi Utomo）被选为党主席。因此区别于党首兼任总统的专业集团党，民主党的权力更多集中于该党精英手中。从外部看，民主党在 2004 年的国会选举中仅获得 7.5%的席位，反对派“国民联盟”[2] 控制了过半数议席。国会中的弱势使民主党不得不拉拢伊斯兰政党组建执政联盟，而政党意识形态差异又导致联盟的基础非常脆弱。执政联盟严重牵制了苏西洛的执政。民主党在试图推进改革时屡屡受阻，冗长的辩论和谈判大大降低了决策效率。[3] 以对劳工法的修改为例，印尼 2003 年通过的劳工法被认为过度保护劳工，严重阻碍外资流入。虽然印尼政府在 2006 年决定修改劳工法，但是迫于种种压力无果而终。这使得印尼在全球价值链中逐渐丧失劳动力价格低廉的优势，工资与劳动力素质的错位减缓了印尼劳动生产率的增长。

苏西洛领导民主党通过各种途径转移执政压力，增强本党领导力并带领印尼走出政局不稳和经济低迷的过渡期。凭借对巴厘岛爆炸事件的妥善处理以及待人亲和的“儒将”人设，苏西洛的民意支持率不断增加。他不断完善

[1] Adam Carr, “Indonesian Election Archive, 1999-2019”, http://psephos. adam-carr. net/countries/i/indonesia/.

[2] “国民联盟”由梅加瓦蒂创建，主要目的是与苏西洛竞争总统职位。联盟包括民主斗争党、建设团结党、专业集团党以及和平繁荣党（Partai Damai Sejahtera），在 2004 年国会选举中获得 307 个席位。数据来源：http://psephos. adam-carr. net/countries/i/indonesia/。

[3] 张洁：《苏西洛执政十年与印尼的未来政治前景》，载《当代世界》，2014 年第 6 期，第 46—49 页。

民主党内部的权力架构，该党执政后期逐步建立起高级委员会、中央执行委员会、咨询委员会等中央一级组织机构，同时对领导层和助理梯队权力进行制度细化。[1] 在国会中，民主党一改上届政府“共同援助内阁”（Kabinet Gotong Royong）模式，在两个任期内分别建立印尼联合内阁（Kabinet Indonesia Bersatu）。鉴于“国民联盟”随着大选失败而名存实亡，专业集团党内部派系分裂严重，穆斯林代表、改革力量和保守派各自为政，苏西洛敏锐地抓住时机，帮助其搭档、时任印尼副总统优素福·卡拉（Jusuf Kalla）成功当选专业集团党主席，并在内阁中任命专业集团党成员阿贡·拉克索诺（Agung Laksono）和国家授权党（Partai Amanat Nasional）成员哈达·拉加萨（Muhammad Hatta Rajasa）担任部长。民主党组建的内阁体现了平衡原则，在照顾盟友的同时有效获得反对党、小党和无党派人士的支持，吸纳国会政治资源，扩大了领导基础。在国会中领导力的增强赋予了执政党更大的改革能力，印尼政府在民主党领导下出台了《2005—2025 年国家发展长期计划》，2011 年补充通过了《加快和扩大印尼经济发展的总体规划》（*MP3EI*），对国家经济发展进行宏观规划。在投资方面，印尼国会于 2007 年根据 2004 第 29 号和 2006 第 3 号总统令通过《投资法》，颁布了包括提升外资待遇、延长土地使用权年限、扩大中央政府的投资管理权限、一站式综合窗口服务等新政。[2] 此后，印尼国会又相继通过《中小企业法》和《所得税法》修正案，进一步改善本国的国际融资环境。从 2004 年至 2015 年，印尼获得的外国直接投资（FDI）净流入量由 18.96 亿美元上升到 166.41 亿美元。相比之下，2002 年印尼外国直接投资净流入量只在正负分界线上下浮

---

〔1〕 Partai Demokrat, “Pedoman Penetapan Pengurus Struktural Partai Demokrat”, https://www.demokrat.or.id/keputusan-partai/.

〔2〕 林梅、柯文君:《苏西洛总统执政 10 年的印尼经济发展及新政府的挑战》,载《南洋问题研究》,2014 年第 4 期,第 49—59 页。

动。[1] 外资所具有的显著外溢效应，有助于印尼技术进步和生产效率提升，促进其制造业设备集成化和高级制造业发展。[2] 强劲的发展势头又产生示范作用，吸引更多国外优质生产要素流入，推动印尼在全球价值链中向高附加值环节快速移动。

在政党代表性方面，民主党是从城市中发展起来的新党，成员大多曾在商界游走并获得中产阶层的不少好感。同时，由于苏西洛多次与老党公开决裂，出于对老党弄权的厌恶，民主党亦获得了底层民众的广泛支持。苏西洛在执政期间重视地区反恐工作，在国家规划中注重地区利益平衡。在安全事务上，苏西洛政府严厉打击分裂势力，基本解决了以亚齐为代表的地方分离问题，相对畅通了政策从中央到地方的执行环节。在经济规划上，苏西洛于2010年发布的《关于加快实施国家发展优先计划项目》第1号总统令，明确表示要加快爪哇岛外地区的工业发展。印尼政府于2011年5月出台的《加快和扩大印尼经济发展的总体规划》，也确立了在包括苏门答腊、加里曼丹等外岛建立经济走廊的目标。与此同时，民主党通过外交政绩凝聚民心。在双边层面，印尼于2005年同中国建立战略伙伴关系，并于2013年升级为全面战略伙伴关系；积极与东帝汶、巴布亚新几内亚开展友好对话；与日本、韩国等签订双边自由贸易协定。在多边层面，印尼充分利用东盟成员国身份和二十国集团平台，调停柬泰冲突，协调东盟在南海问题上的立场。印尼的外交成就既为国内发展提供了有利国际环境，同时也转移了国内部分规划落实不到位，以及腐败可能造成的执政党代表性受损的压力，这是民主党任期能够圆满完成的重要原因。

---

〔1〕 Bank Sentral Republik Indonesia,"Transaksi Finansial:Investasi Langsung",https://www.bi.go.id/en/statistik/ekonomi-keuangan/seki/Default.aspx#headingFour.

〔2〕 Jens Matthias Arnold and Beata S. Javorcik,"Gifted Kids or Pushy Parents? Foreign Direct Investment and Plant Productivity in Indonesia", *Journal of International Economics*, Vol. 79, No. 1, 2009, pp. 42-53.

整体上看，民主党有效避免了威权统治，政党决策的民主性与科学性有所提高，从政策源头推动了印尼产业升级和参与经济全球化进程。但是，官僚型的权力结构依然存在，并成为腐败的重要诱因。总统的权力相较精英团体仍处于弱势，在反腐工作中力不从心。在党外，民主党建立包容性内阁，通过分化拉拢扩大执政联盟，并通过政党标签、反恐绩效和政策倾斜提升本党代表性，同时用外交手段弥补党内外领导力的不足。苏西洛执政的10年间，民主党努力革除土地、劳动力等生产要素积滞的弊病，引入外资等国际生产要素填补国内短板。民主党通过《加快和扩大印尼经济发展的总体规划》完成了545个共计1229.1万亿印尼盾的项目，国内生产总值和外汇储备大幅上升。[1] 如前所述，印尼在全球价值链上快速升级。

（四）民主斗争党时期：夯基固本与渐次升级

2014年佐科·维多多（Joko Widodo）当选总统后，民主斗争党领导力整体上实现了由弱向强的转变。就内部领导力而言，民主斗争党的权力结构由威权型逐渐转为稳健型。此前，梅加瓦蒂凭借政党缔造者身份、父辈的荣耀和爪哇"赐予精神统治"（Wahyu）的文化，在党内建立了个人威权式领导。作为政治新星，佐科出身木匠家庭，早期没有军队或大财团支持，是一位"平民总统"。他一方面借助梅加瓦蒂的培养以及个人的政治智慧，奠定自己的党内地位。另一方面以承诺让梅加瓦蒂的女儿普安（Puan Maharani）担任人类发展与文化统筹部部长为筹码，有效制约梅加瓦蒂，成功换取党主席及党内精英对新政府的支持。至此，佐科拥有了应对党内掣肘并独立处理国家事务的能力，总统与执政党精英集团得以保持团结与相对制衡。

就外部领导力而言，民主斗争党的瓶颈在于执政联盟的构建。2014年，作为民主斗争党候选人的佐科虽然以微弱优势击败对手大印尼行动党（Gerindra）总统候选人普拉博沃（Prabowo Subianto），但是大印尼行动党把持了

〔1〕 印尼民主党官网，https://www.demokrat.or.id/sejarah/。

约60%的议席以及国会正副议长的职位。[1] 相比之下，佐科的执政联盟在国会560个席位中仅占207席，其政令多次面对“逢佐科必反对”的尴尬境地，国会一度空转无法定下任何议事日程。为扭转这一局面，佐科通过改组内阁、调查贪腐、介入反对党党内事务等手段，成功将反对派的伊斯兰教政党建设团结党、国民使命党（Partai Amanat Nasional）和专业集团党拉入己方阵营，执政联盟所占议席由此达到386个，成功掌握了国会七成左右的政治资源。[2] 得益于执政联盟的扩大，佐科执政以来印尼政治改革和经济发展效果明显。在宏观规划上，佐科政府于2015年推出《2015—2019年国家五年发展规划》，强调基础设施建设与中心边缘群岛间的互联互通。在具体议程中，佐科通过行使总统权力与利用立法渠道，扩大政府预算，修订外资准入负面清单，并成立由总统直接领导的印尼重点基础设施项目推进委员会（KPPIP）。佐科政府于2015年重新修订了《建设项目土地购买征用法》，规定私人的土地所有权必须让位于公共利益；2018年发布《印尼工业4.0路线图》对接数字化生产；2019年通过《工业4.0预算修正案》，大幅提升对工业人才储备的财政支持；2020年更是利用不到一年的时间迅速通过千页之多的《创造就业综合法案》（*RUU Cipta Kerja*）。[3] 在第一任期内，佐科政府一改印尼高速路里程短、区域阻塞、铁路窄轨落后的局面，[4] 新建公路3793公里、立交桥近20公里、桥梁超过58公里。[5] 从2014年到2018年，

[1] “Begini Peta Kekuatan Jokowi-Prabowo di DPR”, https://nasional.tempo.co/read/605195/begini-peta-kekuatan-jokowi-prabowo-di-dpr.

[2] Ahmad Toriq, “Didukung Penuh Golkar, Jokowi Dominan di DPR”, https://news.detik.com/berita/d-3213386/didukung-penuh-golkar-jokowi-dominan-di-dpr.

[3] Portal Informasi Indonesia, “Tujuh Poin Baru dalam RUU Cipta Kerja”, https://www.indonesia.go.id/kategori/indonesia-dalam-angka/2093/tujuh-poin-baru-dalam-ruu-cipta-kerja? lang=1.

[4] 陈和、刘效阳：《印尼交通基础设施发展及中——印尼交通基建合作研究》，载《印度尼西亚蓝皮书：印度尼西亚经济社会发展报告(2018)趋势与挑战》，北京：社会科学文献出版社，2018年版，第24—25页。

[5] Rivki Maulana et al., “Evaluation on Infrastructure in 5 Years of Jokowi Administration: Pushing Forward with Some Notes”, https://www.pwc.com/id/en/media-centre/infrastructure-news/october-2019/evaluation-on-infrastructure-in-5-years-of-jokowi-administration.html.

印尼航空货物处理量增幅达44%，铁路货物处理量增加了47.6%，物流绩效指数由全球第63位提升至第46位。[1] 基础设施的完善和执政效率的提升增强了国内外生产要素的活力，促进了人员和货物在行业间、区域间的流通。

在政党代表性维度上，民主斗争党不断增强自身领导力。其一，民主斗争党自称民族党的继承者，是唯一明确的世俗主义政党。该党支持者主要来自中爪哇、雅加达、巴厘、苏门答腊和东加里曼丹各地，在全国32省中都有众多支持者，是为数不多的全国性政党。[2] 其二，民主斗争党中央对地方实行科层管理，通过提名任免地方议员、地方分支领导有效控制地方事务。其三，与苏哈托的"爪哇中心主义"政策取向形成鲜明对比，佐科通过印尼历史上首份全国性战略规划以及向地方倾斜的政策，处理中央和地方的敏感关系，提升政府对地方经济事务的综合治理效率。例如，佐科与西巴布亚独立运动组织建立对话平台，投入13.9亿美元兴建跨西巴布亚高速公路（Jalan Trans-Papua），并划拨10%的自由港股份给西巴布亚地方政府，有效缓解了该地区的分离倾向。[3] 同时，为提升对全国各岛屿地区的领导力，佐科政府避免将外岛资源过多集中于爪哇的工业建设，通过基础设施建设全覆盖，打造统一的国内供给端。佐科执政后不久即提出将印尼打造为"全球海洋支点"的构想并付诸实践，通过建设众岛屿间的"海上高速公路"，在苏门答腊、苏拉威西、巴布亚等岛屿建设大型枢纽港，统一调配国内资源并

〔1〕 World Bank Group, "Indonesia-Avoiding the Trap: Development Policy Review 2014", https://documents.worldbank.org/en/publication/documents-reports/documentdetail/936481468042895348/indonesia-avoiding-the-trap-development-policyreview-2014.

〔2〕 约翰·芬斯顿主编，张锡镇译：《东南亚政府与政治》，北京：北京大学出版社，2007年版，第94页。

〔3〕《印尼控制全球第二大铜矿分析指有利佐科寻求连任》，https://www.zaobao.com.sg/special/report/politic/indopol/story20181222-917751。

打造统一的印尼市场，提升了印尼中间商品[1]的进出口速度。[2]

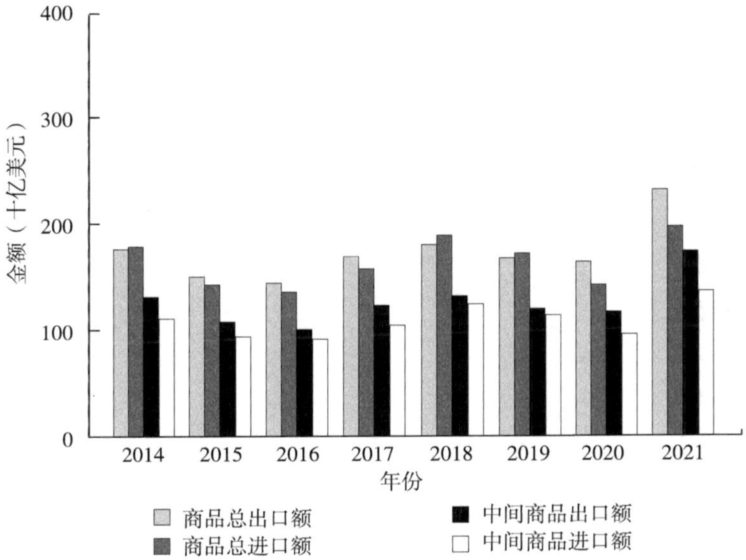

图 6　2014—2021 年印尼中间商品进出口与商品总进出口情况

资料来源：UN Comtrade Database，https://comtradeplus. un. org/。

表 6　2014—2021 年印尼进出口中间商品结构对比

（单位：%）

商品类别	进口			出口		
	2014 年	2018 年	2021 年	2014 年	2018 年	2021 年
初级食品和饮料（主要用于工业）	4.46	4.31	4.90	1.35	0.97	0.85
加工后食品和饮料（主要用于工业）	2.54	2.37	2.89	16.45	15.63	18.48

〔1〕 根据经济大类（Broad Economic Categories，BEC）分类统计标准，贸易的商品划分为资本品、中间商品和消费品三大类。参见 Department of Economic and Social Affairs，"Classification by Broad Economic Categories Rev. 5"，*United Nations*，No. 53，2018。

〔2〕 Portal Informasi Indonesia，"Indonesia Poros Maritim Dunia"，https://www. indonesia. go. id/kategori/indonesia-dalam-angka/439/indonesia-poros-maritim-dunia? lang=1.

续表

商品类别	进口			出口		
	2014 年	2018 年	2021 年	2014 年	2018 年	2021 年
其他地方未规定的工业用品(初级)	5.62	5.17	5.74	6.95	9.12	7.75
其他地方未指定加工的工业用品	51.33	54.44	55.81	30.65	35.89	41.97
初级燃料和润滑剂	12.05	8.09	6.83	27.18	24.71	21.49
加工燃料和润滑剂(除汽油外)	2.92	2.82	3.44	9.09	5.54	2.87
资本货物的零附件(运输设备除外)	14.74	15.52	14.51	3.94	2.74	2.35
运输设备的零附件	6.34	7.28	5.88	4.40	5.39	4.25
总计	100.00	100.00	100.00	100.00	100.00	100.00

资料来源：UN Comtrade Database，https://comtradeplus.un.org/。

注：表中数值表示某一类中间商品进出口值占当年所有中间商品的比重。

佐科带领民主斗争党平衡国内政治势力，使得印尼经济保持平稳向好的发展势头，这在新冠疫情背景下尤为可贵。图 6 和表 6 从两方面显示了佐科执政时期印尼中间商品的进出口情况。根据图 6，印尼中间商品进出口规模较大、占比较高，总体呈波动上涨趋势。中间商品进口所占比重基本保持在 69%—75%区间内，其中 2014 年和 2021 年皆高于 74%，中间商品出口所占比重由 2014 年的 62%波动上升至 2021 年的 69%左右。表 6 显示，其他地方未指定加工的工业用品对印尼中间商品进出口贡献最大且贡献比例快速增加，初级燃料和润滑剂虽然也占有一定比例，但是重要性逐渐降低。总体而言，印尼中间商品贸易规模稳中求进并保持一定顺差，初级燃料的贡献让位于工业用品，贸易结构不断优化。

综合来看，稳健的中央权力结构提升了印尼民主斗争党的内部系统性，有效抑制了党内腐败与个人专权，使生产要素更多地为国民经济服务。执政联盟的强化提升了执政效率，基础设施建设畅通了国内生产要素流动，加快了国内外生产要素的循环集散。政党代表性的提升增强了地区凝聚力，形成了相对完善的资源工业产业链和统一的国内市场。虽然佐科在第一任期末将重心转回总统竞选，加上大选前党派利益的再度分化冲击了执政党领导力，相对放缓了印尼在全球价值链上的上升速度，但是印尼在该阶段仍保持了升级态势。佐科将工作重心放在产业基础的完善和产业结构的调整，更加注重经济转型的质量，为印尼未来的长期发展奠定了基础。

五、执政党领导力、生产要素与国家在全球价值链中的位移

在前文案例过程追踪基础上，本节拟总结执政党领导力如何通过配置生产要素影响后发国家参与全球价值链，通过梳理其间关系以发现变量间因果机制的传导逻辑。

（一）执政党调配生产要素结构确立国家发展方向

执政党要实现对国内经济的善治，所提议案必须拥有长远战略眼光、凝聚共同政治智慧。从官僚组织视角看，政党意志受制于党内决策程序与监督体制。团结的党团是执政党内部领导顺畅高效的保证，失衡的权力结构则使政党的内部领导力脆弱。后发国家在独立之初，由于历史惯性，长期自下而上的政治斗争容易产生领袖权威。不同执政党现代化程度的差异则形成不同的权力结构。只有领导人和精英的权力相对平衡，才有可能减少个人或小集团对政治的垄断，在程序正义的加持下形成科学民主的政党意志。

执政党可以通过经贸政策与发展规划调配国内生产要素的投入结构，进而确立国家在全球价值链中的发展方向。其一，执政党对国家的定位影响生产要素在产业间的分配。为形成国际分工的比较优势，执政党需在不同生产要素间确定培育重点。在这个过程中，一方面，执政党出台政策确定国家重

点扶持的产业，在不同导向的发展模式中做出选择，形成对国内资源分配的不同偏好；另一方面，执政党掌握引入国外生产要素的官方权力，即通过政策调整吸引不同类型的外资和技术，并将它们引向政界支持的产业。其二，执政党直接影响国家在全球价值链中生产要素的投入质量。在能源密集型产业中，执政党借助资金、税收优惠、信贷政策引导企业对初始能源进行深度加工，并通过基础设施建设减少附加值在生产和运输环节的损耗；在劳动力密集型产业中，执政党兴办教育提升劳动力素质，培育高质量人才，并推动加工业向高精尖制造领域看齐，助力产业结构升级。相反，如果执政党忽视生产资料优化等无形的增值活动，将从政策源头迟滞所投入生产要素质量的提升，从战略层次束缚国家在全球价值链中向更高附加值环节升级的潜力。因此，执政党意志偏好决定国家生产要素的投入结构，进而决定国家整体发展方向。国家发展方向的科学与否影响该国在全球价值链中发展的可持续性。参与国际经济大循环离不开国内循环的畅通高效，重要行业关键产品的供给滞后和附加值较低容易造成相关行业整体发展失衡。印尼 20 世纪能源产业的竭泽式发展，就体现了传统单一出口导向战略的弊端。总之，国家发展方向能够从战略高度规划一国在全球价值链中的发展前景。

（二）执政党统筹生产要素流动决定国家发展效率

在不同政党制度模式下，执政党统筹生产要素的能力各不相同。在多党竞争模式下，执政党对国家生产要素的支配能力受执政联盟制约。在后发国家民主转型伊始，社会出于对威权复辟和民主解固（Democratic Deconsolidation）的担忧，对执政党任何形式的集权都格外谨慎。印尼前总统顾问安瓦尔（Dewi Fortuna Anwar）曾评论道，转型后的印尼总统制更像一个半议会制。[1] 特殊国情使印尼执政党面对多方制衡，外部领导力决定执政党统筹

〔1〕 约翰·芬斯顿主编，张锡镇译：《东南亚政府与政治》，北京：北京大学出版社，2007 年版，第 78 页。

国内资源的效率。

在多党竞争模式下，印尼执政联盟从政令支持率、掌权者定力、政策持续性与发展自主性四个方面发挥作用。其一，执政党在国会中需要有效应对既得利益者对新政的抵制。民族复兴党（Partai Kebangkitan Bangsa）执政时期，时任印尼总统瓦希德频繁改组内阁，导致执政联盟极其脆弱。政治斗争白热化使得一系列改革计划难以实施，印尼经济形势每况愈下，瓦希德最终被迫辞职。与之形成鲜明对比的是，民主斗争党领袖梅加瓦蒂上任后，任命建设团结党人士哈姆扎·哈兹（Hamzah Haz）为副总统，有效拉拢了穆斯林党派，带领印尼逐渐从危机中恢复过来。其二，执政联盟影响执政党的战略定力。在轮流坐庄的体制中，执政党面临换届选举的压力。如果执政联盟弱小，将导致执政党囿于政治负担而有所顾忌，搁置涉及重大利益冲突的经济项目。佐科曾在 2019 年表示，自己顺利连任后没有政治包袱，将更容易全面推进经济改革。[1] 其三，执政联盟影响后发国家的政治连续性。弱小的执政联盟缩短了执政党的在位时间，政党更替频繁容易产生政府违约问题。政权更替频繁降低了政府信誉，阻碍着生产要素在国内外的自由流动。[2] 其四，后发国家置身于多个互相交织的国际网络关系中，在参与全球产销过程中不可避免地对各种网络关系做出回应。执政联盟的稳固降低了执政党对外国势力和资本财团的依赖度，使其在外交中拥有更多自主性，综合选择更有利于本国经济升级的外交政策与合作伙伴，减少了国外势力对生产要素流动的干涉。

政党代表性维度的外部领导力主要体现在央地关系中，涉及执政党统筹地方资源的效率和本国的投资环境。以石油天然气等产业为例，印尼中央政

---

〔1〕 Ihsanuddin, "Jokowi: 5 Tahunke Depan Sudah Enggak Ada Beban, yang Terbaik Akan Saya Lakukan", https://nasional.kompas.com/read/2019/05/09/10384251/jokowi-5-tahun-ke-depan-sudah-enggak-ada-beban-yang-terbaik-akan-saya.

〔2〕 弓联兵、王晓青：《"一带一路"沿线东南亚国家的政党轮替风险及中国应对》，载《当代世界与社会主义》，2018 年第 5 期，第 150—157 页。

府对地方能源的开采需要兼顾当地政府与居民的利益，有效统筹国内能源资源以形成发展合力。执政党代表性不足体现为地方性的偏袒，对能源的掠夺型开发容易催生分离主义甚至恐怖主义。[1] 这样一来，初级能源的开采与出口都很困难，更遑论政府对能源的跨区域调配和配套产业的发展。除了影响跨区域调配生产要素的能力外，执政党代表性不足带来的政策断层与政局不稳同样挫伤本国经济。一方面，代表性不足使执政党政策实施受阻。地方势力以保护环境、资源、劳工权益等为理由，阻挠中央政府的经济开发项目。另一方面，代表性不足也使执政党难以管控地方局势。国内政局动荡严重打击了外企拓展业务的信心，减少国外生产要素对本国经济的支持。[2] 因此，执政党只有不断扩大本党代表性，兼顾各地区发展需求，才能在国际竞争中促进形成内聚、协调、吸引力强的国家统一体，在全球价值链竞争中真正实现对国家各种生产要素的优化统筹。

生产要素配置优化有利于后发国家获得规模优势、推动技术发展和增强全球价值链的韧性，提升本国产业在全球价值链中的参与度和中心度。首先，经济发展效率是一国参与全球价值链生产并升级的经济基础。执政党通过善政吸纳资金，借助经济效率优势推动产业聚集，既可以抑制后发劣势的负面影响，也有助于形成规模效应，促进本国产业结构优化升级。其次，生产要素的合理配置为技术研发预留充分的资源空间。执政党只有相对摆脱裙带主义束缚，在形成科学发展战略的同时拥有调控国内生产要素循环的能力，才能更加有效地突破本国在关键技术领域的研发瓶颈，增强对上下游供应商和市场的辐射及议价能力。最后，国家行为在塑造全球价值链的同时也

---

〔1〕 周光俊：《三重政治结构中的分离主义政党》，载《世界经济与政治》，2021 年第 9 期，第 84—101 页。

〔2〕 Edward Aspinall, "The Construction of Grievance: Natural Resources and Identity in a Separatist Conflict", *Journal of Conflict Resolution*, Vol. 51, No. 6, 2007, pp. 950-972.

受到全球价值链网络的反作用。[1] 后发国家产业聚集和技术更新能够增加其在全球价值链网络内的有效链接，有利于缓解原有网络节点固化集中和权重过大导致的脆弱性，进而减少占据网络枢纽地位的霸权国对价值链网络的垄断。后发国家的实力增长相对改善了全球价值链的互动环境，增强了网络的整体韧性，为本国未来在全球价值链中的升级扫除了阻碍。

六、结语

全球价值链重构对各国既是机遇又是挑战。当前，经济全球化遭遇逆流，世界经济面临衰退风险，供应链问题则是当前全球发展危机的根源。[2] 后发国家如何应对这种局面意义重大。执政党执掌国家政权，通过制定战略、出台政策、实施改革、更新机制等方式，决定本国在全球价值链上的经济行为。执政党领导力体现了领导权的强弱，融合了政党实力和影响力双重要素。政党中央权力结构从能力基础角度决定执政党内部领导力，执政联盟、政党代表性从能力发挥过程角度决定执政党外部领导力。基于对印度尼西亚的过程追踪研究发现，执政党领导力通过党内政治、政党政治、政府过程等途径影响生产要素的流动方向和升级效率，自上而下地决定后发国家在全球价值链上的位移状况。执政党通过协调国内政治主体的关系以优化国家经济系统中诸要素的配置，对于推动本国经济稳健转型、增强国家在全球价值链中的结构韧性，具有重要意义。

就研究内容而言，本文尚存在如下需要进一步思考的问题和进一步完善的方面。其一，执政党领导力并非受到各变量均等、线性的影响，不同变量

---

〔1〕 余南平：《全球价值链对国际权力的形塑及影响》，载《中国社会科学》，2022 年第 12 期，第 120—137 页。

〔2〕 习近平：《共迎时代挑战 共建美好未来——在二十国集团领导人第十七次峰会第一阶段会议上的讲话》，载《人民日报》，2022 年 11 月 16 日，第 2 版。

对领导力的影响权重各有差别。变量间是否存在互补、替代和抵消的关系以及关系隐现的条件值得深入探讨，尤其需要从系统要素的有机性和主客观矛盾辩证性角度进行阐释。其二，文中部分变量尚需进一步拆解与细化，尤其是进行学科间的理论互鉴。例如，政党意志的生成内嵌了组织行为学的知识，政党代表性涉及标签效应、媒介形塑等认知心理学和政治传播学的内容。其三，后发国家地缘位置、资源禀赋、历史机遇各不相同，通过单一案例得出的结论解释力相对有限，需要通过研究其他后发国家的案例对本文的理论假设进行修正和补充。其四，相关探讨还需要触及富有哲学底蕴的问题，比如全球价值链上的空间正义、分配正义等。未来，政党特别是执政党在国家现代化和全球经济治理中的作用将更为凸显。在多案例研究基础上进行比较研究和跨学科研究，将有助于深化人们对相关问题的认识。

（原文载《当代亚太》，2023 年第 2 期）

马来西亚不同政党应对“一带一路”的策略探究（2013—2023年）

赵新雷*

【内容提要】 共建“一带一路”作为中国重要的对外倡议之一，在促进与周边国家和共建国家的经贸合作上发挥了巨大的作用，马来西亚参与共建“一带一路”倡议已经十余年。在这十余年里，马来西亚尽管由于国内政府更迭调整了应对共建“一带一路”倡议的策略，但根本上仍然坚持务实主义的外交政策来处理与中国的经济关系，马来西亚之所以在对待共建“一带一路”倡议的态度上发生相应的改变，是因为受到了来自国内外因素的综合作用影响，包括领导人特质、国内政治精英、国家利益、大国博弈和多边组织等。伴随着安瓦尔政府的上台，以及他表达的对共建“一带一路”倡议和马中经贸合作的高度重视，可以预见在未来一段时间内，安瓦尔及其政府将积极参与共建“一带一路”倡议，大力促进和发展与中国的经贸往来，并就共建“一带一路”与中国达成更深层次的合作与共识。

【关键词】“一带一路”；马来西亚；中国；经济关系；实用主义

---

* 赵新雷，暨南大学国际关系学院/华侨华人研究院博士研究生。

一、引言

中国在2013年提出的共建“一带一路”倡议受到了全球多个国家和国际组织的广泛欢迎与支持，共建“一带一路”倡议为全球大多数发展中国家乃至发达国家提供了一条崭新的地区间合作路径，有力地带动了全球众多国家间的合作与交流，并为一些发展中国家提供了宝贵的发展资金与先进的技术支持，为其经济的发展注入了新的活力。然而，共建“一带一路”倡议的发展也受到了各种因素的影响，尤其是共建“一带一路”国家国内的复杂国情与周边环境的变化都让共建“一带一路”倡议受到了一些影响。马来西亚作为东南亚地区率先加入共建“一带一路”倡议的国家至今已有11年。在这十余年中，马来西亚对待共建“一带一路”倡议的态度经历了转型与调整，从积极热情转变为相对审慎再到寻求突破，马来西亚的不同态度也折射出东南亚国家在面对共建“一带一路”倡议时的复杂看法与矛盾心理，特别是在如何处理和发展与中国等大国间的合作关系以更好维护本国国家安全与经济利益的问题上不断调整。本文选取马来西亚作为研究对象，通过探究马来西亚参与共建“一带一路”倡议的发展历程，分析马来西亚在不同时期对待共建“一带一路”倡议的态度呈现出怎样的特点，哪些因素深远地影响了马来西亚对待共建“一带一路”倡议的态度，从而总结相关经验和提供意见与建议，以便更好地根据共建“一带一路”国家的实际情况调整具体措施，为实现与共建国家间的合作共赢而不断努力。

二、马来西亚对待“一带一路”的态度：调整与发展（2013—2023年）

马来西亚作为东盟率先参与共建“一带一路”倡议的国家，起初对于共建“一带一路”倡议抱持强烈看好与热情态度，但是这种高度积极与热情的态度并未持续很长时间。随着纳吉布由于“一马公司”（1MDB）事件被控涉嫌贪污与腐败，2018年马哈蒂尔击败了纳吉布成为新任总理，他执政后改变了纳吉布时期对待共建“一带一路”倡议的政策，马来西亚与中国围绕共建“一带一路”倡议的相关合作经历了一些波折。新冠疫情和马来西亚“喜来登政变”[1]更进一步扰乱了马来西亚参与共建“一带一路”倡议的节奏。随着2022年马来西亚第15届全国大选的结束，安瓦尔上台执政，马来西亚对待共建“一带一路”倡议的态度发生了新的调整。可见，马来西亚自参与共建“一带一路”倡议后随着国内政府的先后更迭，在对待共建“一带一路”倡议的态度与策略上发生了不同程度的变化与调整。

（一）纳吉布时期对“一带一路”的态度：积极响应并参与

近年来中国与美国的竞争不断加剧，并逐渐转向以经济领域为主，尤其在以芯片为代表的半导体领域的竞争变得更加尖锐，这在相当程度上压缩了马来西亚的战略选择空间。尽管中国提出共建“一带一路”倡议的目的是将自身的发展成果分享给世界，为全球各国提供平等互惠的公共产品以促进构建人类命运共同体，然而这样的举动则被美国视为挑战其在全球经济体系中的主导地位，所以共建“一带一路”倡议在美国等部分西方国家中引起了强烈的反对与不满，甚至被部分西方国家污名化。马来西亚作为一个典型外向型经济体，尽管与中美等大国都存在过不同程度的摩擦，但是仍然把经济发展作为对外政策的第一目标，以实现经济利益最大化作为其宗旨。[2]当2013年中国国家主席习近平提出共建“一带一路”倡议后，马来西亚率先加入，因为共建“一带一路”倡议将可能为马来西亚长期停滞不前的经济注入一针强心剂，共建“一带一路”倡议所提供的充足资金与技术有望在一定

[1]《回顾“喜来登政变”事件》，https://liewchintong.com/zh-hans/2021/03/21/%E5%9B%9E%E9%A1%BE%E5%96%9C%E6%9D%A5%E7%99%BB%E6%94%BF%E5%8F%98%E4%BA%8B%E4%BB%B6/。

[2] K. F. Chin，“Malaysia's Perception and Strategy Toward China's BRI Expansion: Continuity or Change”，*The Chinese Economy*，Vol. 54，No. 1，2021，pp. 9-19.

程度上改善马来西亚的经济基础状况，有效促进马来西亚的经济发展。基于共建“一带一路”倡议所提供的重大经济机遇，马来西亚对此持积极热情的态度，寄希望于共建“一带一路”倡议能够有效沟通同中国的经济关系，拓展两国经贸领域的合作范围。纳吉布本人表示，“马来西亚必须利用好‘一带一路’倡议，这项倡议有潜力创造全球最大的经济合作平台”。[1] 由此可见纳吉布对于共建“一带一路”倡议的高度评价与赞赏，并将它视为可以引领马来西亚走向繁荣发展的重要机遇。而在纳吉布的领导下，马来西亚在2013年后陆续评估和审议了参与共建“一带一路”倡议的相关文件，并以正式文件的形式确定了与中国在共建“一带一路”倡议相关领域的合作。纳吉布时期中马两国共建“一带一路”倡议合作主要集中于房地产、基础设施建设和公共交通等领域，而公共交通和基础设施建设则是两国合作的重点项目，这是因为马来西亚国内的基础设施建设相对不完善和不健全，一些落后地区缺乏完善的基础设施，影响到了马来西亚经济的对外发展。两国合作共建的重点建设项目包括大马城、森林城市、东海岸铁路和马中关丹工业园及港口等，如表7所示。

表7　中马两国主要合作项目（包括共建“一带一路”期间签订）

项目	价值	投资方	项目发起时间
马六甲门户	410亿令吉 （约合97亿美元）	马来西亚：KAJ Development（私人）、马六甲州政府 中国：深圳盐田港集团（2015年新增）、中国电建国际（2016年新增）、日照港集团（2017年新增）	2009年

〔1〕《马来西亚总理：必须抓住“一带一路”机遇以实现自身发展》，https://www.yidaiyilu.gov.cn/p/46231.html。

续表

项目	价值	投资方	项目发起时间
马中关丹工业园及港口	65 亿令吉（约合 15.3 亿美元）	马来西亚（51%）：Kuantan Pahang Holding 中国（49%）：广西北部湾东盟投资有限公司	2013 年
大马城	2000 亿令吉（约合 470 亿美元）	马来西亚：Iskandar Waterfront Holdings-Credence Resources（私人）与柔佛州政府投资部门的合资企业 中国：中国中铁	2015 年
森林城市	2470 亿令吉（约合 580 亿美元）	马来西亚（40%）：Esplanade Danga 88 Pty Ltd（柔佛苏丹拥有 64.4%，柔佛州政府投资机构拥有 20%） 中国（60%）：碧桂园	2015 年
金马士—新山复线铁路	89 亿令吉（约合 21 亿美元）	马来西亚（30%）：SIPP，与柔佛苏丹有联系的公司 中国（70%）：中国铁建、中国中铁、中国交建	2016 年
跨沙巴天然气管道/多产品管道	85.9 亿令吉（约合 20.2 亿美元）	中国（100%）：中国石油天然气管道局工程有限公司	2016 年
东海岸铁路（ECRL）	550 亿令吉（约合 130 亿美元）	马来西亚（30%） 中国（70%）：中国交建	2016 年

资料来源：https://www.chathamhouse.org/2020/08/debunking-myth-debt-trap-diplomacy/5-malaysia-and-bri。

纳吉布之所以对共建“一带一路”倡议表现出如此积极支持的态度，是因为实用主义思想在马来西亚外交政策实践中有着深远影响。实用主义最初的实践者是马来西亚历史上最重要的领导人之一——马哈蒂尔。马哈蒂尔强烈地倡导亚洲价值观，希望将马来西亚建设成为一个富强的现代化国家，并在世界舞台上具有重要的影响力。在对外交往中，实用主义成为他本人的重要价值观。马哈蒂尔认为，马来西亚作为一个小国，在复杂的国际局势中要妥善处理好与世界大国间的关系和矛盾，竭力维护马来西亚的国家安全与利益不受侵犯，而实用主义则可以帮助马来西亚在与周边国家乃至与大国的关系中如鱼得水。实用主义强调国家在对外交往的过程中，以获得实际的利益为根本目的，与他国的政治矛盾或摩擦可以在一定程度上搁置，注重国家在对外关系中的实际发展。由此，在实用主义的影响下马来西亚形成了务实主义外交。

在纳吉布的执政时期内，中国跃居为世界第二大经济体，在世界舞台上的影响力与日俱增。伴随着中国国力的增强，纳吉布也无法忽视与中国经济合作对马来西亚经济发展的重要性，马来西亚也可以借助共建“一带一路”倡议来推动自身的经济发展。此外当时马来西亚经济发展面临的困境也是纳吉布决定参与共建“一带一路”倡议的因素之一。马来西亚尽管在马哈蒂尔第一次总理任期内实现了经济的快速发展，但在巴达维和纳吉布执政后，经济发展缺乏长期增长的动力，尤其是在 2008 年美国次贷危机的影响下，马来西亚的经济发展遭受了沉重打击，进入了疲软期。而其国内缺乏促进经济发展的增长点，海外对马来西亚的投资又不够充足，所以马来西亚的经济发展在当时陷入了停滞状态。中国提出的共建“一带一路”倡议为纳吉布提供了一条重振国内经济发展的有效渠道，他希望借助与中国的务实合作获得来自中国企业的投资支持，以此来解决马来西亚在基础设施建设方面资金不足的问题，并为马来西亚人民提供更多的直接就业机会。于是，共建“一带一路”倡议成为沟通中马务实合作的重要纽带。[1]

总之，纳吉布执政时期对参与共建“一带一路”倡议表现出了高度热情与大力支持，纳吉布也凭借着务实主义外交赢得了来自中国合作伙伴的信任，共建“一带一路”倡议促进了双方的互利共赢。然而，纳吉布任期内对共建“一带一路”倡议的积极态度与热情支持并没有赢得国内政治精英的认可，反而被他们认为是在处理与大国的关系时过于亲华，影响了马来西亚在对外交往时的不站队立场[2]，加之纳吉布本人被控涉嫌贪污腐败等，导致了他在2018年国内大选时被迫下台，这也为后来中马在共建“一带一路”倡议合作上的波折埋下了伏笔。

（二）2018—2022年马来西亚对“一带一路”的态度：谨慎而保守

尽管纳吉布积极推动共建“一带一路”倡议在马来西亚持续发展，但是由于被指控涉嫌贪污腐败，他在2018年马来西亚全国第14届大选中失去了民众的信任以及本土政治精英的支持，他所领导的国民阵线也在该届大选中败给了马哈蒂尔领导的希望联盟，国民阵线也因此终结了连续60年的执政地位，马哈蒂尔则成功开启了他的第二次总理任期。伴随着马来西亚国内政府的更迭，马来西亚参与共建“一带一路”倡议的态度与政策也发生了新的调整与改变。这种态度的变化来源于新任总理马哈蒂尔。马哈蒂尔在对待与中国的经济合作和共建“一带一路”倡议时，不再延续其第一次任期时的积

---

〔1〕 F. Loh, “BRI and Spike in Chinese Investments in Malaysia: What Are the Implications for Malaysia's Politics and Sovereignty”, https://d1wqtxts1xzle7.cloudfront.net/54672078/BRI_and_spike_in_Chinese_investments_in_Malaysia-libre.pdf?1507602640=&response-content-disposition=inline%3B+filename%3DBRI_and_spike_in_Chinese_investments_in.pdf&Expires=1710728952&Signature=ArfZn-RoChszxFHYBQSYM-LQYyJjxNQA-ySY81qeBaeWZ9Cs~XwaOchaVgOWyzKal5W3zu0vXUGof0wCorpikNsrQBSpq7Q-dcAW8Rz4-Ygake5xJyqUghafu~6sO3RLMWMvbkrkvjif1w6qbMbPVGMBGqN9py0KZjuMOOxOsow-fpfa3o3b0cUUNrMxbskxWJ2vIuRTzWyvNtt2lfckawzIuh1IxQ5llfFFDN-kTRfFrwEvwdKKVWIcTeQruFicTgb~UK7xHLkIzyFtabIoAPgv1ExtIfklg4RosAVp0hq6ZkBpgXK5hA-v76PT6oOvgUPRQLOdQP9UvxBM oMjd-pQ__&Key-Pair-Id=APKAJLOHF5GGSLRBV4ZA.

〔2〕 H. Yu, “China's Belt and Road Initiative and Its Implications for Southeast Asia”, *Asia Policy*, Vol. 24, No. 1, 2017, pp. 117-122.

极态度而是变得更加谨慎与猜疑。纳吉布在推进与中国共建“一带一路”过程中被本土的政治精英认为是出卖了马来西亚的国家利益以换取中国企业对其的金钱贿赂[1]，因此国内的政治精英要求马哈蒂尔及其政府务必重新审查纳吉布时期与中国企业所签订的种种合作项目以检查马来西亚的经济利益是否在与中国的合作中受到了损害。而伴随着这种声音在马来西亚国内的愈发高涨，马哈蒂尔不得不开始采取必要措施，因此，中马两国的一些合作项目被迫暂停，两国的经济关系发展也出现了信任赤字。例如东海岸铁路项目及两条造价超过 10 亿美元的管道项目被马方叫停。[2] 东海岸铁路项目是马来西亚与中国在共建“一带一路”倡议框架下的最重要的合作项目之一，它的被迫暂停也折射出马来西亚政府对中国的共建“一带一路”倡议存在一定顾虑，致使其态度和做法变得更为谨慎与保守。[3] 马方暂停东海岸铁路项目除了基于国家利益安全的考量外，还有一个重要因素是马来西亚认为东海岸铁路项目的建造资金投入过高，马来西亚无法负担起如此高昂的建造成本。相关资料显示，东海岸铁路项目的主要建设预算超过了 670 亿林吉特（约合 1109 亿元人民币），马来西亚在纳吉布时期就面临着国内公共财政预算不足的难题，而在马哈蒂尔上台后，这种困境变得更为突出与尖锐，尤其是当时马来西亚的国家负债严重，据估计已经超过了 1 万亿林吉特。[4] 所以，马哈蒂尔认为继续与中国的东海岸铁路项目将加剧马来西亚政府的债务负担。马来西亚此时期内在参与共建“一带一路”倡议态度上转变的原因主要有三点。其一，马哈蒂尔本人对华态度的转变。对马哈蒂尔本人来说，前

---

〔1〕 AML Rightsource, “Why China ’ s Belt Road Initiative Faces Overwhelming Odds in Its Fight Against Corruption”, https://www. amlrightsource. com/news/why-chinas-belt-road-initiative-faces-overwhelming-odds-in-its-fight-against-corruption/.

〔2〕《马来西亚叫停中国参与的三个项目》, https://www. chinca. org/cica/info/18070610090611。

〔3〕《马来西亚被叫停中资项目前景仍可期，在马中企需更“接地气”》, https://m. thepaper. cn/kuaibao_detail. jsp? contid=2276698&from=kuaibao。

〔4〕《马来西亚财长：政府债务远高于前政府披露水平，达 GDP 八成》, https://m. thepaper. cn/news Destuil_forward_2151770? hotComm=tree。

总理纳吉布在与中国的经济合作中被指控涉嫌贪污腐败，大大影响了马来西亚领导人在国民中的形象与地位，让马来西亚国家形象受损。尤其是马哈蒂尔认为马中经贸合作的内容存在不透明与不公正的内容，损害了马来西亚的经济利益，他希望马中的经济合作能够更加符合马来西亚的国家利益要求与期待。[1] 其二，希望平息联盟内部政治精英的不满。马哈蒂尔上台后，其领导的希望联盟也接替国民阵线成为国家的执政联盟。希望联盟长期在对待与中国经济合作上与国民阵线持相反观点，认为与中国的经济合作将会对马来西亚的国家安全造成严重威胁，尤其是中国资本大量流入马来西亚国内，不仅会垄断其国内市场，还会压缩本土中小企业的发展空间，更会让马来西亚掉入中国的“债务陷阱”中。[2] 领导人与政治精英的利益诉求在此时合二为一，形成了一股强大的推力，促使马来西亚对华经济合作变得更为保守与谨慎，寻求减少对中国的经济依赖。基于此种情况，马哈蒂尔开始寻求在部分经济领域中对中国进行替代，美国则成为马来西亚的优先合作对象。其三，美国在东南亚地区与中国竞争加剧。拜登上台后，为了遏制中国在东南亚地区影响力的日益扩散，强化了“印太战略”在东南亚地区的实施，尤其在经济领域出台相应政策以拉拢马来西亚等东南亚国家，加强对其的经济吸引力。

在马哈蒂尔执政期间，马来西亚改变了纳吉布执政时期参与共建“一带一路”倡议的态度，从热情支持变得保守与审慎，但从根本上说马来西亚仍然坚持着务实主义的对华政策。[3] 不过，这种政策的焦点出现了变化，纳吉布执政时期更多是借助与中国的经济合作来促进马来西亚的经济发展，而

[1] R. Moorthy, “Introduction to the Special Issue–Malaysia’s Policies Toward East Asia During Dr. Mahathir Mohamad’s Second Premiership”, *Issues and Studies*, Vol. 58, No. 2, 2022, pp. 1–6.

[2] S. Moser, “Forest City, Malaysia, and Chinese Expansionism”, *Urban Geography*, Vol. 39, No. 6, 2018, pp. 935–943.

[3] K. F. Chin, “Malaysia in Changing Geopolitical Economy: Navigating Great Power Competition Between China and the United States”, *The Chinese Economy*, Vol. 56, No. 4, 2022, pp. 321–329.

马哈蒂尔执政时期的则聚焦于维护马来西亚国内经济安全与利益，坚持促进经济发展必须要以此为前提。[1]

马哈蒂尔任内的一些政策调整增加了中马两国共建“一带一路”的不确定性，然而马哈蒂尔辞职后，这种不确定性来源于马来西亚政坛持续的政治危机。由于希望联盟与国民阵线围绕执政地位互相斗争，马来西亚在短短三年时间里先后经历了三届不同的政府，从而引发了国内政坛持续不断的政治波动，严重冲击了马来西亚国内经济的发展与社会的稳定。2020 年 2 月 24 日，马哈蒂尔宣布辞去总理一职，而后由国民联盟的穆希丁上台执政。穆希丁执政后不久，国民联盟本可以采取有力措施稳定国内的政治波动，然而新冠疫情在全球的暴发与蔓延更进一步加深了马来西亚国内的政治不稳定，并严重地冲击了全球各国的经济联系与互动，尤其是马来西亚这种长期依靠对外合作来推动经济发展的外向型经济体，受到的影响则更为严重。马来西亚国内经济萎靡不振、失业率上升、确诊人数不断增多都成为穆希丁政府亟须解决的各种问题。马来西亚与中国共建“一带一路”的合作自然也受到了波及与影响，尤其是在一些重大基础设施与公共交通建设项目上，疫情阻碍了两国人员流动，导致原有的建设计划被迫停止，大大影响了工程的进度。[2]面对这种内外交困的局面，穆希丁政府却无力采取有效措施遏制疫情的蔓延和重振经济的发展，这引起了在野党和国内民众的不满与抗议。2021 年 8 月 16 日，由于仍然无法得到国内大多数议员的支持，穆希丁最终宣布辞去总理一职，而由国民阵线的伊斯迈尔·沙必里担任新任总理。然而国内政治危机依然持续发酵，马来西亚国内的政治矛盾仍然非常尖锐，在野党频繁就经济复苏与发展和疫情等话题与执政党展开辩论与斗争，伊斯迈尔政府陷入到了

---

〔1〕 K. F. Chin, “Malaysia’s Perception and Strategy Toward China’s BRI Expansion: Continuity or Change”, *The Chinese Economy*, Vol. 54, No. 1, 2021, pp. 9-19.

〔2〕 C. B. Ngeow, “Malaysia and the Belt and Road Initiative: Maritime, Rail, and Digital Connectivity”, in Joseph Chinyong Liow, eds. *Research Handbook on the Belt and Road Initiative*, London: Edward Elgar Publishing, 2021, pp. 151-161.

国内的政治困境之中。其在执政后的一年后即2022年10月宣布解散马来西亚全国议会，自己也宣布辞去总理一职，并举行马来西亚全国第15届大选以选出新任领导人及政府，而困扰了马来西亚近3年的政治危机也就此宣告结束，马来西亚进入了一个新的发展时期。

2018—2022年，中马共建“一带一路”进入了一个波折阶段，受国内政府的连续更迭和外部疫情冲击的影响，马来西亚在对待“一带一路”倡议时不再充满热情与支持，而是变得更为谨慎与小心，尽管马来西亚领导人对共建“一带一路”倡议仍然给予了高度的关注与重视，但是马哈蒂尔时期的项目暂停与重新审查却不得不让人怀疑马来西亚在对待与中国共建“一带一路”合作时的积极性与诚意。[1] 而从本质上讲，马来西亚仍然采取务实主义的对华经济政策，但是在发展与中国经济关系的具体形式上进行了一定程度的调整，要求共建“一带一路”倡议下的合作更加符合马来西亚自身的利益需求和保障马来西亚的国家安全利益。对于马哈蒂尔等几位领导人来说，与中国开展经济合作必须建立在维护马来西亚国家安全与利益的基础上，所以马来西亚必须要对共建“一带一路”合作项目进行新的调整以更好地适应马来西亚国内政局的发展。[2]

（三）安瓦尔·易卜拉欣时期对“一带一路”的态度：客观且务实

随着2022年年底马来西亚第15届大选的结束，安瓦尔·易卜拉欣成为马来西亚新任总理并且领导着全新的联合政府上台执政。作为新任总理的他仍面临着许多严峻的挑战，包括发展疲软的国内经济、不稳定的政治环境和日益分裂的种族问题，而如何重振马来西亚的经济、恢复增长则是其中一个最为重要的问题，中国的共建“一带一路”倡议则是带动和促进马来西亚经

---

〔1〕 李明江、李倩如：《“一带一路”倡议在东南亚的进程与展望》，载《边界与海洋研究》，2019年第4期，第78页。

〔2〕 “Malaysia Agrees to Expand, Strengthen Key BRI Projects”, https://news.cgtn.com/news/2022-07-12/Wang-Yi-China-encourages-enterprises-to-invest-in-Malaysia--1bBYenNkAP6/index.html.

济恢复与发展的一项重要机遇。所以，安瓦尔在上台后表达了对与中国经济合作的高度关注，他在接受采访时表示马来西亚与中国并没有激烈的矛盾冲突，尽管双方存在一定的分歧，但是马来西亚总体仍然希望能够与中国成为好朋友。〔1〕而共建“一带一路”倡议则是促进两国在后疫情时代重新沟通与互动的重要纽带，尽管前任政府表达了对共建“一带一路”倡议的强烈担忧和紧张，甚至暂停了部分合作项目，但是在安瓦尔看来，一时的关系紧张与波动并不能代表着两国关系的恶化，任何国家间都可能存在着关系紧张的时刻，而关键则在于采取怎样的措施去协调两国间的分歧并促成两国间的友好合作与互动。从安瓦尔接受采访的一些言论可以看出，他仍将会秉持着马来西亚的务实主义外交政策，将与中国发展经济合作作为对华经济政策的核心，尤其是围绕共建“一带一路”倡议，充分利用现有各种有利政策，同时在区域全面经济伙伴关系协定（RCEP）的推动下实现两国间更为紧密的联系与互动，并为最终实现两国的互利共赢与协调发展而不断努力。〔2〕虽然对于安瓦尔来说，马来西亚的国家经济恢复急需中国的参与与支持，也离不开共建“一带一路”倡议，但是马来西亚也并非完全站边于中国，而是推动基于经济利益的两国合作。安瓦尔在对待中国的共建“一带一路”倡议时是相对客观的，他认为与中国在经济合作方面所建立起的坚实基础将有助于推动马来西亚的经济发展。同时也认为马来西亚需要夯实和发展与其他国家的经济关系，发展多维的对外经济关系才是马来西亚在经济发展方面所要长期追求的目标。〔3〕因此，马来西亚也积极保持与美国的经贸往来与合作，并

---

〔1〕《马来西亚新总理：中国“至关重要”，将加强马中关系而不仅保持现状》，https://baijiahao.baidu.com/s? id=1750457984876504170&wfr=spider&for=pc。

〔2〕 Riyaz Khaliq，“Anwar Ibrahim Advocates ‘Neutral’ Malaysia amid Great Power Rivalry in Asia-Pacific”，https://www.aa.com.tr/en/asia-pacific/anwar-ibrahim-advocates-neutral-malaysia-amid-great-power-rivalry-in-asia-pacific/2645166#.

〔3〕 P. B. Rana and X. Ji，“China's Belt and Road Initiative: Introduction and Overview”，in Pradumna B. Rana, Xianbai Ji, eds. *China's Belt and Road Initiative: Impacts on Asia and Policy Agenda*, Singapore: Palgrave Macmillan Press, 2020, pp. 93-111.

在2022年和2023年先后参与了美国组织的美国-东盟特别峰会和“印太经济框架”（IPEF），这都表明了马来西亚以发展广泛的经济关系为目标，并充分利用多边机制与平台为马来西亚带来更多元化的发展机遇与更大的发展空间。因此，安瓦尔政府在未来相当长一段时间内将把参与共建“一带一路”倡议作为发展对华经济关系的重点，并充分利用共建“一带一路”合作项目拓宽与中国经济合作的广度与深度，为马来西亚的经济发展提供持久与稳定的动力。[1] 表8总结了2013年以来马来西亚5届政府对待共建“一带一路”倡议的政策及其影响。

表8 2013年至今马来西亚不同政府对待共建“一带一路”倡议的政策比较

政府	政策取向	政策特点	对中马共建“一带一路”的影响
纳吉布政府（2013—2018年）	务实主义政策	高度热情与积极支持；浓厚的兴趣，希望借助共建“一带一路”倡议来推动马来西亚经济发展	与中国签订了共建“一带一路”倡议的相关合作协议，马来西亚也正式成为共建“一带一路”国家，共建“一带一路”合作项目在马来西亚实现了快速发展
马哈蒂尔政府（2018—2020年）	务实主义政策下的硬对冲	相对谨慎而保守；强调共建“一带一路”的平等、公开与透明，以维护马来西亚的国家利益与安全为核心	共建“一带一路”倡议的部分合作项目被迫暂停与接受审查

[1] 《马来西亚外交部长冀马中加强交通领域合作》，https://www.sohu.com/a/618047439_123753。

续表

政府	政策取向	政策特点	对中马共建“一带一路”的影响
穆希丁政府（2020—2021年）	务实主义政策下的软对冲	强调参与共建“一带一路”倡议的必要性与重要性，但在加深合作方面并未采取有力措施	受到“喜来登政变”和新冠疫情影响，共建“一带一路”倡议合作整体进展缓慢且发展空间受限
伊斯迈尔政府（2021—2022年）	务实主义政策下的软对冲	重视共建“一带一路”倡议促进马来西亚经济发展的重要性；采取了一定措施巩固与加强中马两国的合作与沟通	重启了部分项目，并就一些项目达成了新的共识
安瓦尔政府（2022—今）	务实主义政策	展示了一定的支持与热情，但保持谨慎与客观	仍将推动共建“一带一路”，但具体表现仍然需要观察

资料来源：作者自制。

三、内外复杂因素影响下的马来西亚对华经济策略

从纳吉布政府到如今的安瓦尔政府，共建“一带一路”倡议在马来西亚的发展历程也折射出相关合作伙伴的应对策略与合作态度的动态发展，受到了来自其国内外复杂因素的共同影响。这些综合性因素包括领导人特质、国内政治精英、国家利益和大国博弈等，在它们的共同作用下，马来西亚政府决定着采取怎样的态度与策略来对待共建“一带一路”倡议和与中国的经济合作，而它们的互动关系与影响过程如图7所示。

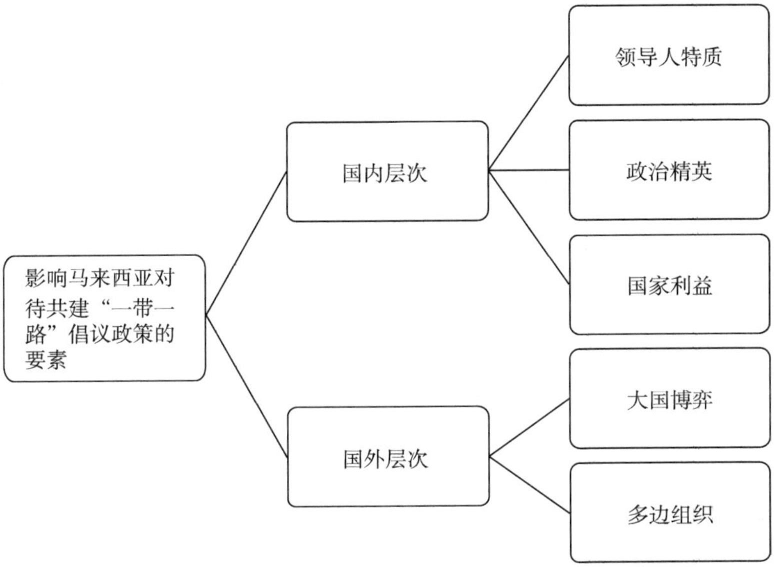

图 7　影响马来西亚对待共建“一带一路”倡议政策的要素

资料来源：作者自制。

马来西亚在发展与中国经济关系的过程中，一般受到了来自国内与国外双层次的影响。首先是国内层次，包括领导人特质、政治精英和国家利益等。领导人特质在某种程度上并非起决定性的作用，而是作为关键的推动与影响因素。在国际政治中，政治领导人的性格与气质往往在制定一个国家的对外政策时会起到关键性的作用。因为不同的领导人的自身性格特点会影响一个国家的对外关系模式，并且领导人可以凭借自身的政治能力去处理国内外的各种纷争进而赢得来自民众的信任与支持，从而连任或者得到更多政治角逐的资本，这一现象在资本主义的政治选举中颇为常见。对于马来西亚来说，政治领导人也在一定程度上需要赢得民众的支持并提高自己的政治声望，而获得支持的关键就在于给民众带来实际的利益。所以纳吉布在其任期内面临着信任危机，尤其是在“一马公司”事件下，他被控涉嫌贪污，这对其本人的政治形象与声望都是严重的打击，他需要借助特定事件转移国内政治的焦点并重新塑造自身的正面形象，而参与共建“一带一路”倡议则为其提供了一个新的契机。而后从马哈蒂尔到如今的安瓦尔，都存在着政治基础薄弱的问题，而充分利用参与共建“一带一路”倡议并给广大的民众带来普适性的利益，成为他们提高自身政治声望的关键所在。所以马来西亚不同政治领导人会基于自身的性格特点与政治需求来采取特定的方式去开展和推动与中国共建“一带一路”倡议。决定对共建“一带一路”倡议态度更关键的原因则在于政治精英与国内利益的综合影响。〔1〕

政治精英，一般指作为政治共同体中最重要的一部分，往往接受过高等教育与知识熏陶，有着特定的政治观点与文化，在决定国家的各项政策时起着重要作用。而在马来西亚同样存在着特征鲜明的政治精英团体，他们作为有着特定利益需求的政治角色，通过各种方式影响政府或者国家，以求实现他们的政治目标。而围绕着共建“一带一路”倡议，马来西亚不同政治精英的看法与观点不尽相同。以巫统为主要核心的国民阵线更多认为共建“一带一路”倡议将会给马来西亚带来相当程度的发展空间与利益，秉持着普遍乐观与支持的态度。所以在国民阵线执政期间，马来西亚与中国围绕着共建“一带一路”倡议的各种合作能够得以顺利地开展与落实，尤其是马来西亚华人公会（以下简称马华公会）凭借着与中国在文化上的密切联系也积极推动两国友好合作。但是，希望联盟秉持着与国民阵线完全相反的观点，他们认为共建“一带一路”倡议并非一个友好与公开的互动平台，而是中国为自身牟利的一种“有效工具”。〔2〕尤其是希望联盟认为大量的中资企业进入马来西亚不仅没有为马来西亚带来许多新的就业机会，反而雇佣了相当部分的中国工人，并没有解决本地人就业困难的问题。〔3〕加之纳吉布被控涉嫌贪

---

〔1〕 Miao Zhang,“Beyond Infrastructure: Re-Thinking China's Foreign Direct Investment in Malaysia”, *The Pacific Review*, Vol. 34, No. 6, 2021, pp. 1054-1078.

〔2〕《马来西亚朝野对“一带一路”为何态度迥异》, https://www.sohu.com/a/141625772_619333。

〔3〕 史田一:《中马“一带一路”合作项目的进展和问题》,载《战略决策研究》,2020 年第 3 期,第 15 页。

污，本土的马来族民众和政治精英开始质疑巫统和国民阵线的执政透明度，怀疑其损害了马来西亚的相关利益。所以反对派的政治精英大力鼓动本土民众，对共建“一带一路”合作项目建设提出了许多批评与质疑，而在政治精英的集体动员下，希望联盟在2018年顺利成为执政党。新政府上台后对共建“一带一路”倡议持谨慎和保守态度，而相当一部分共建“一带一路”合作项目也因此暂时停止。

在与中国共建“一带一路”过程中，维护马来西亚的国家利益的重要性和必要性也越发凸显。国家利益指能够满足国家以生存发展为基础的各方面需要，并在这个基础上为国家带来好处的事物。不同的国家有着不同的国家利益，而同一国家在不同的发展时期里，国家利益也是不尽相同的。国家实现国家利益的方式也是多方面的，包括硬实力与软实力的交互使用。国家也需要维护国家利益不受外来的侵犯与损害，因为国家利益是根本利益。而共建“一带一路”倡议在不同时期里对于马来西亚的利益含义不同，不同的利益界定也影响着马来西亚政府对待共建“一带一路”倡议的不同态度。纳吉布时期的国家利益更多地表现为借助共建“一带一路”倡议来促进马来西亚的经济快速发展，马哈蒂尔时期的国家利益则要求捍卫马来西亚国家安全不受侵犯，保证本土企业和人民必要的经济发展空间。[1] 马来西亚不同群体的政治精英同样也在不同时期代表着国家利益诉求，以巫统和马华公会为主的国民阵线希望与中国发展更为紧密的经济合作关系，以实现马来西亚的经济发展与进步，但巫统长期在贪污问题上治理不力导致大量本土马来政治精英转而支持希望联盟。政治精英作为国家利益的代表要求政府务必采取措施维护和实现国家利益，所以马来西亚在共建“一带一路”倡议上的态度也呈

〔1〕“Ideas: Monitoring the Belt and Road Initiative”, https://www.theedgemarkets.com/article/ideas-monitoring-belt-and-road-initiative.

现出不同的变化与发展。[1]

除在国内层次上的影响因素外，国外层次上大国博弈和多边组织也是影响马来西亚参与共建“一带一路”倡议的重要因素。大国博弈主要指当下国际政治中大国间的紧张关系与冲突对马来西亚等国家的影响。对于马来西亚而言，中美竞争日益加剧，压缩了其外交政策空间，马来西亚并不愿意成为中美竞争的牺牲品或者博弈场，而是希望在这种大国博弈的背景下保持独立与一定的主动性。所以，马来西亚采用了一种平衡的方式来巧妙维护与中美等大国间的关系，这种方式即是对冲战略。对冲战略也被视为平衡外交的一种具体手段，主要指中小国家以一种等距离外交的思路，发展同大国间的双向互动，并不直接选边站队，而是通过与大国间的不同互动来相互对冲，借以抵消大国竞争对中小国家的影响。[2] 马来西亚以对冲战略来对待共建“一带一路”倡议，是因为马来西亚理性地认知到其发展离不开共建“一带一路”倡议，但同时发展与美国的互动也是必要的，所以它也积极参与美国的“印太经济框架”。这表明马来西亚无意在大国博弈中选边站队，而是基于经济利益希望同中美两个大国同时发展各种友好关系和务实合作，因此马来西亚必须调整对待共建“一带一路”倡议的具体政策措施以更好地适应大国博弈的环境变化与发展。以东盟为代表的多边组织，也是马来西亚的重要外交方向。如前所述，大国间的对抗对于小国来说是难以承受的，基于小国的国家能力局限，小国无力单独对抗外部大国的激烈竞争，所以它需要借助一个共同体来减少大国间对抗对于单一小国的冲击。马来西亚依靠着东盟这

〔1〕 C. C. Kuik, “A Tempting Torch? Malaysia Embraces (and Leverages on) BRI Despite Domestic Discontent”, *Asian Politics & Policy*, Vol. 9, No. 4, 2017, pp. 652-654.

〔2〕 K. Cheng-Chwee, “The Essence of Hedging: Malaysia and Singapore's Response to a Rising China”, *Contemporary Southeast Asia: A Journal of International and Strategic Affairs*, Vol. 30, No. 2, 2008, pp. 159-185.

个多边组织来应对和处理与中美间的冲突与摩擦。[1] 东盟倡导不结盟与中立原则，也与马来西亚的对外政策取向一致。中国是与马来西亚和其他东盟国家都有着频繁贸易联系的国家，马来西亚需要重视发展与中国的各种合作，因此其高度关注共建“一带一路”倡议。东盟是由多个主权国家组成的地区组织，东盟的集体利益是重要的，但并不能超越每个成员国的国家利益，所以共建“一带一路”倡议在东盟经济发展过程中的重要性驱使着马来西亚重视与中国共建“一带一路”倡议框架下的各项合作，但是马来西亚也会根据自身的特点与利益诉求，来调整与中国共建“一带一路”的具体合作形式与政策措施。[2]

总而言之，影响马来西亚参与共建“一带一路”倡议的因素是多方面的，而其中最重要的则是国内层次的政治精英和国家利益，以及国外层次的大国博弈。马来西亚政府根据特定时期的国家利益诉求与国内政治精英互动，调整对共建“一带一路”倡议的具体应对策略以更好地适应马来西亚国内的需求与发展。

四、安瓦尔政府任期内“一带一路”合作的突破与重构

截至2023年，中国已经连续14年成为马来西亚最大贸易伙伴，双边贸易往来密切。仅在2021年，中马贸易额就达1768亿美元，同比增长34.5%，增速快于中国与其他东盟国家贸易的平均增速。2022年，中马贸易额进一步突破了2000亿美元大关，达到了2036亿美元，中马经济朝着稳定与繁荣的方向不断发展。除了在经济上的频繁交流外，马来西亚也是除中国以外保留

〔1〕 C. C. Kuik, “Malaysia’s Fluctuating Engagement with China’s Belt and Road Initiative: Leveraging Asymmetry, Legitimizing Authority”, *Asian Perspective*, Vol. 45, No. 2, 2021, pp. 421–444.

〔2〕 张赛群：《马来西亚“一带一路”差异化认同：原因、风险及启示》，载《国外社会科学》，2018年第4期，第29页。

中文教育与中华文化传统最为完整的国家，与中国在文化上的亲密联系也加深了两国间的信任。随着中国逐步调整新冠疫情常态化管理措施，马来西亚成为颇受中国游客青睐的旅游国家，大量的中国游客前往马来西亚游玩，为促进当地旅游业的蓬勃发展做出了巨大贡献。随着安瓦尔政府的上台，中国也需要采取新的举措与安瓦尔政府保持充分的交流与互动，以便更好地为中马关系的繁荣发展打下扎实的基础。[1]

（一）继续拓宽经济的合作空间，围绕区域全面经济伙伴关系协定平台打造更坚实的合作基础

随着安瓦尔政府的上台，马来西亚进入了一个崭新的发展时期。在新时期里，中国作为马来西亚最重要的贸易伙伴之一，可以进一步采取更为积极的措施推动两国在经贸上的密切联系与互动，尤其是依靠区域全面经济伙伴关系协定平台夯实并加强双方的合作基础，充分利用区域全面经济伙伴关系协定所带来的零关税和贸易便利化等机遇，更好地促进两国贸易的往来与沟通。同时，中国也应进一步深化与马来西亚共建“一带一路”，在公共交通、基础设施建设和新能源等多个领域展开更大规模的合作与互动，尤其是双方要继续大力推动在共建“一带一路”倡议框架下的各种合作项目并在此基础上继续磋商和达成新一轮合作协议。中国也应当鼓励更多的企业“走出去”，到马来西亚进行投资与建设，让马来西亚人民感受到中国企业的务实投资与友好合作，也让中国和平崛起的发展与机遇惠及马来西亚与更多发展中国家。

（二）减少政治分歧与摩擦，以务实交流与友好合作来加强在政治上的互信互通

尽管马来西亚与中国在经济上往来频繁，但双方仍然在南海等地区问题

〔1〕 Kong Tuan Yuen, “Belt and Road Initiative: A New Impetus to Strengthen China-Malaysia Relations”, *East Asian Policy*, Vol. 9. No. 2, 2017, pp. 5-14.

上存在一定分歧。为了应对和避免因政治分歧与摩擦导致的两国关系紧张，两国要继续坚持和平友好的外交政策，以热情与积极的态度赢得对方的信任与支持，巩固两国来之不易的合作成果与基础，并进一步开展多领域的互动与交往，如以元首外交增进两国间的互信与共识，在东南亚和全球重大问题上保持充分交流与协商，坚持以《联合国宪章》为解决国际重大问题的根本原则，倡导以和平对话与友好协商等方式来解决相应问题，以更好地维持国际政治的稳定与安全。而在南海问题上，各方都应积极落实《南海各方行为宣言》所达成的各项共识，并积极推动达成“南海行为准则”，以和平友好方式处理彼此间的分歧与矛盾，共同维护南海地区的和平与稳定。

（三）在教育旅游等人文领域开展更为广泛的合作，加强两国在文化上的联系与互动

近年来，大量中国留学生与游客前往马来西亚留学与游玩，在为当地带来了可观收入的同时也促进了马来西亚与中国在文化上的交流与互动。随着全球疫情的逐步缓解，中国与马来西亚的人文交流逐渐恢复，留学生与游客将成为推动两国文化交流的主力军。同时，由于马来西亚有着众多华人华侨，中国可以适当保持与马来西亚华人华侨的充分交流与互动，邀请马来西亚华人华侨回中国参观与访问，加强与他们在文化交流上的积极作用，为弘扬中华优秀传统文化而共同努力。

五、结论

随着共建“一带一路”倡议在马来西亚步入第 11 年，马来西亚与中国在经贸合作上的联系越来越紧密，双方开展了更为广泛与深层次的经济合作与互动，为实现两国互利共赢而不断努力。十余年里，马来西亚对待共建“一带一路”倡议的态度与政策也随着国内政府更迭而不断改变，以适应不同时期国家利益发展的需要。从最初的积极支持到现在的理性与谨慎相结合，马来西亚不断调整参与共建“一带一路”倡议的具体政策以实现国家利益最大化。随着安瓦尔政府的上台，共建“一带一路”倡议再次受到马来西亚的高度重视，中马两国将紧紧围绕共建“一带一路”倡议夯实已有合作基础，而共建“一带一路”倡议也将成为中马两国经贸合作的重要纽带，两国经济关系将朝着繁荣稳定的未来而不断前进。

政党认知、共识效应与冷战后的美国外交政策

郭新靓*

【内容提要】政党在国家外交政策决策中扮演重要角色，其认知与国家外交政策选择之间的关系尚未得到充分研究。政党针对某一议题形成的认知及其表述对政党共识的形成有直接影响，进而通过国家外交政策选择在相关领域引发战略或机制的变化。论文确立“政党共识是政党进行合作的前提”这一假设，构建了“政党认知-政党共识-外交政策转化”这一分析路径，引入“政党认知形成的来源”与“政党认知内容性质”两个关键变量。选取“9·11”恐怖袭击之后美国的外交政策、2017—2022年美国对华高新技术政策以及伊朗核问题三个案例进行检验，发现美国政党共识是经过美国政府过程运作而形成的程序共识，可以划分为“高度共识”“部分共识”和“共识赤字”三种情况，分别对应美国实施的“政党合作”“讨价还价”和“否决政治”三种类型的外交政策。研究政党共识的生成机制与政党共识对外交政策的影响机制，有助于梳理和寻找美国外交政策中的确定性和可预测性因素，并在民主党与共和党缺少共识或只存在部分共识的领域寻找对美外

* 郭新靓，南开大学周恩来政府管理学院国际关系专业博士研究生。

交的突破口。

【关键词】政党共识；政党认知；否决政治；美国政党制度；政治极化

一、引言

2008 年国际金融危机以来，美国宏观经济政策和全球政策的调整并没有解决失衡问题。茶党运动和“占领华尔街”运动作为失衡问题的延续，表明美国政治极化（Political Polarization）不断深化，社会民众与精英群体的分化呈协同态势。在赢得 2016 年美国大选后，唐纳德·特朗普（Donald Trump）将政党政治和冲突政治极端化、常态化、意识形态化。[1] 从白人警察暴力执法引发的“弗洛伊德之死”事件，到特朗普支持者暴力闯入国会大厦、反对拜登当选的“国会山骚乱”事件，当今美国政治极化不但没能得到缓和，反而有不断扩大和加深的趋势。政治极化，特别是政党极化带来的否决政治（Vetocracy）严重影响了美国对外政策的稳定性和延续性。

考察美国政党政治的发展，共和党和民主党并非总是高度分化，在不同历史时期、针对不同议题也出现过“超党派政治”（Extrapartisanship），[2] 使“政党政治止于水边”（Partisan Politics Stops at the Water's Edge）。[3] 虽然两党制下政党需要通过竞争获得执政地位，但两党能够实现不同程度的合作、进行协商或妥协意味着共识（Consensus）的存在。

〔1〕 王格非：《政治极化与政治冲突的“变质”：当前美国政治困境及其原因》，载《美国研究》，2022 年第 3 期，第 73 页。

〔2〕 “超党派政治”意味着外交政策独立于国内选举，国会议员的外交政策主张立足于个人判断，而非出自党员身份；行政部门是全体人民的代表，而非某位政党领导人的代表。行政部门与国会合作制定和执行外交政策，并将国家利益而非党派利益放在首位。参见 H. Bradford Westerfield, *Foreign Policy and Party Politics: Pearl Harbor to Korea*, New Heaven: Yale University Press, 1972, pp. 391-393。

〔3〕 1947 年，美国参议院外交委员会主席亚瑟·范登堡（Arthur Vandenberg）提出“政党政治止于水边”。他认为，美国民主党与共和党的斗争应止于美国国内，在外交事务上两党应保持一致。参见 United States Senate, “Arthur Vandenberg: A Featured Biography”, https://www.senate.gov/senators/FeaturedBios/Featured_Bio_Vandenberg.htm。

集体认知理论强调，集体是社群的集合，集体成员就共同知识主题进行互动讨论，并在此基础上实现集体的共同目标。政党共识从属于认知心理学中集体认知的范畴。政党能否达成共识、能够形成何种程度的共识会影响政党的政策和行动。形成共识是进行合作的基础，共识赤字则可能引发政党政策的分化。美国民主党与共和党的共识如何形成？政党共识或共识赤字对美国的外交政策有何影响？本文将从政党认知的视角出发，研究美国外交政策演变的集体认知基础。

二、既有研究综述

“政党认知”是政党政治研究与认知心理学交叉而生的概念。在外交政策决策的研究中，已经有部分学者超越传统的以国家为主要行为体的研究路径，关注国内行为体的作用，且在领导人认知心理等领域进行了较为翔实的研究。因此，本文将从政党政治与外交政策和认知、共识与外交政策两个方面对既有研究进行梳理。

（一）政党政治与外交政策

作为国内政治的自然延伸，政党对外交决策的影响主要由其国内政治角色塑造，其政策偏好通过国内制度和权力结构产生影响。[1]

关于党员身份与政府或议会精英。代议制政府在社会行为体联盟与国家政策之间扮演“传送带”的角色，但这一转化过程具有鲜明的政党色彩。[2]通过党员在政党和国家权力机构之间的运筹协调，政党政治目标得以在外交

〔1〕 温尧：《理解政党跨国交往：意愿、禀赋与形态选择》，载《世界经济与政治》，2022年第9期，第101—102页。

〔2〕 钟准：《把政党找回来——政党与对外政策》，载《世界经济与政治》，2019年第2期，第38页；Andrew Moravcsik, “Taking Preferences Seriously: A Liberal Theory of International Politics”, *International Organization*, Vol. 51, No. 4, 1997, p. 518。

领域实现:[1] 党员在行政机构和立法机构成员中所占的人数比例、是否掌控关键职位，对本党外交政策偏好能否转化为国家政策有着关键影响。

关于政党政治运作与行政-立法关系。通过对涉外法律或条约的签署、批准、修订等行为，政党得以在行政-立法关系中施加外交影响力。但不同国家政体设计中的行政-立法关系不同，政党施加影响的方式和强度也存在差异。对于总统制国家来说，如果一个政党控制总统职位，另一个政党控制议会一个议院或两个议院的多数席位，就会出现分立政府（Divided Government）。分立政府下的两党竞争通常以“府院之争”的形式呈现，外交政策和法律通常更难通过[2]。对于法国这样的半总统制国家来说，当总统不得不与占议会多数席位的反对党“同居”（Cohabitation）时,[3] 总统和总理之间的龃龉不合同样会影响国家外交政策的稳定性和连续性，且此时的竞争带有鲜明的党派特征。

（二）认知、共识与外交政策

认知（Cognition）是行为体采取行动的重要前提。罗伯特·杰维斯（Robert Jervis）认为，决策者对客观世界的认识与重大决策的形成有重要关联：这些认知因素可以解释部分行为的相似性，而认知因素本身无法由其他层次的分析直接说明。[4] 共识是行为体间的共同认知，行为体将追求、落实和巩固共识作为外交实践的基本目标。[5] 共识是主体间享有的共同知识，有助于减少不确定性，并将行为体的分歧控制在一定限度内。此外，共识能

---

[1] 王长江:《政党论》,北京:人民出版社,2009 年版,第 205 页。

[2] 参见 David R. Mayhew, *Divided We Govern: Party Control, Lawmaking, and Investigations 1946-1990*, New Heaven: Yales University Press, 1991; George C. Edwards III, Andrew Barret and Jeffrey Peake, “The Legislative Impact of Divided Government”, *American Journal of Political Science*, Vol. 41, No. 2, 1997, pp. 545-563; 等等。

[3] 吴国庆:《战后法国政治史》,北京:社会科学文献出版社,2004 年版,第 365 页。

[4] 罗伯特·杰维斯著,秦亚青译:《国际政治中的知觉和错误知觉》,上海:上海人民出版社,2015 年版,第 27 页。

[5] 尹继武:《共识的国际战略效应:一项理论性探讨》,载《国际安全研究》,2016 年第 1 期,第 33 页。

够通过扩大报偿结构的预期来提高行为体合作的可能性。共识效应也即共识对主体间合作的促进效应。

后续研究沿袭杰维斯决策者认知偏差的思路，解释冷战起源和结束，以及某项外交政策或战略背后的认知相符、历史类比、诱发定势等机制。[1]虽然这些研究界定了决策者这一微观研究主体，但不论是使用的论证材料还是论证过程，大多没能聚焦决策者，更多是停留在国家层面。

在国家层面上，既有研究主要将认知划分为威胁认知、[2] 身份认知[3]和利益认知[4]等维度，通过过程追踪，分析双边关系或某一议题领域内国家外交政策的演变。部分学者关注到国家认知的国内政治基础，这类研究多集中在大国关系特别是中美关系演变。[5] 既有研究同样关注国家间共识的形成和变迁。有学者关注到关系性质、政策底线、行为规范和利益认知等因素对中美战略共识构建和发展的影响，[6] 指出美国国内对华战略共识框定

---

〔1〕 这类研究参见候为刚：《认知心理视角下印度莫迪政府对华政策议程的演变逻辑》，载《南亚研究》，2022 年第 2 期，第 41—62 页；宋文龙：《冷战后欧洲转型与一体化进程的认知因素分析》，载《近现代国际关系史研究》，2020 年第 1 期，第 46—64 页；Robert Jervis, *How Statesmen Think: The Psychology of International Politics*, Princeton: Princeton University Press, 2017, pp. 261-280; Beatrice Heuser, "NSC 68 and the Soviet Threat: A New Perspective on Western Threat Perception and Policy Making", *Review of International Studies*, Vol. 17, No. 1, 1991, pp. 17-40；等等。

〔2〕 参见许少民：《国家利益、威胁认知与澳大利亚对华政策的重置》，载《外交评论（外交学院学报）》，2020 年第 5 期，第 52—86 页。

〔3〕 参见夏宗有、安高乐：《尼赫鲁西段边界政策变化的原因——基于身份认知的视角》，载《南亚研究》，2021 年第 4 期，第 51—79 页；荣正通：《身份认知差异与中美关系中的南海问题》，载《国际关系研究》，2016 年第 2 期，第 140—152 页；Kuniko Ashizawa, "When Identity Matters: State Identity, Regional Institution-Building, and Japanese Foreign Policy", *International Studies Review*, Vol. 10, No. 3, 2008, pp. 571-598；等等。

〔4〕 参见张丽华、李雪婷：《利益认知与责任分摊：中美气候谈判的战略选择》，载《东北师大学报（哲学社会科学版）》，2020 年第 3 期，第 34—41 页。

〔5〕 参见 Peter B. Walker, *Powerful, Different, Equal: Overcoming the Misconceptions and Differences Between China*, London: LID Publishing Limited, 2019；齐鑫：《当前美国对华政策中的非理性政治特征》，载《世界社会主义研究》，2020 年第 12 期，第 55—65 页；等等。

〔6〕 参见尹继武：《共识变迁的国内政治逻辑——特朗普上台后中美战略攻势的稳定性分析》，载《当代世界与社会主义》，2019 年第 1 期，第 34—41 页。

了美国对华政策的大体变化空间，并提供了相对稳定的决策环境。[1]

部分学者注意到非国家行为体的认知和共识对外交政策的影响。有学者关注到国际组织与外部发展环境之间的互动，并以北约为例分析其对外部威胁的认知，用以理解北约扩张的逻辑和欧洲安全动态。[2] 还有部分学者梳理了国内民众对他国国家形象的认知，有针对性地提出了改善双边关系的具体措施。[3] 也有部分学者关注到政党这一特殊行为体的认知和共识与外交政策之间的联系。刘国柱认为，美国在历史上面对重大国家安全危机时，民主党和共和党往往能够搁置意识形态分歧。在国家安全泛化、外部竞争对手缺位、民主制度的结构性缺陷日渐暴露的条件下，外交政策的政治极化现象更加突出，但两党对美国核心利益认知的趋同为政治极化划定了底线。[4]

（三）既有文献的不足

通过梳理既有研究，可以发现学界在国内因素与外交政策、国际关系认知心理学路径方面的研究均取得了重要的进展，但在研究议题和研究主体方面仍存在一定不足。具体而言，既有研究缺少对政党这一特殊行为体的关注。

在外交政策分析领域，既有研究虽然强调打开国家这一“黑箱”，但对政党在外交政策中的角色定位有失偏颇。政党可以通过议会斗争、党员在政府部门任职等方式对外交政策决策产生间接影响，更可以通过竞选成为执政党的方式对外交政策决策产生直接影响。在国际关系认知心理学的相关研究

〔1〕 王文峰：《美国对华战略共识与特朗普政府对华政策》，载《当代美国评论》，2017 年第 2 期，第 2—19 页。

〔2〕 魏冰、刘丰：《威胁认知、安全供给与北约扩张的逻辑》，载《外交评论（外交学院学报）》，2022 年第 5 期，第 19—52 页。

〔3〕 参见于婉莹：《韩国青年群体对华认知评析》，载《和平与发展》，2022 年第 4 期，第 119—134 页；夏梦真、郝雨凡：《越南民众眼中的中美国家形象认知——基于建构主义视角的分析》，载《学术研究》，2022 年第 7 期，第 52—59 页。

〔4〕 刘国柱：《认知威胁、政治极化与美国外交政策》，载《人民论坛·学术前沿》，2022 年第 6 期，第 34—43 页。

中，既有研究更多聚焦于决策者或国家，对以政党为主体的集体认知关注不足。虽然有少部分学者关注到政党认知对外交政策决策的影响，但鲜有涉及对认知形成机制以及认知对外交政策影响机制的分析，更不涉及党内政治生态与政党认知的关系。

学科分野限制和主流国际关系理论研究传统是导致既有研究出现疏漏的重要原因。政治学与国际关系的学科划分清晰且严明，政党通常被视为国内政治与公共政策领域的重要行为体，属于政治学传统研究范畴。因此，政治学的政党政治研究难以与外交政策分析结合，政党在外交决策中地位和作用甚至被忽视、否认。而国际关系研究也未主动打破学科间壁垒，政党沦为国际关系和外交学研究中的边缘化行为体。此外，主流国际关系理论长期坚持国家是“单一、理性、自助”的假设。这一研究传统在一定程度上阻碍了国际关系研究层次“回落”的进程，国家“黑箱”没有被真正打开。国际关系认知心理学研究也深受该传统影响，或是将国家视为整体研究国家认知，或是将领导人认知简化、等同于国家认知，造成以政党为代表的国内其他行为体认知的研究空缺。上述原因不仅削弱了既有研究的解释力，也限制了人们对国家外交政策决策研究的视野。

三、政党共识与美国政党政治体制

政党共识可以分为某一政党内部成员间的共识、某一国家内部政党间的共识和世界政党间的共识。政党内部共识是形成政党政策主张的重要基础，对政党间共识的形成有重要影响。本文主要讨论一国内部政党间共识及其对国家外交政策的影响，所使用的“政党共识”专指一国内部政党间共识。

（一）政党共识的概念

政党是一种组织化行为体。在现代民主政治体制中，政党在凝聚共识、维持共识方面扮演重要角色。首先，通过民主选举，政党使社会中不同阶层、不同群体能够被代表，并拥有发言权，即通过选举使政党拥有多元代表性。其次，政党会向社会各阶层和群体寻求支持，推动民众意识到自身在政治生活中的重要性。再次，政党能够整合不同的甚至是相互冲突的利益和信仰，进而进行领导。政党整合共识的功能通常会体现在政党的纲领中。在这个意义上，政党政治对于避免分裂和冲突有一定的积极作用。最后，政党体制内部的妥协和协调一致，通过赋予否决权，在一定程度上能够实现同时多数（Concurrent Majority）。〔1〕

乔万尼·萨托利（Giovanni Sartori）将政党政治的共识分为共同体层次共识、政体层次共识和政策层次共识：共同体层次共识也即基本共识，是指通过政党政治来满足民族国家内不同成员的多元利益需求，并使政治社会从整体上分享价值信仰和价值目标；政体层次共识也即程序共识，是指政党对国家的各项政治体制认同，是政党对有关分歧和分歧解决的规则的同意；政策层次共识也即异见共识（Consensus-As-Dissensus），是指政党为维护程序共识而在政策制定、政策执行时采取的协商、包容的态度，是一种公共性价值原则。〔2〕部分学者从共识政治视角出发，在政策层次上对政党共识进行定义。例如，夏庆宇通过分析欧洲左翼和右翼政党之间的互动，指出政党共识是一国内部的左、右翼政党在特定历史阶段，立场向政治光谱中间位置靠拢。〔3〕王燕通过梳理战后英国保守党和工党形成的两次共识指出，政党共识即在国家政治发展过程中的某一时期，相互竞争的政党在意识形态上的差

---

〔1〕约翰·C. 卡尔霍恩（John Caldwell Calhoun）认为，“多数”有两种模式：一种是数量上的绝对多数，另一种是宪制多数。后者将民众视为存在利益冲突的群体，强调通过恰当机制调节来计算民意。参见约翰·C. 卡尔霍恩著，林国荣译：《卡尔霍恩文集》（上），桂林：广西师范大学出版社，2015 年版，第 15 页；高全喜：《卡尔霍恩的政府论及其宪制法理学》，载《华东政法大学学报》，2016 年第 5 期，第 83 页。

〔2〕乔万尼·萨托利著，冯克利、阎克文译：《民主新论》，上海：上海人民出版社，2009 年版，第 106—107 页；杨解朴：《“后默克尔时代”的德国：共识政治与否决玩家》，载《欧洲研究》，2022 年第 2 期，第 96 页。

〔3〕夏庆宇：《欧洲左、右翼政党之间的“共识政治”现象初探》，载《国外理论动态》，2018 年第 10 期，第 96—97 页。

距缩小，根本政策取向、施政方针、政策措施等方面的基本一致。[1]

基于以上论述，政党共识可以概括为：在特定社会历史条件下，一国内部不同政党在实践中就国内和国际重大议题所形成的、用来推动国家政策、调整行为体间相互关系的共同认知，具体表现为不同政党搁置意识形态分歧，在议题认知、政策制定和执行方面的趋同。

（二）美国政党政治体制下的政党共识特征

相较于中国共产党，不论是民主党还是共和党都不是组织纪律非常严明的政党，而是“若有若无的党纪”“无足轻重的党籍”。[2] 首先，美国两党均缺少长期的政治纲领。其次，党员身份的获得与改变不需要经过严格程序审查。最后，政党领袖的权力被削弱。政党的全国委员会主席即为政党领袖，其主要任务就是帮助本党赢得总统大选。总统从被提名为本党的总统候选人开始，直至下一位总统候选人被选出，一直担任本党实际领袖。[3]

美国是典型的两党制国家，执政党和在野党界限模糊。由于总统选举和国会选举分开进行，政党在国会中获得的席位多少与执政或在野无关。如果一个政党赢得总统大选，并在国会中占有多数席位，就会形成统一政府。此时执政党的纲领和政策通常更容易通过国会的立法程序，上升为国家法律。在美国两党制背景下，政党共识或是来源于对民主价值观的认同，或是在国家层面的民主程序的输出，都可以被视为民主党与共和党认知的重合之处。

美国分权且松散的政党组织使政党内部民主程序难以对政府和国会施加有效影响，这种党内和党外民主程序的关系使美国政党共识具有如下两个特征：第一，美国政党共识的形成主要依赖于国家层面的程序输出，共识的有无和程度的高低使国家政策呈现出不同程度的波动；第二，在政党竞争的背景下，政党不一定能够实现选举时的承诺，因为不论是哪一方都难以真正代

---

〔1〕 王燕：《英国共识政治述评》，载《教学与研究》，2003 年第 6 期，第 74 页。
〔2〕 曹少谏：《美国政治制度史》，兰州：甘肃人民出版社，1982 年版，第 25—29 页。
〔3〕 孙林：《世界主要政党规章制度文献：美国》，北京：中央编译出版社，2015 年版，第 20 页。

表广大选民，党派利益与民众利益和国家利益之间存在裂隙。在这一背景下，政党之间相对更难形成共识。

如果将美国民主党与共和党的党际关系想象为连续图谱，政党共识与政党竞争分别位于图谱的两端，那么当代美国政党政治极化突出表现为竞争色彩的突出和两党共识的缺位。在竞争性政党政治体制下，美国两党的首要目标是赢得选票，获得总统选举的胜利。两党的意识形态分歧越来越难以弥合，政党竞争为美国立法活动和公共政策制定带来了巨大负面影响，美国权力分立体制沦为“否决型政体”。[1]

四、政党认知、共识类别与外交政策选择

学习是行为体对环境中一系列符号的提取、存储和应用的过程。[2] 政党认知的形成与学习环境中的刺激因素密不可分。环境具有复杂性，刺激因素的复杂形态决定了政党学习是一种持续性行为。美国两党均缺少政党内部学习的制度形式，民主党和共和党的学习过程主要集中在国家层面的民主程序。

（一）从政党认知到政党共识

对于美国政党来说，外部冲击和民主程序是政党共识形成的重要来源。那些重大的、对国家安全造成巨大威胁的外部冲击往往能够抵消党派偏见，推动党派利益聚合上升为国家利益。还有一些刺激因素需要经过民主程序的加工才能形成政党共识，此时的政党共识具有合法性。国内政治过程特别是政府过程是凝聚政党共识，将政党共识上升为国家意志，转化为国家战略和

〔1〕 倪春纳:《选举制度如何放大美国的政治极化——对选民整体极化论的质疑》,载《探索与争鸣》,2021 年第 2 期,第 77 页。

〔2〕 赫伯特·西蒙著,荆其诚、张厚粲译:《认知:人行为背后的思维与智能》,北京:中国人民大学出版社,2020 年版,第 217 页。

相关政策的主要途径。[1]

政党通过文本将学习结果以特定的途径和形式向其他行为体进行公布，也即政党认知的表述环节。传达政党认知的文本通常体现认知性质的两个重要方面，即身份认知和利益认知。根据萨托利对政党共识的讨论，可以发现对作为共同体的美国及其政治制度的认同是政党共识的重要方面。此时的共识体现出身份一致的性质：身份认同取决于政党对同质性、历史记忆、命运等共同认知，并抽象为自由、平等、民主、宪制等政治价值信念。[2] 身份一致性共识更容易推动信任的形成，并实现共同体意义上的合作。[3] 在竞争色彩突出的美国政党体制下，民主党与共和党的博弈或合作具体体现在政策制定层面。在既有程序和规则下，两党之间的异见共识能否形成取决于两党利益是否存在重合之处。但竞争性的政党之间利益完全一致较难实现，更多时候呈现出利益分歧造成的激烈党争。

综合考虑政党认知形成来源与政党认知内容性质两个维度，从政党认知到政党共识形成的逻辑如表 9 所示。

表 9　自变量组合决定的美国政党共识基本类型假设

认知形成的来源	认知内容的性质	
	身份	利益
外部冲击	高度共识	情况不成立
民主程序	部分共识	共识赤字

资料来源：笔者自制。

第一种情况是推动政党认知形成的主要因素源于外部冲击，且认知内容

〔1〕 王存刚：《执政党认知、国家战略与全球治理机制变革——以中国共产党与全球气候治理机制为例》，载《东北亚论坛》，2022 年第 6 期，第 20 页。

〔2〕 塞缪尔·P. 亨廷顿著，先萌奇、景伟明译：《美国政治：激荡于理想与现实之间》，北京：新华出版社，2016 年版，第 26 页。

〔3〕 尹继武：《共识的国际战略效应：一项理论性探讨》，载《国际安全研究》，2016 年第 1 期，第 37 页。

体现出政党对共同体身份的强调。此时民主党和共和党会就危及国家安全和民主价值观的“他者”形成相对统一的战略定位判断，对民族国家共同体的认同往往能够使两党搁置分歧，对威胁认知的一致性推动两党形成高度共识。

第二种情况是政党认知主要形成于国家层面民主程序的学习过程，且认知内容体现出政党对共同体身份的强调。此时民主党和共和党对刺激因素的认知和战略定位仍基本保持一致，并维持统一的身份认同的“自我”想象。但囿于民主程序中的政党竞争，两党在具体的政策行为上存在差异，从而形成部分共识。

第三种情况是推动政党认知形成的因素主要源于外部冲击，且认知内容体现出政党对本党派利益的维护，这种情况不论是在理论上还是美国政治实践上都难以成立。不论是欧洲列强、法西斯主义、社会主义苏联，还是冷战后的恐怖主义、极端宗教主义，抑或是新兴经济体崛起，这种二元对立的叙事方式不断强化美国国家身份构建中“自我”的独特性和先进性。政党竞争通常难以对共同体和价值观层面上的共识造成破坏，反而后者是政党竞争的底线。

第四种情况是政党认知主要形成于国家层面民主程序的学习过程，且认知内容体现出政党对本党派利益的维护。此时民主党与共和党之间的竞争关系突出，两党在既有分歧规则下不断进行博弈，以获得或维持执政地位，党派利益成为政策考虑的优先项，通常难以形成共识，出现共识赤字。

（二）从政党共识到外交政策

规范性原则在更多时候提供了政党行动框架和总的指导原则，政党竞选所宣传的各项政策是在特定场合之下为吸引选票的权宜之计。左与右、自由与保守、进步与反动等关于政党意识形态的划分更多是按照具体议题加以界定并具象化的，[1] 选民对政党意识形态的直观感受也来自具体的政策。此

〔1〕 西摩·马丁·李普赛特著，张绍宗译：《政治人：政治的社会基础》，南京：江苏人民出版社，2013年版，第189页。

时必然会涉及如何调和政党利益与共同体利益的问题。国家层面的民主程序是美国民主党与共和党进行学习的主要场所，双方协商的过程也即知识共享、整合个体认知和预期的过程，继而输出政策结果。对应三种共识类型，就产生了三种政策选择的情况：

第一，当政党面临威胁国家安全的重大外部冲击，并持有维护共同体立场、强调“自我”的身份认同时，政党往往能超越党派私利，共同为了国家利益而采取行动。此时，国家外交政策会体现出政党合作的特征。两党合作的外交政策是由以总统为代表的行政部门同另一党的某些国会领袖以协商等形式制定的，其目的是为了最高的国家利益而将党派私利排除在外，并使政策最终获得总统和国会两党多数的支持。〔1〕

第二，虽然政党共识受到民主程序中政党竞争因素的约束，但当民主党和共和党均认为推动认知形成的刺激因素威胁到了国家安全和那些重要的政治价值信念时，政党仍然能够形成部分共识。此时，国家外交政策制定会体现出讨价还价的特征。讨价还价的外交政策意味着政党对刺激因素的基本定位保持一致，但囿于党派的意识形态，具体政策的实施方式、烈度和强度会有所差异。

第三，在美国的政党体制下，两党最主要的任务就是在大选中获胜，政党竞争也最为集中和激烈。在美国这个以政党选举为民主政治实现形式的国家里，纯粹的两党合作是不存在的。在外交政策方面，两党合作并不能对政治利益的诱惑完全免疫。当政党将各自的利益放在首位时，外交政策的制定和实施会受到民主程序的制约。此时，国家外交政策会体现出否决政治的特征。否决政治的外交政策以实现党派私利为优先项，否决为上、治理为

〔1〕 节大磊：《战后初期美国在对外政策中的两党合作》，载《美国研究》，2004 年第 1 期，第 107 页。

下。〔1〕

综上，从政党认知到政党共识再到外交政策选择的分析框架如图 8 所示。

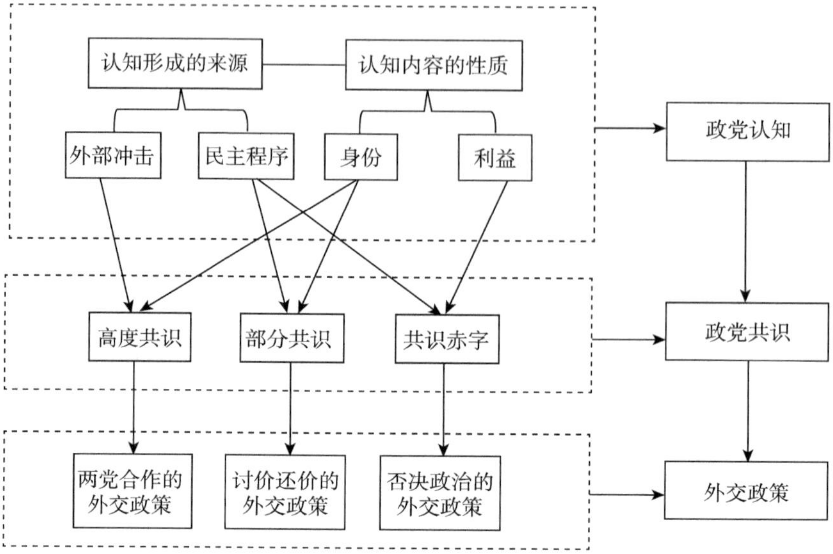

图 8　美国外交政策选择的政党认知逻辑

资料来源：笔者自制。

结合以上论述，本文提出如下三个假设。

假设 1：当外部冲击成为政党认知的主要来源，且政党认知强调对共同身份的认同时，民主党与共和党能够就外部威胁形成高度共识，此时国家层面的外交政策会呈现出两党合作的特点。

假设 2：当民主程序成为政党进行学习、形成认知的主要途径，且政党认知强调对共同身份的认同时，民主党与共和党能够就刺激因素形成部分共

〔1〕 参见 Francis Fukuyama, "America in Decay: The Sources of Political Dysfunction", *Foreign Affairs*, Vol. 93, No. 5, 2014, p. 13；节大磊：《美国的政治极化与美国民主》，载《美国研究》，2016 年第 2 期，第 61 页。

识，此时国家层面的外交政策制定会呈现出政党讨价还价的特点。

假设3：当民主程序成为政党进行学习、形成认知的主要途径，且政党认知强调党派利益优先时，民主党与共和党难以形成共识，即政党之间出现共识赤字的现象，此时国家层面的外交政策制定会呈现出否决政治的特点。

自20世纪以来，美国语境下的“安全”概念不断泛化，多种非传统安全议题成为21世纪美国外交的重点关切。本研究选取“9·11”恐怖袭击之后美国的外交政策、2017—2022年以来美国对华高新技术政策以及伊朗核问题三个案例进行研究，以检验上述三个假设。

五、案例检验：美国外交政策选择的政党认知逻辑

在美国，总统的政策偏好不等同于政党的政策偏好，总统个人的认知不等同于政党认知，政党的外交政策主张更不等同于国家的外交政策选择。本文将结合美国国会就相关议题的提案和《美国国家安全战略报告》等文本内容，分析政党认知和政党共识对美国外交政策的影响。

（一）“9·11”恐怖袭击：高度共识与两党合作的外交政策

“9·11”恐怖袭击是2001年9月11日发生在美国本土的自杀式恐怖袭击事件。针对恐怖主义，美国动用了国家力量的所有要素——外交、情报、隐秘行动、执法、经济政策、对外援助、公共外交和国土防御等，以支持反恐战争取得胜利。[1]“9·11”恐怖袭击后民主党和共和党在外交政策上的一致性被认为是两党合作的回归，是继二战结束初期之后两党合作的又一个“黄金时期”。[2]

---

〔1〕 National Commission on Terrorist Attacks upon the United States, “The 9/11 Commission Report”, https://9-11commission.gov/report/.

〔2〕 节大磊：《战后初期美国在对外政策中的两党合作》，载《美国研究》，2004年第1期，第106页。

1. 美国第107—110届国会关于恐怖主义提案的基本情况

“9·11”恐怖袭击使美国安全战略发生了根本性的转变。反恐战争是乔治·沃克·布什（George Walker Bush）任期内的战略优先项。贝拉克·奥巴马（Barack Obama）在执政后开始对美国安全战略进行调整，启动了退出反恐战争和重返亚太两个进程。[1] 因此，对“9·11”恐怖袭击后美国政党合作的外交政策的考察，主要依据第107—110届（2001—2009年）国会的提案和小布什任期内发布的《美国国家安全战略报告》等资料进行分析。

根据研究区间，在美国国会网站搜索栏中输入“恐怖袭击”（Terrorist Attack），并在筛选条件中勾选“单词变体”，经过逐条筛查和系统整理后共检索到1783项提案[2]。通过对这些提案进行内容梳理，并结合美国政策实施的实际情况，将这些提案的议题分为如图9所示的8个类别。

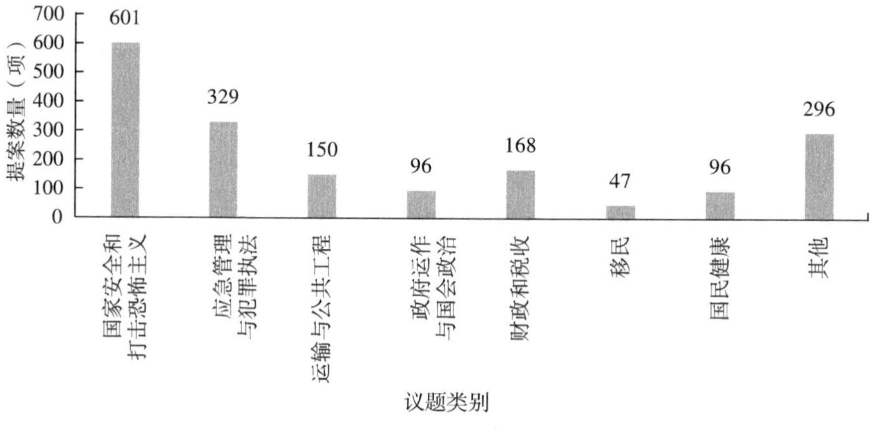

图9　美国第107—110届国会关于恐怖袭击的提案议题和数量

资料来源：笔者根据美国国会网站的相关提案整理。

这一时期美国反恐立法呈现出三个特点。第一，打击恐怖主义、维护国

---

〔1〕 樊吉社：《从亚太到“印太”：美国地区安全战略的变迁与回归》，载《国际安全研究》，2022年第5期，第40页。

〔2〕 不仅包括民主党和共和党议员的提案，还包括无党籍独立人士提案。

家安全是美国的主要战略目标。涉及该目标的提案主要集中在“国家安全和打击恐怖主义”“应急管理与犯罪执法”两个类别，共计 930 项提案，占提案总数的 52.2%。美国在打击恐怖主义的同时，还注重国内基础设施建设以及犯罪执法管理，以加强本土应对恐怖主义威胁的能力。议题细分体现出美国打击恐怖主义的系统性谋划。

第二，如表 10 所示，第 107—110 届国会更倾向于推出议案等具有法律效力的提案，而非共同决议案和简单决议案这类表达国会倾向、象征性较强的提案。[1] 议案、联合决议案和修正案这些具有法律约束力的提案共计 1247 项，占提案总数的 70%。

表 10　美国第 107—110 届国会关于恐怖袭击的提案类型和数量　（单位：项）

	议案	联合决议案	修正案	共同决议案	简单决议案
总提案数量*	1166	26	55	189	347
民主党议员的提案数量	597	15	35	112	172
共和党议员的提案数量	563	11	20	76	173

资料来源：笔者根据美国国会网站的相关提案整理。

* 不仅包括民主党和共和党议员提案，还包括无党籍独立人士提案。

第三，民主党和共和党共同掌控立法议程。来自民主党议员的提案共计 931 项，占提案总数的 52.6%；来自共和党议员的提案共计 843 项，占提案总数的 47.3%。如表 11 所示，虽然民主党提案数量略多于共和党，但通过梳理民主党和共和党各自提案数量排名前五位的议员提案数据，可以发现民主党核心议员发挥了较大作用。

〔1〕 张腾军：《美国近三届国会涉华立法议程变迁：特点、动因及前景》，载《当代美国评论》，2022 年第 1 期，第 20 页。

表11　美国第107—110届国会关于恐怖袭击两党提案最多的前五名议员及其提案数量

民主党		共和党	
议员及所属议院	提案数量(项)	议员及所属议院	提案数量(项)
卡罗琳·马洛尼(Carolyn B. Maloney，众议院)	43	伊莲娜·罗丝-雷提南(Ileana Ros-Lehtinen，众议院)	27
希拉里·克林顿(Hillary Rodham Clinton，参议院)	41	阿伦·斯佩克特(Arlen R. Specter，参议院)	23
乔·利伯曼(Joseph L. Lieberman，参议院)	19	威廉·弗利斯特(William H. Frist，参议院)	19
乔·拜登(Joseph R. Biden Jr，参议院)	18	理查德·卢加尔(Richard G. Lugar，参议院)	19
查克·舒默(Chuck E. Schumer，参议院)	18	约翰·W. 华纳(John W. Warner，参议院)	18

资料来源：笔者根据美国国会网站的相关提案整理。

2. 高度共识与两党合作的外交政策

苏联解体后，美国失去了定义国家安全、制定国家战略的“他者”。“9·11”恐怖袭击发生后，恐怖分子暂时弥补了“他者”的缺失。尽管现在美国国家内部在对待恐怖主义威胁的手段、定义全球化时代国家安全等方面存在争议，但“9·11”恐怖袭击这一直接冲击美国本土安全的事件推动了民主党与共和党的合作。

小布什政府分别于2002年和2006年发布了两版《美国国家安全战略报告》，如图10所示，“恐怖”（Terror，Terrorist，Terrorism）成为两份报告的关键词。如果说小布什政府的《美国国家安全战略报告》体现了共和党政府对外部战略环境和国家安全威胁的判断，那么由国会两院通过，并由总统签署成为法律的提案则体现了民主党和共和党的共同意志。例如，《参议院和众议院就2001年9月11日针对美国的恐怖袭击发表的联合决议》（*A Joint*

Resolution Expressing the Sense of the Senate and House of Representatives Regarding the Terrorist Attacks Launched Against the Unites States on September 11, 2001）指出，“强烈地谴责策划并实施2001年9月11日对美国发动恐怖袭击的恐怖分子及其支持者……请那些与美国团结一致的外国领导人同美国一起共同打击国际恐怖主义，承诺增加反恐战争的资源投入”。[1]

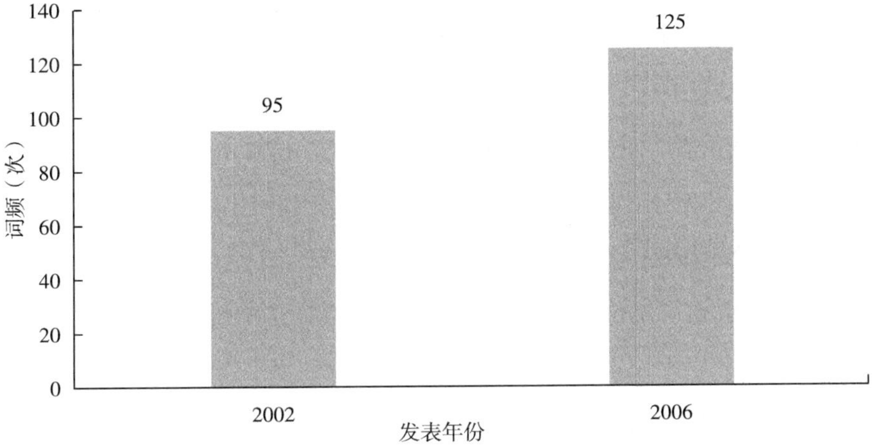

图10　小布什任期内两份《美国国家安全战略报告》“恐怖”词频统计

资料来源：笔者根据相应年份《美国国家安全战略报告》统计整理。

其一，两党合作的外交政策主要表现为就打击恐怖主义的手段和方式形成共识，即发动反恐战争，并强调“先发制人”。美国国会通过了《授权使用武力》（*Authorization for Use of Military Force*）、《2002年授权对伊拉克使用军事力量的决议》（*Authorization for Use of Military Force Against Iraq Resolution of 2002*）等法案；而小布什任期内的两份《美国国家安全战略报告》都在国家安全战略概述部分提出了打击全球恐怖主义的目标，以及实现这些目标的

〔1〕“S. J. Res. 22–A Joint Resolution Expressing the Sense of the Senate and House of Representatives Regarding the Terrorist Attacks Launched Against the Unites States on September 11, 2001”, https://www.congress.gov/bill/107th–congress/senate–joint–resolution/22/text? s=1&r=78&q=%7B%22search%22%3A%5B%22terrorist+attack%22%5D%7D.

具体措施，并指出“美国将在新威胁完全形成之前对其采取行动”[1]，“为防止对手采取敌对行动，美国将在必要时先发制人地行使我们固有的自卫权”[2]。其二，强调团结盟友以打击恐怖主义。例如，美国国会通过的《实施2007年9·11委员会法案的建议》（*Implementing Recommendations of the 9/11 Commission Act of 2007*）强调要与以色列、英国、加拿大、澳大利亚等国家加强反恐技术国际合作；[3] 2006年《美国国家安全战略报告》也明确指出，“为了美国的努力能够成功，美国需要盟友的支持和一致行动”。[4]其三，防止大规模杀伤性武器（Weapons of Mass Destruction）的扩散。例如，《2005年美国爱国者改进和再授权法案》（*USA PATRIOT Improvement and Reauthorization Act of 2005*）对甲基苯丙胺等化学品的交易做出严格限制，并重申相应化学品管控的国内法规；[5] 2002年《美国国家安全战略报告》指出，“敌人公开宣称寻求大规模杀伤性武器……美国不会让这些目的得逞”。[6]

3. 小结

“9·11”恐怖袭击是对美国本土安全带来严重威胁的外部冲击，民主党与共和党都将恐怖主义定义为威胁国家安全的“敌人”。这一认知凸显两党对作为共同体的美国的认同，政党间形成身份一致性共识。身份一致性共识通常是高度共识，此时共同体利益占据政党外交政策考量的核心地位，党派

---

〔1〕 “The National Security Strategy of the United States of America”, http://nssarchive.us/national-security-strategy-2002/.

〔2〕 “The National Security Strategy of the United States of America”, https://nssarchive.us/national-security-strategy-2006/7/.

〔3〕 “H. R. 1-Implementing Recommendations of the 9/11 Commission Act of 2007”, https://www.congress.gov/bill/110th-congress/house-bill/1? q=%7B%22search%22%3A%5B%22terrorist+attack%22%5D%7D&s=2&r=1.

〔4〕 “The National Security Strategy of the United States of America”, https://nssarchive.us/national-security-strategy-2006/3/.

〔5〕 “H. R. 3199-USA PATRIOT Improvement and Reauthorization Act of 2005”, https://www.congress.gov/bill/109th-congress/house-bill/3199? q=%7B%22search%22%3A%5B%22terrorist+attack%22%5D%7D&s=1&r=19.

〔6〕 同〔1〕。

利益相对边缘化。因此，这一时期针对恐怖主义的提案不胜枚举，民主党与共和党在提案数量、核心议员影响力等方面旗鼓相当。“9·11”恐怖袭击推动小布什政府将打击恐怖主义作为国家安全战略的优先项。通过分析小布什任期内发布的《美国国家安全战略报告》和国会议员提案的具体内容，可以发现两党的政策偏好与小布什政府相匹配。在国家层面，两党在发动先发制人战争、团结盟友、防止大规模杀伤性武器扩散、价值观外交等政策方面的协同，体现出民主党与共和党在打击恐怖主义方面的合作。

（二）美国对华高新技术政策演变（2017—2022年）：部分共识与讨价还价的外交政策

美国国务院2020年发布的《中国挑战的要素》（*The Elements of the China Challenge*）声称，“中国已经引发了一个大国竞争的新时代。中国的目标不仅是在现有的世界秩序中占据主导地位……而是从根本上修改世界秩序”，并认为“中国威胁”已经蔓延至军事、外交、金融、经济、科学技术、意识形态等各个方面。[1] 在高新技术领域，从特朗普政府的“全面脱钩”（Full Decoupling）到拜登政府的“小院高墙”（Small Yard, High Fence），美国不断加强对中国的技术封堵。虽然民主党与共和党在对华高新技术政策上存在差异，但对中国的战略定位保持共识。

1. 美国第115—117届国会关于对华高新技术政策提案的基本情况

特朗普执政后，以贸易关系为先导，对中国发起金融战、科技战，对华打压的范围之广、力度之大都超过前任政府，中美关系迅速恶化，并进入中美建交以来最困难的时期。[2] 基于此，考察2017—2022年美国对华高新技术政策演变中两党的部分共识，主要依据第115—116届国会（2017—2021

---

〔1〕 U. S. Department of State, “The Elements of the China Challenge”, https://www.state.gov/wp-content/uploads/2020/11/20-02832-Elements-of-China-Challenge-508.pdf?fbclid=IwAR2AoUt0oSED7obAupl1dHHIjn-MqSyybwBWImD0zWUUQ9nkW-iZ8Ia3xYA.

〔2〕 张腾军：《美国近三届国会涉华立法议程变迁：特点、动因及前景》，载《当代美国评论》，2022年第1期，第18页。

年）和第 117 届第一会期（2021 年 1 月—2022 年 1 月）内的提案，以及特朗普政府和拜登政府发布的两份《美国国家安全战略报告》等材料进行分析。

在相应的研究区间内搜索与“中国技术”（China Technology）相关的提案，勾选“单词变体”和“区分大小写”（Case Sensitive）两个筛选条件，逐条筛查后共整理出 252 项提案。结合提案的具体内容，可以将这些提案的涉及的议题分为如图 11 和表 12 所示的 11 个类别。

这一时期美国立法情况主要有四个特点。第一，技术议题与国家安全挂钩，议题之间的联动性特点突出。中国技术问题与美国国家安全相关联的提案共计 33 项，占提案总数的 13.1%。根据图 11 的统计数据，技术问题并不局限于研发和应用领域，而是与知识产权、国际金融等议题密切相关。在新冠疫情的背景下，技术问题又与公共卫生和医疗健康议题相关联，体现出美国打压中国技术发展政策兼顾全面性和精细化的特点。

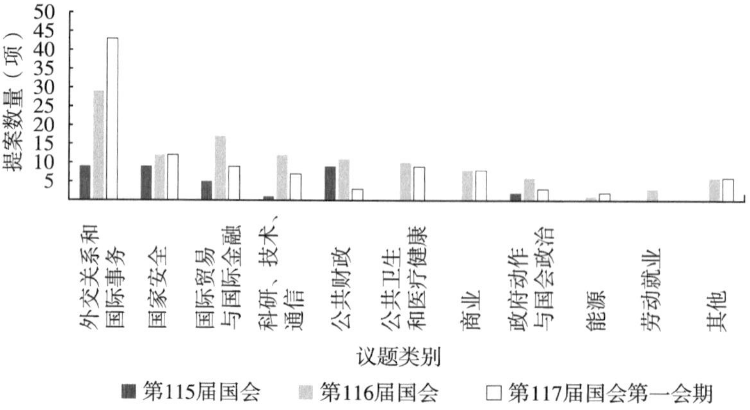

图 11　美国第 115—116 届国会和第 117 届国会第一会期关于中国技术的提案议题和提案数量

资料来源：笔者根据美国国会网站的相关提案整理。

表 12　美国第 115—116 届国会和第 117 届国会第一会期关于中国技术的提案数量统计　（单位：项）

	第 115 届国会	第 116 届国会	第 117 届国会第一会期
外交关系和国际事务	9	29	43
国家安全	9	12	12
国际贸易与国际金融	5	17	9
科研、技术、通信	1	12	7
公共财政	9	11	3
公共卫生和医疗健康	0	10	9
商业	0	8	8
政府动作与国会政治	2	6	3
能源	0	1	2
劳动就业	0	3	0
其他	0	6	6

资料来源：笔者根据美国国会网站的相关提案整理。

第二，提案数量的增幅提高，呈现出针对中国技术发展围攻升级的态势。第 115 届国会只提出 35 项提案，月均 1.5 项提案，特朗普执政后加强对中国技术发展的打压与围堵，中期选举后的第 116 届国会提案数量增加至 115 项，月均 4.8 项，不论是提案总数还是月平均数都是上一届国会的三倍多。第 117 届国会的第一会期就已提出了 102 项提案，月均 8.5 项，分别是前两届国会的 5.7 倍和 1.8 倍。

第三，第 115—116 届国会和第 117 届国会第一会期更倾向于推出议案这类具有法律效力的提案。从表 13 可以看出，议案的数量占绝对多数，占提案总数的 93.7%。来自参议院和众议院的提案分别为 104 项和 148 项，分别占提案总数的 41.3%和 58.7%。更多的提案由作为立法倡议主体的众议院提出，从侧面说明了美国国会对提案法律约束力的偏好。

表 13　美国第 115—116 届国会和第 117 届国会第一会期关于中国技术的提案类型和数量　（单位：项）

	议案	联合决议案	修正案	共同决议案	简单决议案
总提案数量*	236	1	2	4	9
民主党议员的提案数量	90	1	1	0	2
共和党议员的提案数量	146	0	1	3	7

资料来源：笔者根据美国国会网站的相关提案整理。

*不仅包括民主党和共和党议员提案，还包括无党籍独立人士提案。

第四，共和党议员主导立法议程。来自民主党议员的提案共计 94 项，占提案总数的 37.3%；来自共和党议员的提案共计 157 项，占提案总数的 62.3%，约是前者的 1.7 倍。如表 14 所示，通过梳理两党各自提案数量排名前五位的议员可以发现，共和党议员提案积极性明显高于民主党议员。

表 14　美国第 115—116 届国会和第 117 届国会第一会期两党关于中国技术提案最多的前五名议员及提案数量

民主党		共和党	
议员及所属议院	提案数量（项）	议员及所属议院	提案数量（项）
鲍勃·梅嫩德斯（Bob Menendez，参议院）	9	马尔科·卢比奥（Marco Rubio，参议院）	16
尼塔·罗伊（Nita Lowey，众议院）	4	汤姆·科顿（Tom Cotton，参议院）	11
亚当·希夫（Adam Schiff，众议院）	4	吉姆·班克斯（Jim Banks，众议院）	7
杰森·克劳（Jason Crow，众议院）	3	迈克尔·麦考尔（Michael McCaul，众议院）	6
埃德·马基（Ed Markey，参议院）	3	安迪·巴尔（Andy Barr，众议院）	5

资料来源：笔者根据美国国会网站的相关提案整理。

2. 部分共识与讨价还价的外交政策

特朗普政府与拜登政府在对华高新技术政策的指导理念上存在差异：特朗普政府主张“美国优先”，坚持“有原则的现实主义”，对华高新技术政策强硬；拜登政府则更倾向于以民主价值观为导向，以规则为抓手。但二者外交政策的战略目标是一致的，即维持美国在核心技术和新兴技术领域的优势地位，打压和遏制中国。同时，民主党与共和党在对中国的战略定位方面形成了一致的认知，即将中国视为战略竞争对手。民主党与共和党在对华高新技术政策上形成了部分共识，呈现出共识与差异并存的特征。

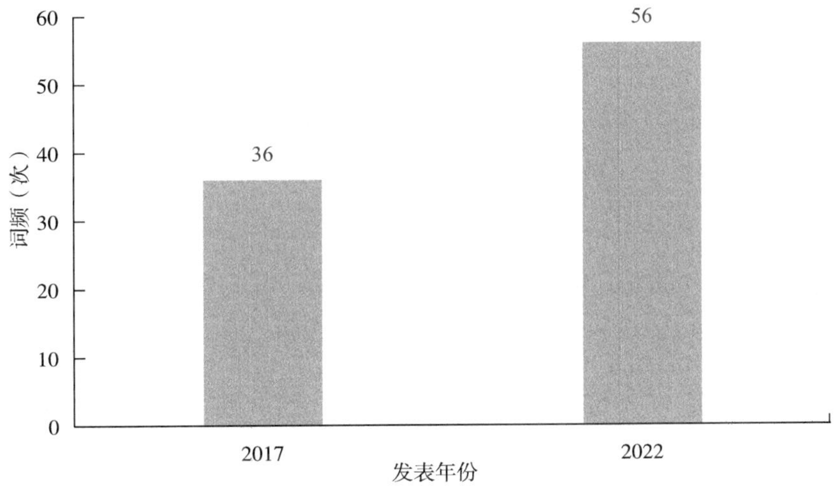

图 12　特朗普政府与拜登政府《美国国家安全战略报告》“中国”和“中国的”词频统计

资料来源：笔者根据相应年份《美国国家安全战略报告》统计整理。

特朗普政府于 2017 年发布了《美国国家安全战略报告》，拜登政府于 2022 年发布了任期内第一份《美国国家安全战略报告》。对两份报告中的“中国”（China，PRC）和“中国的”（Chinese）进行检索，如图 12 所示，可以发现与对华议题成为两届政府关注的核心之一。特朗普政府和拜登政府对中国的认知都偏向消极：2017 年的《美国国家安全战略报告》对中国的描述为“竞争者”（Competitor）、“修正主义者”（Revisionist），认为“中国正在挑战美国的实力、影响力和利益，试图侵蚀美国的安全和繁荣”。[1] 2022年的《美国国家安全战略报告》则将中国描述为“威权统治”（Authoritarian Governance）、“非民主”（Non-Democracy）、“独裁者”（Autocracy），并提出要“打败中国”、保持相对于中国的“持久竞争优势”。[2]

虽然民主党与共和党对中国的战略定位形成了身份一致性共识，但两党在具体政策实践中仍存在差异。首先，共和党强调对中国的“技术脱钩”，并泛化国家安全。例如，众议院共和党议员吉姆·班克斯（Jim Banks）提出《2022年阻止解放军采购美国技术法案》（*Preventing PLA Acquisition of United States Technology Act of 2022*），强调应禁止美国联邦资助的美国公司、大学以及联邦机构与中国实体、中国军队和国有企业进行科研或技术交流，以防止某些非军事资源和专业知识被应用于军事领域。[3] 民主党更强调保障美国的供应链安全，塑造并强化利己的竞争规则。2022年的《美国国家安全战略报告》指出，“将与志同道合的国家结成伙伴，以有利于所有人而不仅仅是强国的方式共同开发和部署技术，并建立健全和持久的供应链”。[4]

其次，相较于共和党政府的“全面围堵”，民主党政府在强调民主价值观认同的基础上，主张团结盟友，追求更加精细化、精准化的遏制政策，即“小院高墙”。如图13所示，通过对两份报告中的“民主/民主政体的”

---

〔1〕“The National Security Strategy of the United States of America”, http://nssarchive.us/wp-content/uploads/2020/04/2017.pdf.

〔2〕“The National Security Strategy of the United States of America”, https://nssarchive.us/wp-content/uploads/2022/10/Biden-Harris-Administrations-National-Security-Strategy-10.2022.pdf.

〔3〕该项法案适用的科研和技术交流清单包括：量子计算、光子学和激光、机器人、大数据分析、半导体、新材料、生物技术（包括合成生物学和基因工程）、5G和所有后代通信技术、先进核技术（核电和储能）、航空航天技术和人工智能等。参见“H. R. 8636-Preventing PLA Acquisition of United States Technology Act of 2022”, https://www.congress.gov/bill/117th-congress/house-bill/8636? q=%7B%22search%22%3A%22China+technology%22%7D&s=1&r=1。

〔4〕“The National Security Strategy of the United States of America”, https://nssarchive.us/wp-content/uploads/2022/10/Biden-Harris-Administrations-National-Security-Strategy-10.2022.pdf.

（Democracy/Democratic）以及“伙伴/盟友”（Partner/Allies）两组词汇进行检索，可以发现民主党政府更加强调价值信念以及盟友之间的合作。特别是在民主价值观方面，2022 年《美国国家安全战略报告》的词频为 2017 年《美国国家安全战略报告》的三倍多。美国通过强调价值信念的同质性，一方面将中国排除在外，另一方面将技术议题与人权、全球治理、知识产权等问题相联系。

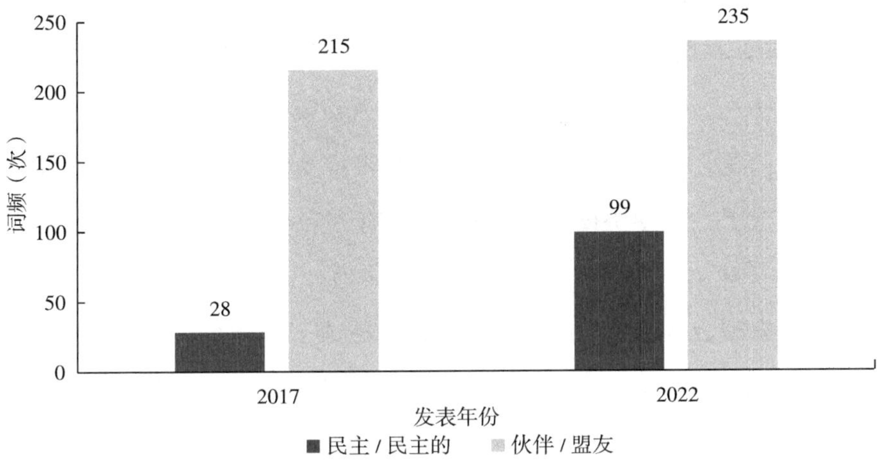

图 13　特朗普政府与拜登政府《美国国家安全战略报告》“民主/民主政体的”和“伙伴/盟友”词频统计

资料来源：笔者根据相应年份《美国国家安全战略报告》统计整理。

3. 小结

如果说“9·11”恐怖袭击作为外部冲击具有突发性，那么中国崛起则更具渐进性、持续性。这决定了民主党与共和党的学习过程更为曲折和漫长，两党的分歧会在学习过程中暴露出来。但中国的“威胁”不是针对某一政党的“威胁”，而是被视为动摇美国国际地位和相对优势的“威胁”。在这个意义上，民主党与共和党对中国的认知体现出对共同体身份的认同，政党间仍能形成部分共识。在高新技术议题领域，民主党与共和党的部分共识意味着两党对中国的战略定位保持一致，即竞争对手；两党对华高新技术政策的战略目标一致，即打压、遏制中国技术发展，维持美国在技术领域的领先地位和相对优势。但两党具体的政策主张存在差异：共和党强调全面遏制、全面围堵，而民主党则强调与盟友一起打造更有针对性的技术壁垒。当民主党与共和党通过民主程序形成政党认知，且认知强调身份一致性时，两党在具体政策选择方面的讨价还价不会影响美国的整体战略目标，也不会影响美国对威胁因素的战略定位。

（三）伊朗核问题：共识赤字与否决政治的外交政策

2002 年 8 月，伊朗成为国际原子能机构重点审查对象，伊核问题开始成为国际焦点问题之一。英国、法国、德国积极推动伊朗与国际原子能机构的合作，并达成了“巴黎协议”，但伊朗并没有遵守承诺，伊核问题随后被提交至联合国安理会，美国自此开始较为直接地介入该议题。[1] 2013 年 11 月，联合国安理会常任理事国与德国同伊朗达成了《伊朗核问题临时协议》（*Geneva Interim Agreement on the Iranian Nuclear Program*，以下简称《临时协议》），并就达成一个能够全面解决伊核问题的协议进行谈判。

对于美国而言，2013 年伊朗积极回应了奥巴马政府释放的信号，美伊也于 2013 年年底开启了谈判进程。在两国关系开始有所缓和的背景下，美国府会政治中的两党博弈却愈演愈烈，伊核问题逐渐从奥巴马政府的国际战略回落至国内需求。[2]

1. 美国第 113—116 届国会关于伊核问题提案的基本情况

随着美国政党政治极化程度的加深，自《临时协议》达成以来，美国在该议题上呈现出左右摇摆的特点。虽然在奥巴马执政时伊朗核问题六国同伊

〔1〕 樊吉社：《伊核问题与美国政策：历史演进与经验教训》，载《西亚非洲》，2020 年第 4 期，第 124—143 页。

〔2〕 刁大明：《奥巴马政府推进伊核谈判的国内制约因素》，载《当代世界》，2015 年第 5 期，第 42 页。

朗达成了《伊朗核问题全面协议》，或称“联合全面行动计划”（*Joint Comprehensive Plan of Action*，以下简称《伊核协议》），但特朗普执政后单方面宣布退出《伊核协议》，严重破坏了和平解决伊核问题的进程。对民主党与共和党在伊核问题上否决政治的外交政策的考察，主要依据第 113—116 届国会（2013—2021 年）的提案，以及奥巴马和特朗普执政期间发布的两份《美国国家安全战略报告》等材料进行分析。

在相应的研究区间内搜索与“伊朗核问题”（Iran Nuclear）相关的提案，勾选“单词变体”和“区分大小写”两个筛选条件，逐条筛查后共整理出 140 项提案。根据提案的具体内容，可以将提案议题分为如表 15 所示的 5 个类别。

表 15　美国第 113—116 届国会关于伊朗核问题的提案议题和数量　　（单位：项）

	防止核扩散	国防与国家安全	经济与财政	国会政治	其他
第 113 届国会	27	6	4	0	1
第 114 届国会	43	8	5	2	6
第 115 届国会	10	5	7	0	0
第 116 届国会	9	2	2	0	3

资料来源：笔者根据美国国会网站的相关提案整理。

这一时期的立法情况体现出三个特征。首先，防止核扩散是这一时期美国国会针对伊核问题的核心关切。与防止核扩散相关的提案共计 89 项，占提案总数的 63.6%。该类别又可以细分为针对伊朗核计划的（解除）制裁、豁免、谴责、问责等行为，以及与之相关的双边关系和多边关系。

其次，共和党在掌控立法议程方面优势突出。来自共和党议员的提案数量为 106 项，而来自民主党议员的提案数量为 34 项，前者的提案数量远多于后者，是后者提案数量的三倍多。如表 16 所示，将提案进行分类，可以发现共和党在每一类别下的提案数量都大于或等于民主党的提案数量。如表17所示，对党员个人的提案数量进行梳理发现，共和党提案数量排名前五位的议员的人均提案数为5.4项，而民主党提案数量排名前五位的议员的人均提案数为2项，前者为后者的2.7倍。

表16　美国第113—116届国会关于伊核问题的提案类型和数量　　（单位：项）

提案类型	议案	联合决议案	修正案	共同决议案	简单决议案
提案数量	97	6	7	7	23
民主党议员的提案数量	26	3	0	1	4
共和党议员的提案数量比例	71	3	7	6	19

资料来源：笔者根据美国国会网站的相关提案整理。

表17　美国第113—116届国会两党关于伊核问题提案最多的前五名及提案数量

民主党		共和党	
议员及所属议院	提案数量（项）	议员及所属议院	提案数量（项）
格里·康诺利（Gerry Connolly，众议院）	2	埃德·罗伊斯（Edward Royce，众议院）	7
约什·戈特海默（Josh Gottheimer，众议院）	2	鲍勃·科克（Bob Corker，参议院）	5
阿尔西·黑斯廷斯（Alcee Hastings，众议院）	2	凯·格兰杰（Kay Granger，众议院）	5
乔·肯尼迪三世（Joe Kennedy III，众议院）	2	罗恩·詹森（Ron Johnson，参议院）	5
约翰·B. 拉森（John B. Larson，众议院）	2	马克·史蒂芬·科克（Mark Steven Kirk，参议院）	5

资料来源：笔者根据美国国会网站的相关提案整理。

最后，共和党的优势与统一政府和分立政府密切相关，使关于伊核问题的外交政策呈现出较为明显的党派色彩。根据表 18 的信息可以看出，在第 113—116 届国会中，共和党在多数情况下都占据参议院或众议院的多数席位，且议席分配优势较为突出。奥巴马在第二任期内一直面临分立政府的情况，而特朗普的第一任期则是统一政府。在研究区间内共有 24 项法案提交给总统，最终有 23 项生效成法。在生效成法的法案中，共和党的法案有 19 项，而民主党只有 4 项，前者约是后者的 5 倍。

表 18　第 113—116 届国会参议院与众议院议席分布情况

国会届期	年份	总统	参议院（席）			众议院（席）		
			民主党	共和党	其他	民主党	共和党	其他
第 113 届	2013—2015	贝拉克·奥巴马	53	45	2	201	234	0
第 114 届	2015—2017	贝拉克·奥巴马	44	54	2	188	247	0
第 115 届	2017—2019	唐纳德·特朗普	47	51	2	194	241	0
第 116 届	2019—2021	唐纳德·特朗普	46	52	2	235	199	1

资料来源：笔者根据美国参议院网站（https://www.senate.gov/history/partydiv.htm）和众议院网站（https://history.house.gov/Institution/Party-Divisions/Party-Divisions/）整理。

注：表中阴影部分表示相应届期内该议院由民主党控制。

2. 共识赤字与否决政治的外交政策

特朗普指责奥巴马政府的对伊政策难以有效维护美国的利益，即不能保证美国利益优先。因此特朗普一改前任政府的促谈姿态，恢复并追加对伊朗的经济制裁，同时加强政治打压、制造外交孤立，在外交政策上呈现出“逢奥必反”的态势[1]。

首先，民主党更强调通过和平解方式决伊核问题，认为《伊核协议》发

〔1〕 岳汉景：《拜登政府对伊朗政策与伊朗核问题》，载《国际关系研究》，2022 年第 5 期，第 93 页。

挥了作用。奥巴马政府于2015年发布第二份的《美国国家安全战略报告》指出，“在停止伊核项目的进展以换取有限缓和后，我们倾向于达成一项全面的可核查的协议”。[1] 而特朗普政府于2017年发布的《美国国家安全战略报告》将伊朗定义为“独裁政权”“流氓国家”，并指出《伊核协议》没能阻止伊朗进行武器扩散、发展情报能力、开展恶性网络活动、对平民造成伤害等。[2] 其次，民主党人认为推进《伊核协议》能够“强化核不扩散机制，推动伊朗和平使用核能”，这符合美国的国家利益。[3] 而共和党人认为，伊朗包庇和支持恐怖组织，研制新型弹道导弹，使杀伤性武器得到扩散，威胁到了美国国家安全。[4]

在党派私利优先、政党共识依赖于民主程序的输出时，民主党与共和党之间更容易出现共识赤字。例如，共和党议员鲍勃·科克发起的《2015年伊朗核协议审查法案》（*Iran Nuclear Agreement Review Act of 2015*）建议：对于在2015年7月10日至2015年9月7日期间提交到国会的协议及其附属材料，国会审查期为60天；总统不得放弃、暂停、减少、减缓或以其他方式影响对伊朗实施的法定制裁，或在提交国会审查期间不实施制裁。[5] 这一提案既体现了立法权对行政权的限制，又体现出共和党对作为执政党的民主党的制约。如果该法案生效成法，就可以进一步提高国会在伊核问题上的主动性，因为“如果在审查期间，国会发布了一项联合决议表示赞成，则该协议可能会被采纳”。[6] 同时，考虑到第114届国会的议席分配以及奥巴马政府面对的分立政府的情况，共和党很有可能在伊核问题上占据优势。

---

〔1〕 “The National Security Strategy of the United States of America”, https://nssarchive.us/wp-content/uploads/2020/04/2015.pdf.

〔2〕 “The National Security Strategy of the United States of America”, http://nssarchive.us/wp-content/uploads/2020/04/2017.pdf.

〔3〕 同〔1〕。

〔4〕 同〔2〕。

〔5〕 “S.615-Iran Nuclear Agreement Review Act of 2015”, https://www.congress.gov/bill/114th-congress/senate-bill/615? q=%7B%22search%22%3A%22Iran+nuclear%22%7D&s=1&r=3.

〔6〕 同〔5〕。

3. 小结

民主党与共和党都将伊核问题作为赢得国内选举的政策工具，维持和扩大党派利益成为民主党与共和党进行政策选择时的优先标准。两党对“《伊核协议》是否符合美国国家利益”的认知存在根本分歧，意识形态和党派利益的对立是造成该分歧的重要原因。因此，民主党与共和党针对伊核问题出现了共识赤字。共和党凭借统一政府的优势在立法方面表现强势，可以说主导了立法议程。共和党提倡“极限施压”的对伊政策，将民主党“和平解决伊核问题”的外交遗产破坏殆尽。民主党与共和党没有就“何种对伊政策符合美国国家利益”进行深入探讨，而是以党派私利为先，为了反对而反对。因此，当民主党与共和党通过民主程序形成政党认知，且认知强调党派利益时，政党间就会出现共识赤字的现象。此时，政党竞争难以“止于水边”，否决政治会严重影响美国外交政策的稳定性和连续性。

六、结语

政党认知和政党共识是理解国家外交政策的重要视角，同时也是没有得到充分研究的视角。本文从政党认知出发，将“共识对主体间合作有促进效应”这一潜在假设明确化，引入了“政党认知形成的来源”与“政党认知内容性质”两个关键变量，构建了“政党认知-政党共识-外交政策转化”这一具体的分析路径，以分析民主党与共和党共识的形成机制和政党共识对外交政策的影响机制。本研究得出如下结论：在美国竞争性的政党体制下，政党共识存在高度共识、部分共识和共识赤字三种情况；政党间的高度共识更容易推动国家两党合作的外交政策的形成，政党间的部分共识更容易推动国家讨价还价的外交政策的形成，而政党间的共识赤字更容易推动国家否决政治的外交政策的形成；政党共识本质上是一种程序共识。

虽然本文初步提出了关于政党共识与外交政策研究的基本框架，但是仍存在理论的可推广性和案例的代表性等问题。首先，美国政治体制具有其特殊性，对于那些政党体制和政府与议会关系不同于美国的国家而言，本文理论的可推广性在一定程度上会受到影响。其次，本文选取“9·11”恐怖袭击、美国对华高新技术政策演变和伊朗核问题三个案例，分别对应高度共识、部分共识和共识赤字三种情况，其中涉及案例选取是否具有代表性的问题。再次，民主党与共和党互为对方学习环境的组成部分，彼此认知相互影响。本研究没有对认知相互影响的性质做出判断，即没有判断认知的相互影响是促进了政党合作还是加剧了政党竞争。

除了上述内容，关于政党认知以及美国政党政治演变等问题仍有广阔的研究空间。随着革命时代远去、中产阶级不断发展壮大，政党不得不谋求跨越传统社会分层的多元代表性。在这个意义上，美国两党是全方位政党。政党围绕代表权的竞争构成了政党治理权分配的基础，政党政治没有止步于代表权领域，而是向治理权领域渗透。治理权围绕朝野政党、国会议席的分布展开。为了最大限度地实现对治理权的垄断，并将反对党排除在国家治理之外，美国的政党逐渐卡特尔化。卡特尔政党脱离社会而融入国家所导致的政党国家化，使政党表达和整合社会诉求的代表性功能不断弱化。因此，在选与治、代表权和治理权之间存在相悖的逻辑，严重冲击了美国政党的代表性，进而引发了社会层面的政党认同危机和美国民粹主义的兴起。

外交政策是受美国政治极化和民粹主义影响较大的领域。特朗普 2016 年成功当选总统掀起了美国国内民粹主义革命，他将自身塑造为反移民、反建制、反全球化的克里斯玛。[1] 特朗普虽已下台，但“特朗普革命”的政治遗产仍然深度作用于美国的国内政治和外交政策。在这种背景下，美国政治极端化和对华政策极端化的“两化”问题出现了前所未有的共振，[2] 民

---

〔1〕 王一鸣:《关键性选举究竟何时到来？——从“特朗普革命”到“后特朗普时代”》,载《世界政治研究》,2022 年第 1 期,第 96 页。

〔2〕 张文宗:《美国政治极化与对华政策的极端化》,载《和平与发展》,2020 年第 2 期,第 42 页。

粹主义与反华舆论同步高涨，美国国内政治联盟的变化框定了美国对华政策以及中美战略竞争的主题。[1] 在党争和政党极化加剧的背景下，美国对华政策越来越受其国内政治驱动。深入研究美国政党政治的发展变化有助于进一步理解美国国内政治变动对中美关系的影响，进而梳理和分析美国外交政策的走向，从而探索中国对美外交突破之处。

---

〔1〕 沈雅梅:《美国民粹主义新动向及其影响》,载《和平与发展》,2018 年第 6 期,第 4 页;王浩:《从制度之战到经济竞争:国内政治与美国对华政策的演变(2009~2018)》,载《当代亚太》,2019 年第 1 期,第 55 页。

美国对华竞争战略中的政党政治探析

王佳霖*

【内容提要】 自2017年特朗普执政以来，美国开始推动对华战略的根本性转型，明确将中国定位为“战略竞争者”。而在2021年拜登上台后，美国国内政治与对华战略的联动更加紧密，使得其对华竞争战略呈现明显的政党政治元素。当前美国对华竞争战略的政党政治主要体现在四个方面：一是美国两党更加积极地将中国议题嵌入到国内政党政治议程中，二是两党在对华示强竞赛中着力打造涉华“政治品牌”，三是两党尤其是民主党频繁以服务对华竞争之名来推动本党政策议程，四是共和党将一系列涉华议题作为对民主党和中国“双重打击”的政治武器。这一新近战略趋势导致美国对华战略决策的不稳定性加剧，对华竞争战略实践的两面性日益突出，对华竞争战略基础进一步固化，进而对中美关系的积极调整构成结构性约束，也对新时期的中国对美外交提出更大的挑战。

【关键词】 美国对华战略；战略竞争；政党政治；中美关系

* 王佳霖，复旦大学国际关系与公共事务学院国际关系专业博士研究生。

一、引言

近年来，随着中国经济和军事实力的加速提升，美国对其“改造”中国愿景的实现能力、对中美关系的塑造能力、对亚太秩序的主导能力、对全球领导权的护持能力产生了“四重焦虑”，并开始调整对华战略，力图阻滞中国崛起。2017 年，时任美国总统特朗普在《美国国家安全战略报告》中明确将“大国战略竞争”定为新时期美国国家安全战略的主基调，为中国贴上“战略竞争者”（Strategic Competitor）标签，[1] 由此开启了美国对华战略的范式性转变，并发起了一系列对华打压乃至对抗举措。而在 2021 年上台后，拜登总统总体上沿袭了特朗普政府对华战略定位和政策基调，将中国定位为“唯一既有重塑国际秩序意图，也有愈来愈强的经济、外交、军事和技术力量来推进这一目标的竞争对手”，甚至声称“中国在未来数十年对美国国家安全构成最根本威胁”，“是美国面临的重要与步步进逼的挑战”。[2] 在政策层面，拜登政府着力提升对华竞争的系统性和精准性，并将对华竞争战略的国内政治基础作为美国国家安全战略的核心部分。鉴于从党派角度分析国内政治与对外政策的关系，或从党派之间利益矛盾和冲突理解对外政策是“从国内政治角度分析对外政策的首要选择”，[3] 有必要在分析美国对外竞争战

[1] 在美国对华竞争战略演变过程中，2017 年发布的《美国国家安全战略报告》和《美国对中华人民共和国的战略方针》是最重要的两份纲领性文件。参见“National Security Strategy of the United States of America”，https://trumpwhitehouse. archives. gov/wp-content/uploads/2017/12/NSS-Final-12-18-2017-0905. pdf; The White House，“United States Strategic Approach to the People's Republic of China”，https://trumpwhitehouse. archives. gov/wp-content/uploads/2020/05/U. S. -Strategic-Approach-to-The-Peoples-Republic-of-China-Report-5. 24v1. pdf。

[2] The White House，“Biden-Harris Administration's National Security Strategy”，https://www. whitehouse. gov/wp-content/uploads/2022/10/Biden-Harris-Administrations-National-Security-Strategy-10. 2022. pdf; U. S. Department of Defense，“2022 National Defense Strategy of The United States of America”，https://media. defense. gov/2022/Oct/27/2003103845/-1/-1/1/2022-NATIONAL-DEFENSE-STRATEGY-NPR-MDR. PDF.

[3] 张清敏：《对外政策分析》，北京：北京大学出版社，2019 年版，第 145 页。

略时“把政党找回来”。[1]

长期以来，国内政党政治始终是影响美国国家安全战略目标设定、威胁认知和手段设计的主要因素之一。[2] 1947 年，美国国会参议院外交委员会的首任主席亚瑟·范登堡（Arthur Vandenberg）曾提出“政党政治止于水边”的概念，其核心内涵是美国两党应将政治斗争局限在国内政治层面，并在对外政策问题上保持团结合作。该原则对冷战期间美国全球战略的制定和实施产生了积极作用。[3] 具体到近年来美国的对华竞争战略上，美国民主党和共和党精英为了回应其所代表的核心政治联盟的要求，开始推动美国对华战略的竞争性转向，并对美国核心利益界定、对华竞争手段选择等战略要素产生深刻影响。[4] 特别是在特朗普和共和党的极力操作下，美国两党已形成相似的“中国威胁”认知和“对华强硬”战略共识，而中国议题甚至被视为“华盛顿最后一个两党议题”（The Last Bipartisan Issue Left in Washington）或“两党政策的最后堡垒”（The One Last Bastion of Bipartisan Policy）。[5] 而在拜登上台后，美国对外政策和国内政策的关联度显著增强，大国竞争被进一步转化为一种内政需求，这也使得美国对华战略具有越发明显

---

〔1〕 钟准:《把政党找回来——政党与对外政策》,载《世界经济与政治》,2019 年第 2 期,第 33—52 页。

〔2〕 参见 Peter Trubowitz, *Politics and Strategy: Partisan Ambition and American Statecraft*, New Jersey: Princeton University Press, 2011;潘忠岐:《与霸权相处的逻辑》,上海:上海人民出版社,2012 年版;刁大明:《美国两党政治走向及对特朗普外交的影响》,载《现代国际关系》,2017 年第 10 期,第 7—17 页。

〔3〕 参见 James M. McCormick and Eugene R. Wittkopf, "At The Water's Edge: The Effects of Party, Ideology, and Issues on Congressional Foreign Policy Voting, 1947-1988", *American Politics Research*, Vol. 20, No. 1, 1992, pp. 26-53; Helen V. Milner and Dustin Tingley, *Sailing the Water's Edge: The Domestic Politics of American Foreign Policy: How U. S. Domestic Politics Shapes the Nation's Foreign Policy*, New Jersey: Princeton University Press, 2015。

〔4〕 参见王浩:《从制度之战到经济竞争:国内政治与美国对华政策的演变(2009～2018)》,载《当代亚太》,2019 年第 1 期,第 38—55 页; Hao Wang, "Defining China-U. S. Strategic Competition: Partisan Realignment and the Domestic Political Logic of Change in American Strategy toward China, 2009-2020", *Chinese Journal of International Review*, Vol. 4, No. 1, 2022。

〔5〕 Benjy Sarlin and Sahil Kapur, "Why China May be the Last Bipartisan Issue Left in Washington", https://www.nbcnews.com/politics/congress/why-china-may-be-last-bipartisan-issue-left-washington-n1261407.

的内政导向色彩。[1]

随着美国对华竞争战略的深化，国内政党政治对美国对华竞争战略的影响愈加突出，使得美国对华竞争战略呈现出明显的政党政治元素。一般而言，国内主要政党往往是将特定议题政治化的主要推动者。例如在特朗普任期内，共和党的“特朗普化”和民主党的“身份认同化”同步发展，进一步加剧了两党稳固选区在种族问题、移民问题、经济问题等具体问题上的分歧，导致美国政治与社会在族裔、阶层乃至性别等多个维度上出现尖锐对立，也使得美国两党政治逐渐向党争“部落化”方向发展。[2] 而就对华政策而言，美国两党通过设定涉华议题、塑造中国形象、协调国内利益攸关方涉华利益、展开对华政策资源动员和落实具体政策等过程，推动对华政策议题的“国内政治化”。作为“国内政治化”的核心表现，美国对华竞争战略中的政党政治指的是美国对华竞争战略被美国两党纳入本党政策议程和两党博弈进程中的现象与趋势。这是美国对华竞争战略持续深化的阶段性产物，反映了美国两党愈加积极主动地将其意识形态和利益偏好嵌入到对华战略的运作过程中。换言之，美国政党政治不仅塑造美国对华战略的外部环境，更是对战略本身产生了嵌入式影响，并集中体现在议题设置、战略动员、政策制定、政治博弈等方面。

为了丰富学界理解新时期美国对华战略的视角，本文将从两党在国内积极炒作中国议题、两党进行恶性的对华示强竞赛、两党（尤其是民主党）以应对所谓“中国威胁”之名推动本党政策议程，以及共和党将涉华议题武器

---

〔1〕 参见赵明昊：《大国竞争的内政化：以拜登政府重建中产阶级政策为例》，载《美国研究》，2021 年第 6 期，第 9—34 页；吴心伯：《美国国内政治生态变化如何重塑对华政策》，载《美国研究》，2022 年第 4 期，第 30—46 页；胡然、王缉思：《论中美关系与国内治理》，载《当代美国评论》，2022 年第 3 期，第 25—43 页；韩召颖、王耀辉：《美国对华政策的国内政治逻辑分析》，载《国际政治科学》，2023 年第 2 期，第 1—25 页。

〔2〕 参见刁大明：《身份政治、党争“部落化”与 2020 年美国大选》，载《外交评论（外交学院学报）》，2020 年第 6 期，第 48—73 页；穆若曦：《极端对立的政党与日趋分裂的社会——论政治极化下美国选民的政党认同》，载《当代世界与社会主义》，2022 年第 3 期，第 41—49 页。

化四个维度入手，对美国对华竞争战略中所体现的政党政治作出初步论析，并评估这一趋势对于中美战略博弈的影响。

二、两党将中国议题嵌入国内政党政治议程

长期以来，中国议题在美国国内政治生活中的地位并不显著，往往只是到总统大选期间，才会被两党政客炒作，用以牟取选举利益。[1] 自 1972 年开始，党派斗争就成为美国国内对华政策辩论的主要表现形式。两党的辩论既有对对方政策的不满和对自己原则的捍卫，也有利用中国议题进行炒作以达到政治目的的成分。这种辩论在大选过程中尤其容易升温，成为两党政见分歧的一部分。[2] 2008 年金融危机以来，中国议题日益成为美国选举政治的热点议题，经常被提及和炒作，其带来的负面效果往往延续到候选人当选之后，存在负面炒作的常态化趋势。[3] 在 2016 年美国总统大选过程中，特朗普曾借由炒作"中国威胁"、展示对华强硬态度，来动员选民支持，使得中国成为"替罪羊"，用以安抚那些因为他承诺"美国优先"和"抽干沼泽"而投票的人。[4] 随着特朗普推动美国对华战略的竞争性转向，中国议题已经被纳入美国国内政治尤其是政党政治议程中，其内政化乃至日常化的趋向更加突出。

第一，从府会互动看，中国议题已成为美国行政和立法部门互动与博弈的核心议题之一。围绕美国对华战略的优先方向及推动路径，美国国会在野

〔1〕 Peter Trubowitz and Jungkun Seo, "The China Card: Playing Politics with Sino-American Relations", *Political Science Quarterly*, Vol. 127, No. 2, 2012, pp. 189-211.

〔2〕 王文峰:《美国对华政策中的党派影响及其新态势》,载《现代国际关系》,2012 年第 7 期,第 37 页。

〔3〕 刁大明:《美国选举中的议题设置与中国议题》,载《国际论坛》,2014 年第 5 期,第 64—71 页。

〔4〕 Mara Oliva, "Trump and China: Much Ado About Nothing", in Mara Oliva and Mark Shanahan, eds. *The Trump Presidency: From Campaign Trail to World Stage*, New York: Palgrave Macmillan, 2019, pp. 246-247.

党与行政当局展开了激烈的“攻防战”。一方面，国会在野党通过大肆设置涉华议题、展开涉华党争，从多维度牵制行政部门的对华政策议程。为了实现对华极限施压效果，特朗普在其任内放任、纵容甚至暗推了国会的反华立法浪潮，客观上拉抬了国会在美国对华竞争战略中的地位。例如在 2021 年拜登上台后，作为在野党的共和党在国会和社交平台上频频发声，批评拜登对华政策软弱，并不断施压拜登采取更强硬的对华举措。共和党反华议员频频炒作所谓“新冠病毒溯源和对华追责”、抵制北京冬奥会等议题，提出一些内容极为敏感、通过难度很大的涉华“表演性法案”，有组织地挑起反华声浪。由此，美国国会涉华立法议程发生了显著变化，显著突出制衡中国影响力和推动对华经贸竞争两大重点，并在新冠疫情、“人权民主”、新兴科技和台湾问题等关键议题上加强联动、集中发力。[1] 在一定程度上，共和党反华国会议员的大肆鼓噪取得了成效，即拜登政府延续了特朗普政府所奠定的对华强硬立场。

另一方面，行政部门掌握中国议题设置和对华政策制定的主动权。随着中美战略竞争的激烈化，行政部门更需平衡国内外各主要行为体的利益诉求，谋求制定更具操作性和可持续性的对华政策。因此，行政部门往往结合所属政党和整个国家的利益偏好，主动设置中国议题，并对在野党的要求进行柔性回应。例如拜登政府始终将中美合作应对气候变化作为主要议题之一，对共和党的批评声浪采取“冷处理”，试图展现民主党在竞争中谋合作的能力。又如拜登曾于 2021 年 8 月、2021 年 10 月、2022 年 5 月和 2022 年 9 月四次对美国“协防”台湾作出肯定性表态，以此主动引导国内亲台议题。此外，拜登政府还通过将《与台湾关系法》的政策位阶提升至首要地位、公开质疑联合国 2758 号决议等行为等方式，试图虚化和解构美国“一个中国

[1] 张腾军:《美国近三届国会涉华立法议程变迁:特点、动因及前景》,载《当代美国评论》,2022 年第 1 期,第 17—36 页。

政策”的核心内涵，进一步将美国“一个中国政策”“空心化”。〔1〕拜登政府的如此种种亲台举措，均旨在争取涉华议题的主导权，并回推共和党方面所施加的压力。

第二，从国会政治看，美国两党频繁将国内重大议题与中国议题挂钩。进入2023年以来，美国两党围绕提高债务上限问题展开激烈博弈，甚至在此过程中大打“中国牌”，以此证明其预算计划的合理性，这是美国史上第一次在此类重大议题上纳入以反华叙事为代表的中国元素。〔2〕2023年1月，加利福尼亚州共和党众议员汤姆·麦克林托克（Tom McClintock）曾提出《预防违约法案》（*Default Prevention Act*），但招致民主党方面的批评，例如众议院筹款委员会首席民主党议员里奇·尼尔（Richie Neal）将该法案称为“优先支付中国”战略（“Pay China First” Strategy），并批评其“将外国债券持有人置于我们的军队、我们的退伍军人之前，并将其置于税收季节、美国人民的退税等议题之前”。〔3〕鉴于此，共和党修改了原本的预算计划，再度推出《限制、储蓄与增长法案》（*Limit,Save,Grow Act*），旨在将每年财政预算增长额度限制在1%，以限制政府支出，并缓解通货膨胀。该法案于2023年4月26日在众议院获得通过，其中嵌入了大量涉华条款，包括提出废除《通胀削减法案》中关于清洁能源的税收激励措施、限制中国租赁用于石油或天然气勘探的土地等。〔4〕对此，时任众议院议长麦卡锡将美国政府不断增长的债务称为美国日益依赖中国的主要来源，并称该法案有助于缓解

〔1〕信强:《拜登政府对台政策的嬗变与困境》,载《台湾研究》,2022年第3期,第1—11页。

〔2〕Jiachen Shi,“How China Became a Wedge Issue Amid the US Debt Ceiling Nail-Biter”,https://thediplomat.com/2023/05/how-china-became-a-wedge-issue-amid-the-us-debt-ceiling-nail-biter/.

〔3〕Cami Mondeaux,“Democrats Pan GOP's ‘Pay China First legislation’ on Debt Prioritization”,https://www.washingtonexaminer.com/news/house/democrats-pan-pay-china-first-strategy-debt-prioritization.

〔4〕“House Republicans Pass Limit,Save,Grow Act to Rein in Wasteful Spending and Grow the Economy”,https://waysandmeans.house.gov/house-republicans-pass-limit-save-grow-act-to-rein-in-wasteful-spending-and-grow-the-economy/.

美国对华依赖。[1] 而参议院多数党领袖舒默则表示，该法案将“把美国的就业机会和关键的电池制造业带到中国”。[2] 由此可见，美国两党均热衷于在推动国内重大议程的过程中嵌入中国议题，以此作为施压对方的权宜手段。

第三，从选举博弈看，两党共同推动中国议题显性化。以往，美国主要是在大选期间打“中国牌”。仅从竞选党纲角度看，随着中国自身实力不断提高及中美两国联系的不断加强，两党党纲涉及对华政策的频率在不断提高，相关内容从根本上来讲服务于美国两党进行选举的国内政治需要。[3] 而从竞选话语看，随着中美战略博弈的激烈化，美国两党尤其是共和党候选人在竞选中的涉华叙事更为负面。最具代表性的是，特朗普在竞逐 2020 年美国总统大选的过程中大肆抹黑中国，试图将中国作为其国内治理失能（尤其是应对新冠疫情无力）的“替罪羊”。[4] 相比之下，美国两党在中期选举中聚焦与民生直接相关的国内经济社会问题，很少大肆炒作中国议题，但这种现象近两年来发生了较为明显的变化。在 2022 年中期选举进程中，对华政策在美国政界人士中的讨论空间进一步收窄，对华强硬原则进一步向地方政治层面延伸。经济和就业等美国国内的焦点议题与中国议题之间的联系更

---

〔1〕 Speaker of the House Kevin McCarthy, “Speaker McCarthy’s Remarks on the Republican Plan to Address the Debt Ceiling”, https://www.speaker.gov/speaker-mccarthys-remarks-on-the-republican-plan-to-address-the-debt-ceiling/.

〔2〕 The Senate Democratic Caucus, “House Republicans Are Fighting To Crash The U. S. Economy And Send American Jobs And Critical Battery Manufacturing To China”, https://www.democrats.senate.gov/newsroom/press-releases/house-republicans-are-fighting-to-crash-the-us-economy-and-send-american-jobs-and-critical-battery-manufacturing-to-china.

〔3〕 何维保：《美国两党党纲中的对华政策论析》，载《美国研究》，2019 年第 6 期，第 84—111 页。

〔4〕 关于特朗普在 2020 年美国大选过程中打“中国牌”的梳理分析，可参见 Stephen Collinson, “Trump and Biden Launch Battle over China That Could Define 2020 Election”, https://edition.cnn.com/2020/04/21/politics/trump-biden-china-2020/index.html; Susan E. Rice, “Trump is Playing the China Card. Who Believes Him?”, https://www.nytimes.com/2020/05/19/opinion/trump-biden-china.html; Robert Lawrence Kuhn, “Anti-China Rhetoric is not Just US Election Bluster This Time Around”, https://www.scmp.com/comment/opinion/article/3094509/anti-china-rhetoric-not-just-us-election-bluster-time-around。

趋紧密。[1]

一方面，两党候选人频繁攻击对手将美国就业机会转移到中国，并批评对方的涉华利益联系。例如在宾夕法尼亚州参议员的共和党内初选中，特朗普支持的穆罕默德·奥兹（Mehmet Oz）多次抨击其对手、前美国财政部负责国际事务的副部长大卫·麦考密克（David McCormick）曾以对冲基金桥水（Bridgewater）的首席执行官身份，与中国进行商业交易。而麦考密克及其盟友则攻击奥兹授权其电视节目在中国国家电视台播出并从中获利，同时奥兹创办的一家床上用品公司也将制造业务外包给中国。[2] 又如在竞争激烈的俄亥俄州参议员选举中，民主党候选人蒂姆·瑞安（Tim Ryan）称他的对手万斯是“骗子”，指出他“在投资向中国提供就业机会的公司的同时，也诋毁俄亥俄州人”。[3] 再如北卡罗来纳州参议员竞选中的一则广告宣称，“中国愚弄了帕特·麦克罗里（Pat McCrory）”，因为他将数百万美元的纳税人补贴授予“中共拥有的一家公司”，并“用行贿资金补贴中共政府，而这个政府一直在窃取我们的技术，对美国发动经济战争”。[4]

另一方面，一些两党候选人或相关选举组织积极展示对华强硬立场，呼吁美国降低对华依赖。例如曾获得前总统特朗普支持的共和党人詹姆斯·戴维·万斯（J. D. Vance）在竞选俄亥俄州参议员时表示，“我们不能再对中国软弱，我们要停止向那些仇恨我们的人输送属于美国的就业机会”。[5] 又

---

[1] 赵明昊:《2022 年中期选举及美国对华政策走向》,载《当代美国评论》,2022 年第 4 期,第 40—44 页。

[2] Josh Dawsey,“Many GOP Candidates are Bashing Each Other for Ties to China”,https://www.washingtonpost.com/politics/2022/05/11/republicans-china-primaries/.

[3] Katherine Huggins,“Tim Ryan and J. D. Vance Spar over Approach to China During First of Two Senate Debates in Ohio”,https://www.marketwatch.com/story/tim-ryan-and-j-d-vance-spar-over-approach-to-china-during-first-of-two-senate-debates-in-ohio-11665452768.

[4] Joe Renouard,“China Was an Issue in the US Midterms,Especially in Attack Ads”,https://thediplomat.com/2022/11/china-was-an-issue-in-the-us-midterms-especially-in-attack-ads/.

[5] Lin Yang,“In Polarized 2022 Midterms,US Candidates Find Common Ground Opposing China”,https://www.voanews.com/a/in-polarized-2022-midterms-us-candidates-find-common-ground-opposing-china/6804620.html.

如众议院民主党政治行动委员会（PAC）宣布民主党“与中国抗衡，并修复供应链，以降低成本”。[1] 再如支持民主党人的政治行动委员会“多数党前进”（PAC Majority Forward）将美国的高通胀归咎于中国，声称物价上涨是“因为美国过于依赖中国”。“多数党前进”发布广告督促争取连任的共和党参议员罗恩·约翰逊（Ron Johnson）“停止对中国更轻松，对我们更加强硬”，而这也引来约翰逊方面的反弹。[2] 整体而言，来自中西部州的亲特朗普候选人更偏好在 2022 年美国中期选举中炒作中国议题，展示对华强硬立场，以此回应选民所持有的“中国偷走了美国的工作”之类的涉华负面情绪。[3] 值得注意的是，特朗普及其背书支持的共和党人还在竞选过程中呼吁中国就新冠病毒起源问题进行所谓“赔偿”，以此巩固一些拥护“让美国再次伟大”（MAGA）立场的选民支持。[4]

三、两党在对华示强竞赛中打造“政治品牌”

早在 20 世纪 40 年代末 50 年代初，美国共和党就攻击民主党政府“对共产党手软”，挑起“谁丢失中国”的争论，可见美国对华政策经常是“美国党派斗争的政治足球”。冷战结束后，两党在对华问题上原有的共识不复存在，频繁将中国问题作为相互攻击的焦点，并利用美国普通民众对中国崛起的担忧谋取国内政治支持，使得“中美关系成为党派政治的人质”的现象

---

〔1〕 Joe Renouard,“China Was an Issue in the US Midterms,Especially in Attack Ads”,https://thediplomat. com/2022/11/china-was-an-issue-in-the-us-midterms-especially-in-attack-ads/.

〔2〕 “WisGOP:FACT CHECK:Democrats Swing and Miss in New Ad Attacking Ron Johnson on China”,https://www. wispolitics. com/2022/wisgop-fact-check-democrats-swing-and-miss-in-new-ad-attacking-ron-johnson-on-china.

〔3〕 Lin Yang,“In Polarized 2022 Midterms,US Candidates Find Common Ground Opposing China”,https://www. voanews. com/a/in-polarized-2022-midterms-us-candidates-find-common-ground-opposing-china/6804620. html.

〔4〕 Josh Dawsey,“Many GOP Candidates are Bashing Each Other for Ties to China”,https://www. washingtonpost. com/politics/2022/05/11/republicans-china-primaries/.

频出。[1] 近年来，经由特朗普政府的极限政治操作，美国国内在对华政策上已“形成了全新的政策话语和政治生态，逐渐将中国脸谱化、污名化，畸形的政治正确使得战略界温和派和谨慎派的影响力越来越弱，政策话语空间越来越小”。[2] 可以说，两党均不敢承担“败给中国”的责任，不想落下对华软弱的口实，对华强硬已成为所谓的“政治正确”。[3] 在此背景下，两党逐渐展开恶性的对华示强竞赛，力图打造对华激烈竞争的“政治品牌”，并强化本党在美国涉华战略决策中的话语权。

一方面，共和党着力打造及巩固对华超强硬的政党形象和“政治品牌”。在特朗普政府时期，共和党逐渐形成对华超强硬立场，并且主导了美国“全政府”对华战略的动员和实施。[4] 而自2021年拜登上台以来，作为在野党的共和党内部对华政策立场相对一致，更加直接、全面、深入地介入美国涉华决策，试图塑造拜登政府的对华竞争战略，并巩固其在关键涉华政策议题的主导权。例如在台湾问题上，共和党亲台议员提出了《台湾威慑法案》（*Taiwan Deterrence Act*）、《武装台湾法案》（*Arm Taiwan Act*）等一系列敏感的涉台军事法案，希望通过对台提供军援、加强联合演训等方式，来协助台湾提升“自我防卫能力”，甚至推动美台军事关系的“准同盟化”。又如在人文交流议题上，共和党的立场远比民主党消极，以田纳西州参议员玛莎·布莱克本（Marsha Blackburn）为首的共和党反华议员持续以中国“对美渗透”“危害国家安全”等为由，主张打压孔子学院及承办孔子学院的高校，

---

〔1〕 陶文钊主编:《冷战后的美国对华政策》,重庆:重庆出版社,2006年版,第11、265页。

〔2〕 左希迎:《美国“全政府对华战略”及其评估》,http://www.iiss.pku.edu.cn/research/bulletin/3595.html。

〔3〕 侯海丽、倪峰:《美国“全政府—全社会”对华战略探析》,载《当代世界》,2019年第7期,第66页。

〔4〕 张昭曦:《美国共和党的对华超强硬态度探析》,载《现代国际关系》,2021年第1期,第9—17页。

并将台湾奖学金项目（Taiwan Fellowship Program）作为孔子学院的替代性选项。[1] 可以说，人文交流议题已成为共和党保守派的“政策招牌”之一，而对抗所谓“中共锐实力”“影响力行动”也是最具共和党特色的反华举措之一。此外，以佛罗里达州共和党参议员马尔科·卢比奥、德克萨斯州共和党众议员迈克尔·麦考尔等为首的极端反华共和党人还大肆推动新冠病毒的所谓“溯源”及对华追责，炮制关于中国新疆地区所谓“强迫劳动”的负面叙事，鼓吹美国对华金融“脱钩”，试图营造对华全方位竞争的氛围。

与此同时，共和党还着力推动对华政策的组织化、机制化，试图强化政策动员能力，并打造对华强硬的“政治品牌”。早在2020年5月，时任众议院少数党领袖麦卡锡亲自牵头成立众议院“中国工作组”（China Task Force），此为美国对华战略转型后成立的首个专门涉华组织。该工作组由时任众议院外交委员会首席共和党议员麦考尔担任主席，纳入来自外交、军事、情报、司法等多个众议院主要委员会的15名共和党人，以所谓“中国威胁”为工作焦点，划分了国家安全、科技、经济与能源、竞争力和意识形态竞争5个支柱（Pillar）小组。在具体实践中，工作组通过炮制重磅报告和法案、操弄敏感议题、施压拜登政府等方式，极力增强政治影响力，力图塑造美国中长期的对华竞争战略。例如该工作组曾于2020年9月30日公开发布长达141页的《中国工作组报告》（*China Task Force Report*），聚焦意识形态竞争、供应链、国家安全、技术、经济与能源、竞争力等6大“中国威胁”，提出了82项主要调查结果和400多项对策建议。[2] 2020年10月20日，工作组再次推出《中国工作组法案》（*CTF Act*），涵盖137项法案条

〔1〕“Taiwan Can Replace Confucius Institutes: US legislators”, https://www.taipeitimes.com/News/taiwan/archives/2021/04/10/2003755423.

〔2〕“China Task Force Report”, https://foreignaffairs.house.gov/wp-content/uploads/2020/11/China-Task-Force-Final-Report-11.6.20.pdf.

款。[1] 又如工作组大肆炒作涉华敏感议题，曾于2022年7月20日邀请时任台湾当局“驻美代表”萧美琴参加题为“共和党人勇敢面对中国：与台湾‘大使’会面”（Republicans Stand Up to China：Meeting with Taiwan Ambassador）的圆桌会，聚焦美国协助台湾加强防卫能力的方式和策略。[2] 可以说，众议院“中国工作组”有助于共和党展开初步的涉华资源动员和反华政策实践。

在重夺美国第118届国会众议院主导权后，时任众议院议长麦卡锡基于“中国工作组”的运作经验，于2023年1月推动成立升级版的众议院“美中战略竞争特设委员会”（Select Committee on the Strategic Competition Between the United States and the Chinese Communist Party），并指定时任威斯康星州众议员麦克·加拉格尔（Mike Gallagher）担任委员会主席。该委员会不仅纳入了13名共和党众议员（其中6位是众议院“中国工作组”的原成员），也吸收了11名民主党众议员，使得委员会具有共和党主导、跨党派运作的基本特点。该委员会将恢复美国国内供应、加强美国军事能力、保护美国人的个人数据和知识产权等作为优先政策议程，运用其掌握的调查权，通过召开听证会、开展实地调研、提供立法建议等方式，谋求塑造美国对华竞争战略。[3] 例如，该委员会在2023年2月28日晚上7点这一“黄金时段”举行主题为“中国共产党对美国的威胁”（The Chinese Communist Party's Threat to America）的首场公开听证会，邀请特朗普政府时期的前副总统国家安全事务助理博明（Matthew Pottinger）、前总统国家安全事务助理赫伯特·

---

〔1〕“H. R. 12-CTF Act”，https://www.congress.gov/bill/116th-congress/house-bill/12? q=%7B%22search%22%3A%5B%22China+task+force+act%22%5D%7D&s=2&r=1.

〔2〕“McCarthy, McCaul, Hsiao, China Task Force Members Discuss Taiwan Strategy”，https://www.speaker.gov/mccarthy-mccaul-hsiao-china-task-force-members-discuss-taiwan-strategy/.

〔3〕Kevin McCarthy and Mike Gallagher，“China and the US are Locked in a Cold War. We Must Win It. Here's How We Will”，https://www.foxnews.com/opinion/america-locked-china-cold-war-win；Briana Reilly，“Chairman Gallagher Outlines China Committee's Agenda”，https://rollcall.com/2023/01/24/chairman-gallagher-outlines-china-committees-agenda/.

雷蒙德·麦克马斯特（H. R. McMaster）等人出席作证，从多个维度渲染所谓“中国威胁”，旨在影响美国涉华民意。[1] 又如加拉格尔不仅曾低调访问台湾，了解台湾当局对于台海形势和战力建设的观点，还曾与其他委员会成员前往佛罗里达州和加利福尼亚州，就中国制造的产品（如起重机）对美国港口的安全风险、科技巨头和好莱坞制片厂与中国的业务关系等问题进行调研。由此可见，虽然该委员会被视为“两党合作的绿洲”（An Oasis of Bipartisanship），[2] 但实际上仍是由共和党主导的反华机构，也成为共和党打造“专业制华政治品牌”的工具。

另一方面，相较于对华超强硬的共和党，民主党的涉华立场相对稳健，而相关对华竞争战略规划也更为精细。面对大环境的变动，民主党内的自由鹰派不完全认同特朗普政府的具体施策，就对华战略竞争作出调整和补充，包括完善了对华竞争的战略逻辑，细化了对华竞争的政策布局，并调整了对华竞争的程度和空间。[3] 自上台以来，拜登政府“似乎意识到在处理涉华问题时，需要在政策和政治之间取得平衡”，[4] 因此着重从两方面调整了特朗普政府初步规划的对华竞争战略框架：一是重视与盟友的涉华协作；二是强调国内能力建设。基于这一基本思路，拜登政府出台了一系列对华竞争举措，例如在国际上施压日本和荷兰等盟友加入对华半导体技术出口管制阵营，勾连日本、英国、澳大利亚等盟友共同干涉中国内政问题，又如在国内推动《基础设施投资和就业法案》《通胀削减法案》《芯片和科学法案》，强化基础设施、新能源、半导体等关键领域的国内能力基础，同时也降低对华

〔1〕 “The Chinese Communist Party's Threat to America”, https://www.congress.gov/event/118th-congress/house-event/115402?s=1&r=2.

〔2〕 Sophia Cai, “House Committee on China is Becoming an Oasis of Bipartisanship”, https://www.axios.com/2023/02/17/china-select-committee-bipartisanship.

〔3〕 张昭曦：《自由鹰派与拜登政府对华战略》，载《现代国际关系》，2022年第8期，第37—44、61页。

〔4〕 Ryan Hass, “Playing the China Card”, https://www.noemamag.com/playing-the-china-card/.

依赖。[1] 此外值得注意的是，自 2023 年 4 月以来，拜登政府展开对华“外交攻势”，希望全面恢复中美高层对话，以推动中美关系解冻（Thaw）。[2] 这在很大程度上是为了打造拜登和民主党的涉华“政治品牌”，即通过推动中美高层对话，来展示其对华务实接触的意愿和管控中美冲突风险的能力，并与高度依赖对抗性手段的特朗普等保守派政客相区分，进而争取中间选民的支持。

与此同时，在拜登的推动下，美国国防部、中央情报局、国土安全部、国务院等部门在 2021 年后纷纷设立以“中国”为名的专门性组织（如工作小组或任务中心），以此展示各机构的制华意愿和能力。例如在 2022 年 5 月，美国国务卿布林肯在涉华专题演讲中宣称，美国国务院各部门将共同组建“中国之家”（China House），负责协调和实施跨议题和跨地区的对华政策，并根据需要与国会合作。[3] 12 月 16 日，美国国务院启动“中国之家”的正式版本，即中国事务协调办公室（Office of China Coordination），以取代原国务院东亚和太平洋事务局下设的中国处（China Desk）。办公室首任协调员由时任美国国务院负责中国、蒙古国事务的副助理国务卿华自强（Rick Waters）担任，计划下设三个分别专注于传统双边事务、处理战略沟通、负

[1] 关于拜登政府对华政策的详细梳理与分析，可参见周琪：《拜登政府对华政策显现全貌》，载《当代美国评论》，2022 年第 4 期，第 52—78 页。

[2] Peter Baker and David E. Sanger,“Biden Sees Coming ‘Thaw’ With China, Even as He Rallies Allies Against Beijing”, https://www.nytimes.com/2023/05/22/us/politics/biden-china-g7.html/. 自 2023 年 5 月以来，中美双方举行了多次高层会晤。例如在 5 月 10—11 日，美国总统国家安全事务助理沙利文（Jake Sullivan）和中共中央政治局委员、中央外办主任王毅在奥地利举行会晤。6 月 18—19 日，美国国务卿布林肯（Antony Blinken）访华，成为 2018 年以来访华的最高级别美国官员，并会见中国国家主席习近平。7 月 6—9 日，美国财政部部长耶伦（Anet Yellen）访华，并会见国务院总理李强。8 月 27—30 日，美国商务部部长雷蒙多（Gina Raimondo）访华，成为 7 年来首位访华的美国商务部部长，并会见李强总理。此外，据《金融时报》报道，美国中央情报局局长伯恩斯（William Burns）曾于 5 月访华，并会见中国安全部门高层。参见 Demetri Sevastopulo,“CIA Chief Made Secret Trip to China in Bid to Thaw Relations”, https://www.ft.com/content/5fdfed4f-7270-455f-ac33-fedbef887423。

[3] Antony J. Blinken,“The Administration's Approach to the People's Republic of China”, https://www.state.gov/the-administrations-approach-to-the-peoples-republic-of-china/.

责全球涉华事务的主要团队，雇用大约60—70名职员，汇集来自国务院下属各地区局及其他政府部门的中国问题专家，涉及国际安全、经济、技术、多边外交和战略传播等各大领域。[1] 这是拜登政府整合资源以集中应对所谓“中国威胁”的重要努力，体现了民主党方面对于外交政策工具的极高重视度，这一机制将提高国务院内部涉华的人才、工具和资源整合的效率，进而推动更加“灵活和一致的（对华）政策”，同时“负责任地管理美国与中国的竞争”。[2] 可以说，拜登和民主党方面利用其掌握的行政权力，已初步打造了对华“精细化竞争”的“政治品牌”。

四、两党以对华竞争之名推动本党政策议程

在国内政治极化常态化的背景下，美国两党围绕一些重要国内议题的互动氛围趋于恶化，很难通过政党间的建设性互动来推动本党所偏好的政策议程，因而选择借由对华竞争之名来取得政策突破，以回应选民需求。一方面，民主党借由服务对华竞争叙事，试图推动清洁能源、基础设施、教育、医疗卫生等具有左翼色彩的国内经济社会民生政策，并谋求扩大政府职能。[3] 另一方面，共和党则与民主党展开激烈的政治“攻防战”，力阻民主党在涉华重大法案推动过程中裹挟其关切的议程，同时也极力推动增加军费开支等传统右翼政策议程。可以说，“美国所有政策都披上了对华竞争的外衣”。[4]

---

〔1〕“Secretary Blinken Launches the Office of China Coordination”, https://www.state.gov/secretary-blinken-launches-the-office-of-china-coordination/.

〔2〕同〔1〕。

〔3〕关于美国民主党和左翼打“中国牌”的思路，可参见Tarun Chhabra, Scott Moore and Dominic Tierney, “The Left Should Play the China Card: Foreign Rivalry Inspires Progress at Home”, https://www.foreignaffairs.com/articles/china/2020-02-13/left-should-play-china-card。

〔4〕Gerald F. Seib, “China Looms Over Infrastructure Plan”, https://www.wsj.com/articles/china-looms-large-in-biden-infrastructure-plan-11617631234.

近年来，美国两党围绕具有极强涉华指向性的“跨党派创新法案”展开激烈博弈，并借由打“中国牌”来动员国内支持，推进本党政策议程。纵观美国跨党派国会议员推动《美国创新与竞争法案》（*U. S. Innovation and Competition Act*）、《美国竞争法案》（*American COMPETES Act*）并最终通过《芯片与科学法案》（*CHIPS and Science Act*）的全过程，可以发现两党已形成关于对华“竞争”基调和“全政府—全社会”组织原则的战略性共识，特别是希望通过为美国本土半导体制造产业提供520亿美元补贴等方式，来激发美国国内创新活力，强化对华中长期战略竞争的能力基础。[1] 与此同时，两党均基于本党利益关切和意识形态，在对华竞争路线、优先方向、操作路径及理念偏好方面存有分歧，并在各种涉华法案及修正案中嵌入大量本党政策关切，试图以维护国家安全、赢得对华竞争之类的叙事来推动本党政策议程。

2021年6月8日，美国国会参议院以68票赞成、32票反对的投票结果通过文本长达1400页、总预算超2500亿的《美国创新与竞争法案》。通过梳理法案推进过程、重要修正案及最终文本可见，民主党以推进对华竞争为由，通过在法案中增加政策激励和研发资金等方式，着力试图扩大联邦政府在美国国内经济社会生活中的作用。例如法案指示在美国国家科学基金会内设立技术与创新理事会（Directorate for Technology and Innovation），并在未来5年获290亿美元授权，以推进关键技术重点领域的研究、开发和商业化。对此，共和党参议员恩斯特则提出具有对立性的主张，即要求设立针对国家科学基金会的审计长办公室（Office of Auditor General），以监督资源运用情况。[2]

---

〔1〕 关于美国两党围绕涉华重大法案的共识分析，可参见 Andrew Desiderio and Marianne Levine, “Bipartisanship in a Divided Senate? On China, perhaps”, https://www.politico.com/news/2021/03/17/senate-bipartisanship-china-schumer-476406; Jimmy Quinn, “The Bipartisan Consensus on China Isn't Enough”, https://www.nationalreview.com/2021/07/the-bipartisan-consensus-on-china-isnt-enough/。

〔2〕 关于共和党参议员就《美国创新与竞争法案》提出的修正案，可参见“S. 1260-United States Innovation and Competition Act of 2021”, https://www.congress.gov/bill/117th-congress/senate-bill/1260/all-actions。

与此同时，共和党反华议员认为该法案谋划的对华竞争路线不够直接、效果可能不够显著，因而通过提出修正案的方式，试图嵌入更多关于经贸、金融、军事、人文交流、台湾问题等内容。例如时任俄克拉荷马州参议员吉姆·英霍夫（Jim Inhofe）要求确保美国国防资金足以推进“全政府”与中国竞争；佛罗里达州参议员瑞克·斯科特（Rick Scott）要求授权总统禁止承认中国央行发行的数字货币为法定货币，以及保卫台湾不受武力攻击。然而，共和党所关切的反华政策议程并未如愿被吸收进法案文本。最终，参议院通过的 9 条修正案纳入了 3 条相对温和的涉华条款，包括肯塔基州参议员兰德·保罗（Rand Paul）要求禁止美国国立卫生研究院和任何其他联邦机构资助在华进行功能增益（Gain of Function）研究，蒙大拿州参议员斯蒂夫·戴恩斯（Steve Daines）要求总统执行《美利坚合众国政府和中华人民共和国政府经济贸易协议》中的知识产权条款，爱荷华州参议员琼尼·恩斯特（Joni Ernst）禁止联邦政府向武汉病毒研究所提供任何资助。可见，共和党难以有力推进可完整体现本党对华战略偏好的条款。

相较于《美国创新与竞争法案》，两党围绕《美国竞争法案》的互动与博弈更直接地体现两党尤其是民主党以中国之名推动本党议程的新动向。2022 年 1 月，民主党众议员主导提出《美国竞争法案》，并在 2 月 4 日以 222 票赞成和 210 票反对的投票结果通过该法案。虽然美国总统拜登等民主党高层鼓吹该法案将增强美国对华战略竞争能力基础，[1] 但民主党以对华竞争之名，在《美国竞争法案》中纳入了大量关于应对气候变化、移民、劳工权益保障等大量民主党关切的条款，引发新一轮的两党激烈博弈。例如在气候变化议题上，该法案计划授权为国务院提供 100 亿美元，用于应对全球气候变化，还将授权 80 亿美元的额外拨款，用于资助联合国绿色气候基金。

---

〔1〕 “Statement by President Biden on the America COMPETES Act of 2022”, https://www.whitehouse.gov/briefing-room/statements-releases/2022/01/25/statement-by-president-biden-on-the-america-competes-act-of-2022/.

而这都是参议院《美国创新与竞争法案》缺失且共和党高度反对的条款。又如在移民议题上，法案增加了《美国创新与竞争法案》完全未涉及的移民政策部分，主张为“促进创新”的外国科技公司创业者或科学、技术、工程或数学专业（STEM）外国博士毕业生提供签证。再如在劳工问题上，法案大幅扩大了“贸易调整援助计划”的规模和范围，授权每年提供近34亿美元，用于帮助可能因贸易（进口或离岸外包）而失业的美国人实现再就业，或为其提供再培训机会。[1] 由此可见，民主党将一些本党关切的政策事项嵌入到涉华重大法案中，并为其贴上“对华竞争”的标签，以此提升相关政策成功推动及落地的概率。

针对民主党方面的举措，共和党方面大力抨击《美国竞争法案》的党派性，认为该法案部分内容失焦于强化对华竞争能力这一核心目标。一是抨击民主党人裹挟了太多反映民主党单边关切的条款。共和党人将法案包含的气候变化、清洁能源、环境保护、劳工权益等内容视为民主党的“愿望清单”，并抨击民主党人在该法案中裹挟了诸多左翼的社会和文化议程，如提升女性和少数族裔在科技行业中的地位、在教育和科研领域推进多元化目标等。二是认为民主党主导的法案涉华立场不够强硬、举措不够有力。例如时任众议院外交委员会首席共和党议员麦考尔批评民主党人推动的“这项立法可能会向美国纳税人提供资金，以资助中国建立在对本国人民的种族灭绝基础上的绿色能源项目”，并抨击民主党“没有采取任何有意义的措施来应对我们国家安全面临的重大风险”。[2] 共和党内最保守的团体众议院“共和党研究委员会”（RSC）更是直接将《美国竞争法案》称为“让步法案”（CONCEDES Act），声称该法案未能有力应对中国“窃取”美国知识产权、未在

〔1〕“H. R. 4521-United States Innovation and Competition Act of 2021”, https://www.congress.gov/bill/117th-congress/house-bill/4521/text/eh.

〔2〕“McCaul Opposes ‘Superficial, Partisan’ and ‘Immoral’ COMPETES Act”, https://foreignaffairs.house.gov/press-release/mccaul-opposes-superficial-partisan-and-immoral-competes-act/.

新冠病毒起源问题上对华追责、对孔子学院视而不见等，并称这实际上将“帮助”中国。[1]

整体而言，由于《美国创新与竞争法案》和《美国竞争法案》两个法案蕴含重振美国创新能力、强化竞争能力基础、推动中长期对华战略竞争的重大战略考量，法案具有了“过于重要以至于不能放弃”的属性，甚至具有一定的政治正确色彩。因此，两党都不愿意过度承受来自选民（特别是中产阶级）、利益集团、科研单位等方面的压力，而是基于“不彻底阻断立法进程”的底线展开博弈，并选择性地放弃一些本党单边偏好的政策条款，以推动《芯片和科学法案》的最终通过。对美国两党而言，该法案的通过可以展示两党在应对“中国威胁”方面的团结一致。但自 2023 年以来，拜登政府在推动《芯片与科学法》落地的过程中，不仅设置所谓“国家安全护栏”规则，还为申请补贴的半导体企业设定劳动力多样化、高质量托儿服务等高标准，以此回应工会、环保组织、进步派团体等民主党基本盘的利益诉求。[2] 可见，美国两党尤其是民主党仍致力于以对华竞争之名推动本党关切的政策议程。对此，共和党人予以抨击，例如犹他州共和党参议员米特·罗姆尼（Mitt Romney）指责拜登政府“将觉醒和绿色议程项目纳入我们通过的法案”。[3]

值得注意的是，以多数党领袖舒默为首的参议院民主党人于 2023 年 5 月 3 日宣布，基于上届国会参议院完成的立法工作，将推动制定“中国竞争法案 2.0”（China Competition Bill 2.0），其五大主题包括限制中国获得尖端

〔1〕 Republican Study Committee Members,“Democrats’ America CONCEDES Act”, https://www.politico.com/f/? id=0000017e-ae48-daa6-a9fe-ae7ac2410000.

〔2〕 “Biden-Harris Administration Launches First CHIPS for America Funding Opportunity”, https://www.commerce.gov/news/press-releases/2023/02/biden-harris-administration-launches-first-chips-america-funding.

〔3〕 Lauren Feiner,“Tech Group Urges Biden Administration to Keep Child Care Requirement for Chips Funding”, https://www.cnbc.com/2023/05/01/tech-group-urges-biden-admin-to-keep-child-care-for-chips-funding.html.

技术、限制美国实体对华投资、确保美国国内经济投资、强调对经济盟友的承诺、维护美国盟友和伙伴（包括台湾地区）的安全。民主党也仍然将发展清洁能源制造业等本党关切的政策议程嵌入到法案整体思路中。[1] 对此，共和党方面持谨慎观望和警惕态度，担心民主党再度以应对所谓“中国威胁”之名，进行过度投资，并加剧美国财政压力。例如参议院共和党党鞭约翰·图恩（John Thune）明确表示，两党不容易就一项大支出法案展开合作，因为共和党担忧“过多支出及其对通货膨胀、财政赤字爆炸的影响”。[2] 又如共和党参议员卢比奥批评参议员舒默和民主党高层未与共和党人进行交流，通过举行党派新闻发布会（Partisan Press Conferences）来发布立法计划，并批评舒默和拜登对于美国对华竞争似乎并不认真。同时，卢比奥列出了他曾提出或准备推出的 25 项反华法案，督促民主党将上述法案纳入考量。[3] 可以预期，美国两党将在第 117 届国会会期内围绕所谓“中国竞争法案 2.0”展开新一轮协调与博弈。

---

〔1〕 The Senate Democratic Caucus,“Leader Schumer Launches Initiative To Advance National Security And Create China Competition Bill 2.0; Schumer Directs Senate Chairs To Craft Bipartisan Legislation To Ensure America's Global Leadership In The 21st Century, Strengthen U.S. Manufacturing, Create American Jobs, And Build On Game-Changing CHIPS & Science Act”, https://www.democrats.senate.gov/newsroom/press-releases/leader-schumer-launches-initiative-to-advance-national-security-and-create-china-competition-bill-20-schumer-directs-senate-chairs-to-craft-bipartisan-legislation-to-ensure-americas-global-leadership-in-the-21st-century-strengthen-us-manufacturing-create-american-jobs-and-build-on-game-changing-chips-and-science-act.

〔2〕 Lindsey McPherson,“Republicans Leery of Democrats' China Competition Plan”, https://rollcall.com/2023/05/04/republicans-leery-of-democrats-china-competition-plan/; Eugene Scott,“Republicans skeptical of Schumer plan on China”, https://www.axios.com/2023/05/12/republicans-skeptical-schumer-plan-china.

〔3〕 卢比奥提出的涉华法案清单分为五类主题，包括“保护美国研究和资本市场”“投资关键行业”“阻止中国的影响力行动”“加强军事联盟”“追究北京的责任”。参见“Rubio Criticizes Schumer-Led China Effort”, https://www.rubio.senate.gov/public/index.cfm/press-releases? ID = A59315F0-ADA6-4F1A-99ED-B41DF19CEDAF。

五、共和党将涉华议题“武器化”

随着美国政党斗争白热化和对华竞争激烈化，美国两党都尽可能运用其所掌握的政治权力，将涉华议题作为对另一党和中国双重斗争的重要抓手。显而易见的是，在拜登上台后，作为反对党的共和党更加肆无忌惮地利用其所掌握的监督权、调查权、人事任命权等权力，将涉华议题作为打击民主党的“有用政治武器”（Useful Political Weapon）。[1]

第一，共和党人将人事任命权力“武器化”，即将涉华议题关切与拜登政府涉外高官任命深入捆绑，频繁阻扰重要涉外人员的任命。以德克萨斯州联邦参议员泰德·克鲁兹（Ted Cruz）、密苏里州联邦参议员乔希·霍利（Josh Hawley）、卢比奥为首的少数极端派共和党人已形成阻扰民主党人事任命的“统一战线”，将涉华联系、对华立场等作为审查美驻外高级官员（尤其是美驻主要盟国的大使）资格的重要标准，并以“保留”或要求重新投票等方式拖延人事确认程序，导致美国诸多涉外高官提名程序难以通过，或延期通过。例如在2021年1月，参议院共和党人以美国商务部部长提名人雷蒙多拒绝承诺继续将华为列入“实体清单”为由，推迟通过其提名。而在反华政治正确的压迫下，雷蒙多于3月表态承诺将华为、中兴等通信公司列入“实体清单”中，之后才通过提名。又如在美国驻华大使候选人伯恩斯的提名阶段，卢比奥表示担心伯恩斯的在华商业关系，且认为伯恩斯不理解“中国共产党构成的威胁”，因而刻意搁置伯恩斯的确认进程。[2] 由此可见，

---

〔1〕 Blaise Malley，“In Washington，China is a Four-letter Word and the Excuse for Everything”，https://responsiblestatecraft.org/2023/05/02/in-washington-china-is-a-four-letter-word-and-the-excuse-for-everything/.

〔2〕 Zachary Basu，“Ted Cruz Will Lift His Confirmation Blockade for Biden's Ambassador to China”，https://www.axios.com/ted-cruz-nicholas-burns-china-ambassador-e5c79cba-43cd-4fe1-a527-1fa32f3e115a.html；Zachary Basu，“Marco Rubio Blocks Biden's Nominee for Ambassador to China”，https://www.axios.com/marco-rubio-nicholas-burns-ambassador-china-5edb25d6-c5a9-415e-8889-3650bf9c9209.html.

受到共和党肆意打“中国牌”的影响，参议院的大使候选人确认程序已经变为“一场政治化的战斗”，而这正在挤压民主党在参议院的领导权，也加剧了国会领导人的挫败感和不信任感。[1] 对此，民主党方面予以强力抨击，例如康涅狄格州民主党参议员克里斯·墨菲（Chris Murphy）表示，共和党人“正在将政治置于国家之上”（Putting Politics Over Country），并称美国历史上没有其他参议员同时阻止如此多的重要外交高官提名人选。[2]

第二，共和党人对一些对华接触较多的行政部门高官进行极具党派攻击色彩的政治审查，试图进一步限缩拜登政府对华接触和务实合作的空间。共和党保守派将美国总统气候特使约翰·克里（John Kerry）视为“首要打击目标”，抨击克里为了推动中美合作应对气候变化，对中国内部的所谓“侵犯人权行为”视而不见，甚至做出了妥协。卢比奥曾声称，他听说克里不鼓励一些议员推动《维吾尔强迫劳动预防法案》（*Uyghur Forced Labor Prevention Act*），因为担心该法会影响与中国的谈判。他进一步批评，拜登政府和一些民主党人为了与中国达成气候协议，“愿意无视该政权使用奴隶劳动”。他还呼吁取消克里的气候特使职务。[3] 在重新主导众议院后，以众议院监督和问责委员会主席詹姆斯·科默（James Comer）为代表的共和党人进一步强化对克里的施压力度，声称“克里继续与包括中国在内的外国政府谈判可能损害美国利益的协议”，并极力要求克里办公室提供其与中国就应对气候变化问题进行合作的相关文件和信息，甚至威胁将采取“强制程序”，以

---

〔1〕 Kylie Atwood and Nicole Gaouette, “Ted Cruz is Blocking Diplomats from Being Confirmed, and It Has Nothing to Do with Their Qualifications”, https://edition. cnn. com/2021/07/21/politics/cruz-state-department-nominations/index. html.

〔2〕 Steve Benen, “Cruz, Hawley Throwing ‘Sand in the Gears’ of U. S. Foreign Policy”, https://www. msnbc. com/rachel-maddow-show/cruz-hawley-throwing-sand-gears-u-s-foreign-policy-n1281335.

〔3〕 Deirdre Walsh, “House OKs a Bill Barring Imports of Goods Produced by Forced Labor of Uyghurs in China”, https://www. npr. org/2021/12/08/1062479381/house-approves-a-bill-barring-imports-of-goods-produced-by-uighurs-in-china.

获得调查材料。[1] 由此可见，共和党正将阻扰中美应对气候变化合作作为对民主党斗争的核心事项之一。

第三，共和党借由破坏中美新能源产业合作，来塑造拜登政府的气候和能源议程。拜登政府主张减少化石燃料生产、推动清洁能源替代等计划，并与中国在电动汽车（EV）电池、风力涡轮机和工业电池储存设施等领域进行务实合作。对此，共和党人一再抨击拜登政府“激进的”绿色议程，声称其气候和能源政策将加剧美国在电动汽车和太阳能电池板制造所需的原材料方面的对华依赖，因此加强了对民主党方面的监督和调查。例如共和党方面将涉华商业联系较为紧密的美国电动汽车电池关键部件制造商微宏（Microvast）作为打击目标，通过致信能源部部长詹妮弗·格兰霍姆（Jennifer Granholm）等方式，施压拜登政府改变以《基础设施投资和就业法案》为根据，为微宏提供补贴的决策。历经多轮施压，美国能源部于 2023 年 5 月 23 日表示，其已取消与微宏的合作谈判，并决定取消对微宏的专项补贴。[2] 又如以众议院能源和商业委员会主席凯茜·麦克莫罗斯·罗杰斯（Cathy McMorris Rodgers）为首的 151 名众议院共和党人于 2023 年 5 月 22 日致函美国环境保护署（EPA）管理员米歇尔·雷根（Michael Regan），批评其旨在迫使购买更多电动汽车的环境法规不仅将导致消费者成本增加，孤立生活在农村地区的美国人，还将“使中国共产党受益，因为中国可掌控关键矿产供应链和

---

[1] “Comer Threatens Subpoena to Obtain Information on John Kerry's Role in the Biden Administration”, https://oversight.house.gov/release/comer-threatens-subpoena-to-obtain-information-on-john-kerrys-role-in-the-biden-administration/.

[2] Ari Natter, “Microvast's $200 Million US Grant Under Review; Shares Plunge”, https://www.bloomberg.com/news/articles/2023-02-16/us-reviews-200-million-grant-awarded-to-battery-maker-microvast; James Bikales and Kelsey Tamborrino, “DOE won't Award $200M to Battery Company Criticized by GOP over China Links”, https://www.politico.com/news/2023/05/23/energy-department-microvast-china-00098286.

电动汽车电池制造业”。[1] 可见，共和党借由将拜登政府能源政策与“中国因素”挂钩，试图破坏拜登和民主党对华务实合作，并分化民主党进步派、稳健派与以参议院能源委员会主席乔·曼钦（Joe Manchin）为首的温和派的关系。

第四，共和党人对拜登家族涉华商业交易情况展开调查，以此作为打击拜登和民主党政治形象的工具。由科默领导的众议院监督和问责委员会专注于调查拜登儿子亨特·拜登（Hunter Biden）与总部在美国的中资公司哈维斯（Harves）集团的交易，以及他与该公司总裁的关系。科默表示，“拜登家族与共产主义中国有联系的公司的可疑商业交易是一种国家安全威胁”，而“共和党人将利用木槌的力量为美国人民提供答案、透明度和问责制”。[2] 科默分别在 2023 年 3 月和 5 月先后公布了两份备忘录，详细说明了拜登家族与中国企业或有中资背景企业的商业交易记录，指控拜登家族“腐败和兜售影响力”，并诬称与拜登家族有商业联系的中国企业对美国国家安全构成了“潜在威胁”。[3] 由此可见，共和党希望借此调查来打击拜登、民主党以及中国的声誉。

六、结语

自 2010 年左右以来，美国对华竞争战略经由奥巴马政府的酝酿、特朗

---

〔1〕“151 House Republicans Demand EPA End Their Effort to Dictate the Cars That Americans Drive”, https://energycommerce.house.gov/posts/151-house-republicans-demand-epa-end-their-effort-to-dictate-the-cars-that-americans-drive.

〔2〕“Comer: CCP-Linked Biden Associate Sought to Infiltrate Biden Family”, https://oversight.house.gov/release/comer-ccp-linked-biden-associate-sought-to-infiltrate-biden-family/.

〔3〕“Comer Reveals Biden Family Members Receiving Payments from Chinese Energy Company”, https://oversight.house.gov/release/comer-reveals-biden-family-members-receiving-payments-from-chinese-energy-company%EF%BF%BC/; “Comer Reveals New Evidence in Biden Family's Influence Peddling Schemes”, https://oversight.house.gov/release/comer-reveals-new-evidence-in-biden-familys-influence-peddling-schemes%EF%BF%BC/.

普政府的确立和拜登政府的深化，已具有较强的可持续性和不可逆性。与此相伴的是，美国国内政治尤其是政党政治因素对美国对华竞争战略的渗透性影响更为突出。显而易见的是，美国两党更加积极地将中国议题嵌入到国内政党政治议程中，在对华示强竞赛中着力打造涉华“政治品牌”。同时，两党尤其是民主党在一些重大涉华法案中嵌入大量本党政策议程，而共和党也将一系列涉华议题“武器化”，谋求实现对民主党和中国的“双重打击”。这种趋向已加剧美国对华竞争战略的国内化、日常化以及工具化。

毋庸讳言，美国对华竞争战略在很大程度上已沦为美国两党的博弈筹码，导致中国时常成为美国国内政治的“替罪羊”，并加剧中国对美外交的压力。首先，美国对华战略决策的不稳定性加剧。受到国内政党政治过度介入的影响，美国对华战略的决策考量将体现更强的“政治挂帅”特点，即以本党派国内政治收益为决策基点，而对于维护中美关系大局的战略考量显著弱化。两党在涉华议题上的恶性竞争刺激投机主义的对华决策，将削弱美国作出建设性决策的能力，甚至使美国陷入想要管控中美冲突风险但却无从下手的政策困境。其次，美国对华竞争战略实践的两面性将更为突出。在共和党方面的极力施压下，拜登和民主党方面很难做到“该竞争的竞争、能合作的合作、须对抗的对抗”，而更多地体现对华竞争乃至对抗的一面。最后，美国对华竞争战略的国内政治基础进一步固化。根本而言，美国精英的跨党派涉华共识和民众日益恶化的涉华民意是美国对华竞争战略的两大基础。随着美国两党均将美国对华竞争战略作为推动本党议程、争取选民支持的工具，两党精英和民众就应对所谓“中国威胁”的认知差异将进一步缩小，而持续恶化的涉华民意也将成为美国对华战略的有力支撑。这将压缩两党对华竞争战略的回调空间，甚至催生更多破坏性的涉华举措。

随着美国逐渐进入 2024 年总统大选周期，其国内政党政治对于美国对华竞争战略的渗透将更为深入，所产生的影响也将更负面。一方面，拜登和民主党方面仍将延续其对华政策的“两面手法”，借由阶段性的政策回调或加码，谋求塑造和掌控中美关系，并累积对华政策遗产。另一方面，共和党将以重返白宫和赢得国会两院主导权为目标，努力塑造美国政界和社会的反华氛围，以巩固其“政治品牌”。一旦共和党在 2024 年重新掌权，美国对华战略的对抗性、冒险性可能将显著提升。

止于水边还是趋向分裂

——1920年以来美国两党对外政策意识形态的演变趋势与极化特征研究

熊辰锐*

【内容摘要】 尽管近年来美国国内政治极化现象愈演愈烈，但民主党与共和党在对外政策领域是否出现极化仍然存在争议。本文基于1920—2020年两党的党纲文本分析数据，通过形式模型与类型化方法，归纳了100年以来美国两党对外政策意识形态的类型特征与演变趋势，并在开展描述性分析与频率统计后发现：长期以来，两党对外政策意识形态的总体范围大小与具体扩张路径均存在差异。在大部分历史时期，共和党对外政策的意识形态总体范围相较于民主党要更加宽泛；在实现自身对外政策意识形态范围的扩张策略上，民主党往往更倾向于极化演变策略，而共和党则更偏向于泛化演变策略。此外，本文在进一步分析近年来两党对外政策意识形态类型的演变后发现，民主党与共和党在对外政策意识形态领域已经呈现极化态势，但两党的极化并非单纯地表现为向意识形态光谱的两端持续分化，两党在对外政策

* 熊辰锐，南开大学-格拉斯哥大学联合研究生院国际关系专业硕士研究生。

不同意识形态领域发生变动的弹性同样存在差异。在政党政治不再“止于水边”之际，重新审视美国两党对外政策的极化概念也为后续研究提供了新的思路。

【关键词】政治极化；对外政策；意识形态；演变趋势；类型化

自1947年共和党参议员亚瑟·范登堡提出“政党政治止于水边”的口号以来，这一主张似乎已成为美国两党在制定对外政策时约定俗成的基本准则。根据这一主张，两党围绕竞选展开党争的范围应当仅限于国内，而在对外政策议题上则应当抛开成见、保持一致。范登堡这一主张的盛行正值美苏冷战愈演愈烈之际，一部分学者指出，外部强大对手的威胁，迫使民主与共和两党恪守“兄弟阋于墙，外御其侮”的准则，因而在对外政策上形成了高度共识。[1] 这一类观点也被称为外部威胁假说，即认为来自外部的威胁可以有效减少政治极化，而外部威胁一旦消失，政治极化现象则又会加剧。例如，斯蒂芬·沃尔特（Stephen Walt）认为，国际上具备威胁性对手的缺失在一定程度上解释了当前美国与欧洲政党政治出现失灵的原因。[2] 大卫·布鲁克斯（David Brooks）则断言，中国的崛起及其对美国构成的安全威胁会再次将当前极化的美国人团结起来。[3] 尽管外部威胁假说同样遭到部分学者质疑，[4] 但不可否认的是，伴随着冷战后国际格局的变化，学界更加

---

〔1〕 Joseph Bafumi and Joseph M. Parent, “International Polarity and America's Polarization”, *International Politics*, Vol. 49, No. 1, 2012, pp. 1-35.

〔2〕 Stephen M. Walt, “The Case Against Peace”, https://foreignpolicy.com/2016/06/17/the-case-against-peace-syria-europe-brexit-donald-trump/.

〔3〕 David Brooks, “How China Brings Us Together: An Existential Threat for the Twenty-first Century”, https://www.nytimes.com/2019/02/14/opinion/china-economy.html.

〔4〕 例如Myrick的分析结果显示，外部威胁假说对于解释美国对外政策极化的能力很有限。具体参见Rachel Myrick, “Do External Threats Unite or Divide? Security Crises, Rivalries, and Polarization in American Foreign Policy”, *International Organization*, Vol. 75, No. 4, 2021, pp. 921-958。

关注美国两党意识形态对外交政策的影响，[1] 特别是近年来美国国内政治极化不断加剧，进一步推动了围绕美国两党对外政策极化这一议题的深入研究。其中一部分研究立足于国会投票或民意调查数据开展分析，并指出近年来民主党与共和党在对外政策议题上的分歧逐渐增大，两党在对外政策上出现了与国内政策类似的两极分化现象。[2] 而另一部分研究则认为，民主党与共和党在对外政策议题上的跨党共识依旧存在，两党在对外政策上的分歧远小于国内政策议题。[3] 上述研究均基于相对扎实丰富的文献和数据资料，然而在两党对外政策中是否出现意识形态极化这一问题上却得出了截然相反的结论。

那么，应当如何解释上述现象的产生呢？本文认为，既有研究存在的两方面不足之处能够在一定程度上解释这一矛盾现象。一方面，意识形态并非一成不变，而是伴随着社会与政治结构的变化而不断演变，传统意义上的左翼与右翼所包含的具体意识形态内容在不同的时间节点可能会发生变化，这一点不论是在国内政策领域还是在对外政策领域都是成立的。以国内政策领域为例，19 世纪的自由主义强调经济上的自由放任，反对政府干预；而到了 20 世纪，特别是在罗斯福新政的影响下，自由主义转而主张政府对经济的干预。[4] 同样在对外政策领域，保守主义在 20 世纪 30—40 年代主要表现为反战思潮影响下的孤立主义，而到了 20 世纪 70 年代则转变为颇具鹰派特色的单边主义。与保守主义的意识形态转变相对应，自由主义也由 20 世纪 30—40 年代的鹰派多边主义转变为 20 世纪 70 年代的鸽派反干涉主义，同时

---

〔1〕 Joshua W. Busby and Jonathan Monten, "Without Heirs? Assessing the Decline of Establishment Internationalism in U. S. Foreign Policy", *Perspectives on Politics*, Vol. 6, No. 3, 2008, pp. 451-472.

〔2〕 Kenneth A. Schultz, "Perils of Polarization for U. S. Foreign Policy", *The Washington Quarterly*, Vol. 40, No. 4, 2017, pp. 7-28.

〔3〕 Jordan Tama, "Forcing the President's Hand: How the US Congress Shapes Foreign Policy Through Sanctions Legislation", *Foreign Policy Analysis*, Vol. 16, No. 3, 2020, pp. 397-416.

〔4〕 Ronald D. Rotunda, "The Politics of Language: Liberalism as Word and Symbol", *Political Science Quarterly*, Vol. 101, No. 4, 1986, p. 685.

表现出一定的孤立主义色彩。[1] 综上所述，不能简单地将两党在对外政策上的意识形态左右分歧界定为自由主义与保守主义之间的对立，而是应当更加清晰地界定左右两翼所包含的具体意识形态内容。

另一方面，当前针对美国两党对外政策极化的既有研究大多基于国会两院投票与公众民意调查结果。就前者而言，仅通过关注参众两院议员的投票结果衡量极化存在诸多弊端。其一，正是由于极化现象的存在，很多法案无法通过国会立法程序进入投票阶段，而是过早夭折在委员会审议阶段，这导致分析结果可能存在样本选择偏差。其二，仅通过衡量两党国会议员在一些特定议题上的投票倾向就得出两党意识形态极化的推断方式值得商榷，议员的投票并非仅仅受到党内意识形态的影响，来自选区选民、利益集团以及自身未来发展的考虑等因素都会对最终的投票结果产生影响。此外，法案中的议题捆绑也模糊了对两党意识形态立场的准确判断。[2] 其三，由于对外政策自身的专业性、情报收集的敏感性以及在危机时期的信息不对称性，国会相较于总统在对外政策中的影响有限，仅在例如国际贸易、对外援助、国际组织与国际法等领域具有较强的影响力，因而仅将国会两院作为参照主体的做法具有片面性。就公众民意调查而言，美国政党相对松散的组织架构与党员管理制度，使得研究者在如何判断选民政党归属问题上存在争议。L. 桑迪·梅塞尔指出三种判断选民政党归属的方法：一是观察选民在哪一政党登记在册；二是观察选民在选举时投票给哪一政党的候选人；三是利用党派认同来判断选民的政党归属。而研究者更多倾向于第三种方法，借助盖洛普（Gallup）商业调查、美国国家选举研究（ANES）等民意调查机构，研究者

〔1〕 Verlan Lewis, "The President and the Parties' Ideologies: Party Ideas About Foreign Policy Since 1900", *Presidential Studies Quarterly*, Vol. 47, No. 1, 2017, pp. 27-61.

〔2〕 Steve Hurst and Andrew Wroe, "Partisan Polarization and US Foreign Policy: Is the Centre Dead or Holding?", *International Politics*, Vol. 53, No. 5, 2016, pp. 666-682.

能够得到选民的政党归属情况。[1]但是上述民意调查中大多以受访者自我定位的方式度量各自的政党归属与意识形态差异，而这一方法受到受访者主观因素的影响较大。一方面，受访者对意识形态的自我度量并不准确，选民更多时候是行动上的自由派与象征上的保守派。[2]另一方面，受访者可能受到身份认同的影响进而人为夸大自身意识形态的极化倾向。上述问题使得基于民意调查得出的两党极化结论可能存在偏差。此外，由于大多数对外政策并不像国内政策与选民存在紧密、直接的联系，因而在缺少政治精英引导和塑造民意的条件下，民意调查会因信息不对称与专业门槛等局限，很难全面反映整个政党在特定对外政策领域是否出现极化。

在回顾了既有研究存在的缺陷后，本文尝试通过形式建模与类型化方法归纳美国两党对外政策意识形态领域的类型特征及演变趋势，并进一步判断两党近年来是否在对外政策意识形态领域出现极化现象。具体行文结构如下：第一部分明确相关概念的界定；第二部分通过形式模型与类型化的方法归纳了两党对外政策意识形态特征的四种不同类型；第三部分梳理了自1920—2020年两党对外政策意识形态特征的总体演变趋势，并着重分析了近年来两党对外政策意识形态领域的演变特征；第四部分得出结论，并结合具体党纲文本进一步阐释了两党对外政策意识形态的总体演变趋势与当代极化特征。

一、政治极化与意识形态偏差

在正式讨论对外政策意识形态极化问题之前，我们需要明确极化及其相

---

〔1〕 L. 桑迪·梅塞尔著，陆赟译：《美国政党与选举》，南京：译林出版社，2022年版，第77—79页。

〔2〕 Lloyd A. Free and Hadley Cantril, *The Political Beliefs of Americans: A Study of Public Opinion*, New Brunswick: Rutgers University Press, 1967.

关术语的概念界定。首先，当前学界针对极化概念的研究已有丰富成果，有学者着眼于政治极化发生的群体，区分了政党极化与大众极化。[1] 也有学者聚焦政治极化发生的维度，区分了意识形态极化与情感极化。[2] 从广义上讲，极化是指一个群体或社会的观点、情感、行为与利益趋向双峰化，且从距离上表现出进一步分离的态势。[3] 而意识形态极化则是指政党或公众对相关公共问题观点和偏好的两极分化，且这一分化广泛存在于宏观与微观两个层面的政策领域。[4] 尽管面向美国国内政党政治极化的研究体系已相当完备，但针对两党在对外政策领域的极化研究相比之下仍有较大发展空间。基于上述概念的界定，本文将研究对象限定为美国两党对外政策中的意识形态极化，而大众极化与情感极化则不在本文的讨论范围之内。

其次，我们需要讨论政党意识形态的定义。班宁（Lance Banning）将政党意识形态视为一种群体意识形态，并认为政党意识形态是思想的集合，“能够使党员从身边发生的事件中感受到一种模式，并使用与该模式相关术语来界定群体身份，并勾勒出可以改变这种模式的行动方针。”[5] 这些术语，例如自由主义、保守主义、进步主义与民粹主义等，也成为区分不同类别政

〔1〕 这方面研究包括何晓跃：《美国政治极化的层次界定与生成逻辑》，载《国际展望》，2014 年第 1 期，第 103—105 页；祁玲玲：《政治极化与西方民主困境》，载《开放时代》，2022 年第 3 期，第 159—171 页。

〔2〕 这方面研究包括 Lilliana Mason, “A Cross-Cutting Calm: How Social Sorting Drives Affective Polarization”, *Public Opinion Quarterly*, Vol. 80, No. S1, 2016, pp. 351-377; Elizabeth Suhay, “Explaining Group Influence: The Role of Identity and Emotion in Political Conformity and Polarization”, *Political Behavior*, Vol. 37, No. 1, 2015, pp. 221-251; John E. Transue, “Identity Salience, Identity Acceptance, and Racial Policy Attitudes: American National Identity as a Uniting Force”, *American Journal of Political Science*, Vol. 51, No. 1, 2007, pp. 78-91。

〔3〕 Frances E. Lee, “How Party Polarization Affects Governance”, *Annual Review of Political Science*, Vol. 18, No. 1, 2015, pp. 261-282.

〔4〕 这方面研究包括 Edward G. Carmines and Nicholas J. D' Amico, “The New Look in Political Ideology Research”, *Annual Review of Political Science*, Vol. 18, No. 1, 2015, pp. 205-216; Nolan McCarty, Keith T. Poole and Howard Rosenthal, *Polarized America: The Dance of Ideology and Unequal Riches*, Cambridge: MIT Press, 2006。

〔5〕 Lance Banning, *The Jeffersonian Persuasion: Evolution of a Party Ideology*, Ithaca: Cornell University Press, 1978, pp. 14-15.

党意识形态的标签。虽然一个政党的意识形态可能并不完全对应某一类意识形态标签，但相当一部分学者在考察美国民主党与共和党的政治实践后发现，在美国历史的各个时期，两党都阐明了某种意识形态，并通过这些意识形态影响和制约着党员的行为，[1] 这也为考察两党意识形态在较长时间维度的演变提供了参照标准。伴随着研究的深入，部分学者指出，对外政策领域同样受到政党意识形态的影响。[2] 例如，詹姆斯·麦考密克（James McCormick）发现，共和党似乎已经成为外交政策上的保守主义政党，而民主党则成为自由主义政党；[3]钟准指出，近年来美国两党在对外政策议题上沿党派路线分裂已经屡见不鲜，并形成了泾渭分明的基本态势。例如，民主党多倾向于鸽派、主张多边主义与国际主义，共和党则倾向于鹰派、主张单边主义与孤立主义。[4]两党在对外政策意识形态上的显著分歧，使得传统意义上的左右维度成为区分不同政党对外政策中立场与行为的可行性指标。[5]除此之外，虽然两党在对外政策议题上存在极化差异，但本质上更多是关于实施对外交往的手段与途径差异，而非总体战略目标的南辕北辙。[6]因此，本文主张通过固定对外政策领域意识形态光谱左右两翼的具体内容，排除先前研究中存在的左右翼意识形态变化带来的干扰。在本文后续研究中，对外政

---

〔1〕 这方面研究包括 John Gerring, *Party Ideologies in America, 1828–1996*, Cambridge: Cambridge University Press, 1998; Melvin J. Hinich and Michael C. Munger, *Ideology and the Theory of Political Choice*, Ann Arbor: University of Michigan Press, 1996。

〔2〕 这方面研究包括 Ole R. Holsti and James N. Rosenau, "Liberals, Populists, Libertarians, and Conservatives: The Link Between Domestic and International Affairs", *International Political Science Review*, Vol. 17, No. 1, 1996, pp. 29–54; Miroslav Nincic and Jennifer M. Ramos, "Ideological Structure and Foreign Policy Preferences", *Journal of Political Ideologies*, Vol. 15, No. 2, 2010, pp. 119–141。

〔3〕 James M. McCormick and Eugene R. Wittkopf, "Bipartisanship, Partisanship, and Ideology in Congressional-Executive Foreign Policy Relations, 1947–1988", *The Journal of Politics*, Vol. 52, No. 4, 1990, pp. 1077–1100.

〔4〕 钟准:《把政党找回来——政党与对外政策》,载《世界经济与政治》,2019 年第 2 期,第 47 页。

〔5〕 Wolfgang Wagner and Tapio Raunio, "The Party Politics of Foreign and Security Policy", *Foreign Policy Analysis*, Vol. 16, No. 4, 2020, pp. 515–531.

〔6〕 刁大明:《美国对外政策的极化》,载《现代国际关系》,2022 年第 8 期,第 32 页。

策意识形态光谱的左翼（Left）被界定为多边主义以及军事力量使用上的鸽派；右翼（Right）则被界定为单边主义以及军事力量使用上的鹰派。

最后，在明确界定了对外政策意识形态左右两翼内容的基础上，本文提出了“意识形态偏差”这一概念，并分别从概念定义以及概念操作两个层面展开论述。厘清意识形态偏差的概念定义，首先需要借助前文中已经明确的两个基本界定：一是长期以来，美国民主、共和两党在对外政策意识形态领域呈现风格迥异、泾渭分明的态势；二是这一态势充分反映在对外政策意识形态光谱的左右两翼上。在上述界定的基础上，本文认为，意识形态偏差广泛存在于左右两翼，具体来说是指民主党与共和党在左右两翼意识形态范围大小的差距。此外，本文进一步假设两党在左右两翼的意识形态倾向具有长期稳定性，即长期以来，民主党相较于共和党在左翼意识形态领域的范围要更加广泛；同时共和党相较于民主党在右翼意识形态领域的范围也要更加广泛。当上述情况成立时，则认为两党在对外政策领域不存在意识形态偏差；反之，则认为两党在对外政策领域出现了意识形态偏差。在具体的概念操作层面，本文区分了左右两翼意识形态偏差与总体意识形态偏差三个操作化指标。对外政策左翼意识形态偏差（Left_Dif）等于民主党左翼意识形态范围与共和党左翼意识形态范围之差，而右翼意识形态偏差（Right_Dif）等于共和党右翼意识形态范围与民主党右翼意识形态范围之差；总体意识形态是否出现偏差则取决于左右两翼意识形态偏差的具体情况。表 19 归纳了左右两翼意识形态偏差与总体意识形态偏差之间的关系。

表 19　意识形态偏差概念的操作化指标

	Left_Dif>0	Left_Dif<0
Right_Dif>0	总体意识形态不存在偏差	左翼意识形态存在偏差
Right_Dif<0	右翼意识形态存在偏差	左右两翼意识形态均存在偏差

资料来源：作者自制。

由于意识形态这一抽象概念无法直接进行加减运算，因此我们还需要对两党对外政策的意识形态进行量化处理，而政党宣言项目数据库（Manifesto Project Database）恰好为我们准确比较不同政党的意识形态提供了坚实基础。[1]政党宣言项目数据库收集了美国民主党与共和党在各自的全国代表大会上提出的政党竞选纲领。在美国的政党政治中，全国代表大会作为两党形式上的最高决策机构，不仅负责确定随后的选举提名流程，还会以政党纲领的方式表明本党在当前国内外重大议题上的立场。[2]此外，不同于议会制国家，美国总统并不需要恪守本党党纲，这使得美国两党发布的政党党纲更能够充分凝聚党内在相关议题上的共识，并彰显两党各自的意识形态立场。综上所述，本文使用2023年版政党宣言项目数据集中相关文本的编码数据，作为衡量两党对外政策意识形态的数据来源。

二、类型化视角下两党对外政策意识形态特征

在正式分析美国两党对外政策意识形态极化理论模型之前，需简要地回顾一下乔万尼·萨托利在涉及政治极化方面的研究。萨托利提出了政党竞争的空间模型。他认为，政党竞争发生在一个意识形态模型之中，不同政党在这一模型中占据不同的空间位置，并分别按照离心或向心的方向展开竞争。[3]总体来看，萨托利将政党政治极化理解为政党政策偏好与意识形态之间的偏差距离。此外，郑京浩（Jeong Gyung-Ho）与保罗·奎克（Paul J. Quirk）通过分析美国参议院两党在对外政策上的两极分化后发现，对外政

〔1〕 张春满：《21世纪国外政党政治研究：理论、前沿与情势》，上海：复旦大学出版社，2021年版，第126页。

〔2〕 L. 桑迪·梅塞尔著，陆赟译：《美国政党与选举》，南京：译林出版社，2022年版，第72—73页。

〔3〕 Giovanni Sartori, *Parties and Party Systems: A Framework for Analysis*, Cambridge: Cambridge University Press, 1976.

策偏好能够有效地被一维模型所捕捉。[1] 在上述研究基础上，本文将对外政策领域意识形态设定为左右向度的一维意识形态光谱，民主党与共和党均匀分布在这一光谱的两个维度上并各自占据不同的空间范围，同时二者各自所占据的范围大小也会随着时间的推移而发生变化。前文将两党对外政策意识形态光谱的左右两翼进行了固定，并明确了针对意识形态偏差概念的操作化处理方法。在上述基础上，本文进一步引入了两党总体意识形态偏差（Left_Dif * Right_Dif）以及民主与共和两党意识形态在左右维度上的总体范围大小（De_All 与 Re_All）作为衡量指标，表 20 根据相关指标的数值大小针对不同类型的对外政策意识形态特征进行了类型化处理。[2]

表 20　两党对外政策意识形态特征的四种类型

	Left_Dif * Right_Dif>0	Left_Dif * Right_Dif<0
De_All>Re_All	A	B
De_All<Re_All	C	D

资料来源：作者自制。

接下来本文将依次介绍表 2 中四种不同的形式模型。类型 A 是当对外政策领域两党左翼与右翼意识形态偏差均大于 0，且民主党在左右维度上的意识形态范围大于共和党的情况（即 Left_Dif>0，Right_Dif>0 且 De_All>Re_All）。图 14 为类型 A 的形式模型示意图。

如图 14 所示，在类型 A 的情况下，民主党党纲在对外政策领域意识形态的总体范围要宽于共和党。此外，民主党党纲中有关左翼部分的意识形态

[1] Jeong Gyung-Ho and Paul J. Quirk, "Division at the Water's Edge: The Polarization of Foreign Policy", *American Politics Research*, Vol. 47, No. 1, 2019, pp. 58-87.

[2] 如果仅根据上述两种指标数值大小进行分类讨论可以得到 8 种不同情况，但其中 2 种情况（Left_Dif<0，Right_Dif>0 且 De_All<Re_All；Left_Dif>0，Right_Dif<0 且 De_All<Re_All）因逻辑运算不成立而被删去；另外 2 种情况（Left_Dif<0，Right_Dif<0 且 De_All>Re_All；Left_Dif<0，Right_Dif<0 且 De_All<Re_All）则因为两党 1920—2020 年间均未出现而被删去，故保留 4 种不同类型。

内容远大于共和党；共和党党纲中有关右翼部分的意识形态内容虽大于民主党，但两党在左翼意识形态上的分歧大于右翼，这一点反映在左右维度上两党的横截距长度。在这一情况下，民主党通过在左翼意识形态领域的极化扩张进而实现自身总体意识形态范围的扩大（极化演变路径）。

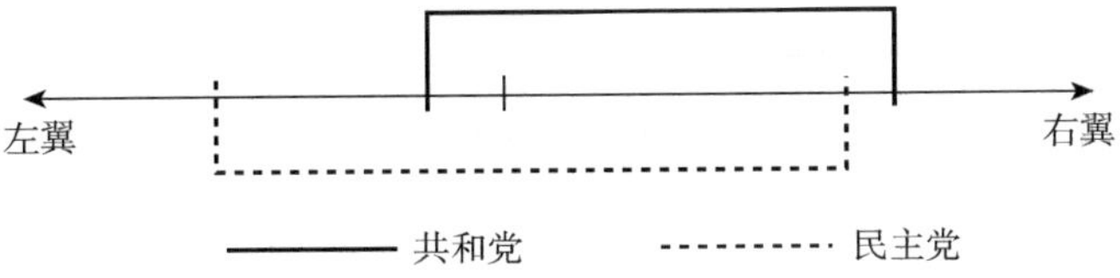

图 14　两党对外政策意识形态特征示意图（类型 A）

资料来源：作者自制。

类型 B 是当对外政策领域左翼意识形态偏差大于 0，右翼意识形态偏差小于 0 且民主党在左右维度上的意识形态范围大于共和党的情况（即 Left_Dif>0，Right_Dif<0 且 De_All>Re_All）。图 15 为类型 B 的形式模型示意图。

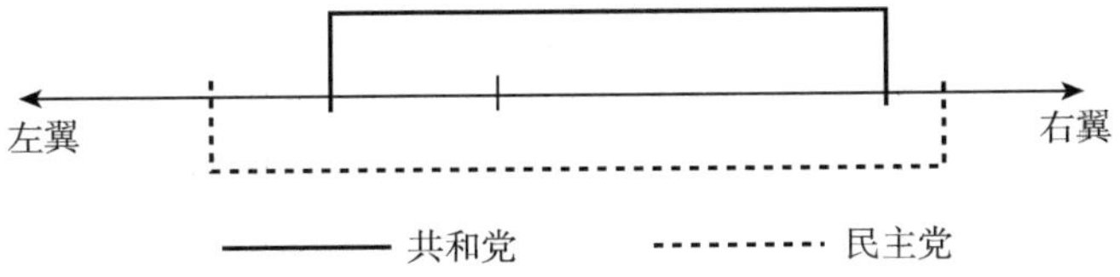

图 15　两党对外政策意识形态特征示意图（类型 B）

资料来源：作者自制。

如图 15 所示，在类型 B 的情况下，民主党党纲在对外政策领域意识形态的总体范围仍宽于共和党，但相较于类型 A，此时不仅民主党党纲中涉及左翼的意识形态内容远大于共和党，而且在右翼的意识形态内容上同样大于共和党。与此同时，两党在左翼意识形态上的分歧仍大于右翼。在这一情况下，民主党通过在左右两翼意识形态领域的广泛扩张，进而实现自身总体意识形态范围的扩大（泛化演变路径）。

类型 C 是当对外政策领域两党左翼与右翼意识形态偏差均大于 0，且民主党在左右维度上的意识形态范围小于共和党的情况（即 Left_Dif>0，Right_Dif>0 且 De_All<Re_All）。图 16 为类型 C 的形式模型示意图。

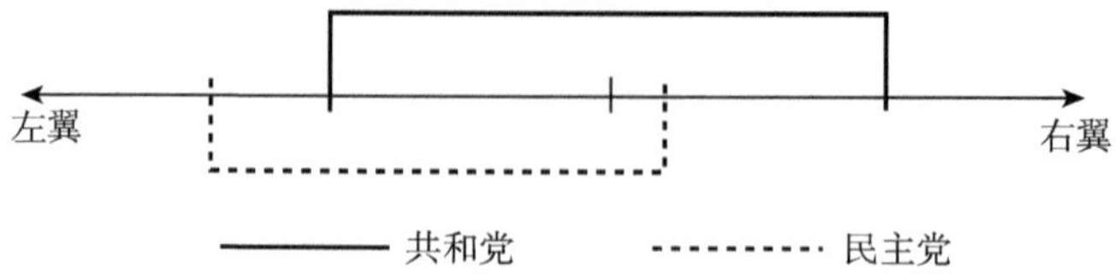

图 16　两党对外政策意识形态特征示意图（类型 C）

资料来源：作者自制。

如图 16 所示，在类型 C 的情况下，民主党党纲在对外政策领域意识形态的总体范围窄于共和党。虽然此时民主党党纲中涉及左翼的意识形态内容大于共和党，但共和党党纲中有关右翼的意识形态内容则远大于民主党。两党在右翼意识形态上的分歧大于左翼。在这一情况下，共和党通过在右翼意识形态领域的极化扩张，进而实现自身总体意识形态范围的扩大（极化演变路径）。

类型 D 是当对外政策领域左翼意识形态偏差小于 0，右翼意识形态偏差大于 0 且民主党在左右维度上的意识形态范围小于共和党的情况（即 Left_Dif<0，Right_Dif>0 且 De_All<Re_All）。图 17 为类型 D 的形式模型示意图。

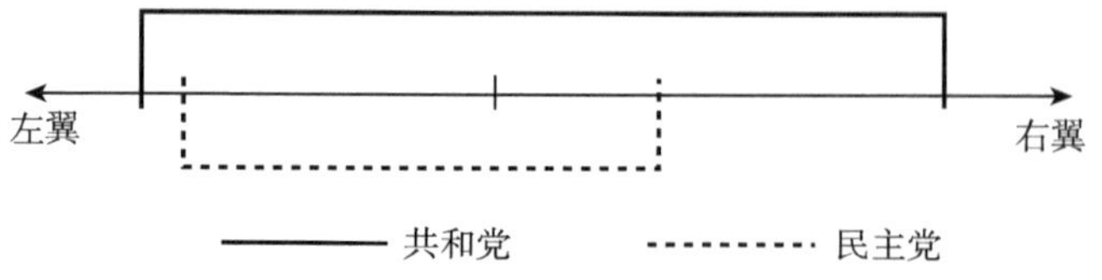

图 17　两党对外政策意识形态特征示意图（类型 D）

资料来源：作者自制。

如图 17 所示，在类型 D 的情况下，民主党党纲在对外政策领域意识形态的总体范围同样窄于共和党。但相较于类型 C，此时不仅共和党党纲中涉及右翼的意识形态内容要远大于民主党，而且共和党党纲中涉及左翼的意识形态内容同样大于民主党，且两党在右翼意识形态上的分歧仍大于左翼。在这一情况下，共和党通过在左右两翼意识形态领域的广泛扩，进而张实现自身总体意识形态范围的扩大（泛化演变路径）。

三、两党对外政策意识形态的历史演变轨迹与极化特征

为了确定民主党与共和党是否在对外政策领域出现了意识形态极化现象，需要进一步考察两党对外政策中意识形态的演变趋势。根据政党宣言项目数据库的编码数据，本文采用美国民主党与共和党 1920—2020 年这 100 年间的政党党纲数据，由于两党每隔 4 年发布各自的政党纲领，故样本总量为 26。政党宣言项目数据库涵盖了对外关系、自由民主、政治体系、经济制度、福利民生、社会结构与社会团体 7 个议题领域的相关文本编码数据，每个议题领域还包括细分的次级指标。本文着眼于两党党纲中涉及对外关系的文本编码数据展开分析，表 21 归纳了该数据库中用于衡量政党对外关系的次级指标。

表 21　政党宣言项目数据库对外关系议题次级指标汇总

编号	指标	具体含义
per101	特殊对外关系：积极	积极评价与本国存在特殊关系的特定国家，并强调与这些国家开展合作和/或向这些国家提供援助
per102	特殊对外关系：消极	消极评价与本国存在特殊关系的特定国家
per103	反帝国主义	对帝国行为的负面评价和/或对一个国家向其他国家施加强大（政治、军事或商业）影响的负面评价
per104	军事：积极	积极强调外部安全和国防的重要性。具体包括：需要维持或增加军事开支；需要确保军队有足够的人力；实现武装力量现代化，提高军事实力；重整军备和自卫的需要；遵守军事条约义务的必要性

续表

编号	指标	具体含义
per105	军事：消极	消极评价军事或使用军事力量解决冲突，并提及“战争的罪恶”。具体包括：减少军事开支；裁军；减少或取消征兵
per106	和平	任何宣称相信和平和以和平方式解决危机的声明——未提及军事手段。具体包括：和平作为总体目标；各国加入与敌对国家谈判的意愿；结束战争以建立和平
per107	国际主义：积极	支持国际合作，包括与本国存在特殊关系以外的其他国家的广泛合作。具体包括：需要向发展中国家提供援助；需要进行全球资源规划；支持全球治理；需要国际法庭；支持联合国或其他国际组织
per108	欧洲共同体/欧盟：积极	总体上积极评价欧洲共同体/欧盟。具体包括：宣言国加入（或继续成为成员国）的可取性；扩大欧洲共同体/欧盟的可取性；提高欧洲共同体/欧盟能力的可取性；扩大欧洲议会权限的可取性
per109	国际主义：消极	反对国际合作，在对外政策上强调孤立主义和/或反对国际主义的单边主义，强调国家独立与主权
per110	欧洲共同体/欧盟：消极	总体上消极评价欧洲共同体/欧盟。具体包括：反对欧洲当局偏好的具体欧洲政策；反对宣言国家对欧盟预算的净贡献

资料来源："The Manifesto Project Dataset - Codebook. Manifesto Project (MRG/CMP/MARPOR). Version 2023a", https://manifesto-project. wzb. eu/down/data/2023a/codebooks/codebook_MPDataset_MPDS2023a. pdf。

表21的内容显示，政党宣言项目数据库涉及对外关系议题的次级指标基本呈现一一对应的关系，例如多边主义与单边主义（per101、per107、per108同per102、per109、per110对应）、军事主张上的鹰派与鸽派（per104和per105）。尽管划归左翼意识形态内容的个别独立指标不存在对应项（per103、per106），但本文在处理相关数据时所使用的衡量指标均采用差值

形式，这使得独立指标得以保留，进而有效避免了数据信息的损失。[1] 根据表 2 中开展类型化处理的相关指标，本文整理了 1920—2020 年间民主党与共和党对外政策意识形态特征类型的演变过程，具体内容如表 22 所示。

表 22　两党对外政策意识形态特征类型的演变过程

年份	类型	年份	类型
1920	C	1972	D
1924	D	1976	A
1928	D	1980	D
1932	D	1984	C
1936	C	1988	A
1940	D	1992	B
1944	B	1996	D
1948	A	2000	D
1952	A	2004	D
1956	D	2008	A
1960	C	2012	A
1964	D	2016	C
1968	A	2020	C

资料来源：作者自制。

表 22 内容显示，两党对外政策意识形态特征类型的演变表现出一定程度上的阶段性规律。如果以类型 B 作为分界点，可以发现，在 1920—1943 年间，两党对外政策意识形态类型特征表现为类型 C 与类型 D 之间的交替，且类型 D 占主导，连续 12 年成为两党对外政策领域意识形态的代表性特征。

〔1〕 本文在开展类型化处理时所使用指标均为差值形式，例如两党意识形态偏差（Left_Dif 与 Right_Dif）以及两党总体意识形态范围大小（De_All-Re_All>0 与 De_All-Re_All<0）。

总体来看，两党这一时期在意识形态类型的演变特征上表现为以泛化演变路径为主、极化与泛化演变偶尔交替的态势。在 1948—1991 年间，两党对外政策意识形态类型的演变特征则表现为泛化演变路径与极化演变路径的频繁交替。除了 1948 和 1952 年类型 A 的两次连续，这一阶段大部分时期均不存在某一类型超过 4 年的延续，且在 1964—1980 年这 16 年间，两党对外政策意识形态特征表现为类型 D 与类型 A 之间的反复更替。在 1996—2020 年间，两党对外政策意识形态类型在经历了一段时期的泛化演变后，自 2008 年至今全部转变为极化演变路径。此外，这一时期两党对外政策意识形态特征的演变呈现明显的阶段稳定性特点，即尽管同样存在类型更替，但所有类型均保持了相当程度的稳定性。

在完成了对两党对外政策意识形态特征演变规律的描述性分析后，本文也统计了不同类型意识形态特征出现的频率。表 23 统计了两党对外政策意识形态特征的不同类型在 1920—2020 年间出现的频率。结合横纵表头整体来看，样本中两党意识形态是否出现偏差的概率是相等的（P = 13/26 = 1/2）；而在两党对外政策意识形态范围的大小上，共和党大于民主党的概率（P = 17/26）则近似为民主党大于共和党概率（P = 9/26）的两倍。就横表头来看，当两党意识形态不存在偏差时，民主党总体意识形态范围大于共和党的概率（P = 7/13）与共和党总体意识形态范围大于民主党的概率（P = 6/13）大小相近；但当两党意识形态左右两翼存在偏差时，民主党总体意识形态范围大于共和党的概率（P = 2/13）则远小于共和党总体意识形态范围大于民主党的概率（P = 11/13）。就纵表头来看，当民主党总体意识形态范围大于共和党时，两党意识形态不存在偏差的概率（P = 7/9）远大于存在偏差的概率（P = 2/9）；而当民主党总体意识形态范围小于共和党时，两党意识形态存在偏差的概率（P = 11/17）则近似为不存在偏差概率（P = 6/17）的两倍。

表 23　两党对外政策意识形态特征类型的频率统计　　（单位：次）

	Left_Dif * Right_Dif>0	Left_Dif * Right_Dif<0
De_All>Re_All	7(类型 A)	2(类型 B)
De_All<Re_All	6(类型 C)	11(类型 D)

资料来源：作者自制。

根据上述内容，我们可以直观得出三条推论。推论 1：在 1920—2020 年间，共和党大部分时期对外政策的意识形态范围大于民主党。推论 2：当民主党对外政策意识形态范围大于共和党时，两党大概率不存在意识形态上的偏差。推论 3：当两党对外政策意识形态存在偏差时，大概率民主党意识形态范围小于共和党。其中，推论 2 与推论 3 本质上互为逆否命题，二者共同表明：在大部分历史时期，民主党在对外政策领域倾向于坚守左翼意识形态区域，在实现总体意识形态范围的扩张上更多遵循极化演变路径；而共和党除坚守右翼意识形态区域外，也会通过争取左翼意识形态区域进而实现总体意识形态范围的扩张，相较于民主党，共和党在实现总体意识形态范围的扩张上更多遵循泛化演变路径。

上述内容总结了两党自 1920 年以来，在对外政策意识形态领域的总体演变趋势与类型特征。为了进一步探究两党是否在近年来出现对外政策领域意识形态的极化现象，还需要深入考察两党对外政策意识形态类型在近期的演变情况。在前文类型化处理的基础上，本文着眼于对进入 21 世纪后两党意识形态类型的转变展开分析。两党对外政策意识形态类型在这一时期先后经历了由类型 D 到类型 A，再到类型 C 的转变。在由类型 D 到类型 A 的转变过程中，民主党对外政策总体意识形态范围由原先的小于共和党转变为大于共和党，且两党在左翼原本存在的偏差也同时消失（Left_Dif<0 变为 Left_Dif>0；Right_Dif>0 保持不变）。这说明，在左翼对外政策意识形态光谱上，两党意识形态端点的位置发生了较大程度的偏移，使得两党左翼端点之间的截距由小于右翼变为大于右翼。在这一时期，民主党对外政策意识范围明显向左侧移动，共和党则对应向右侧移动，且两党总体意识形态范围的变动几乎均由各自左翼意识形态范围的变动所引起。而在由类型 A 到类型 C 的转变过程中，民主党对外政策总体意识形态范围再次由大于共和党转变为小于共和党，但此时两党左右两翼均不存在意识形态偏差（Left_Dif>0 且 Right_Dif>0）。这说明，在意识形态光谱的左右两翼，两党端点的位置均发生了较大程度的偏移。从左翼光谱来看，虽然民主党在左翼意识形态范围上保持了大于共和党的基本态势，但两党各自的端点位置都较大幅度地向右收缩。这说明，两党对外政策左翼意识形态的范围均出现萎缩。从右翼光谱来看，共和党在保持右翼意识形态范围大于民主党的情况下，其端点位置继续向右端移动；而民主党端点位置则向左端移动，二者间截距持续增大。这说明，两党在对外政策右翼意识形态领域的差异越来越大。图 18 为两党 2000—2020 年来对外政策意识形态类型极化路径演变的示意图。通过观察这个示意图，我们不仅可以直观地发现两党对外政策意识形态近年来出现了明显的极化趋势，还可以归纳出这一极化趋势的特点——即两党对外政策领域意识形态类型发生转变的同时，左翼意识形态范围变动的幅度大小显著大于右翼。

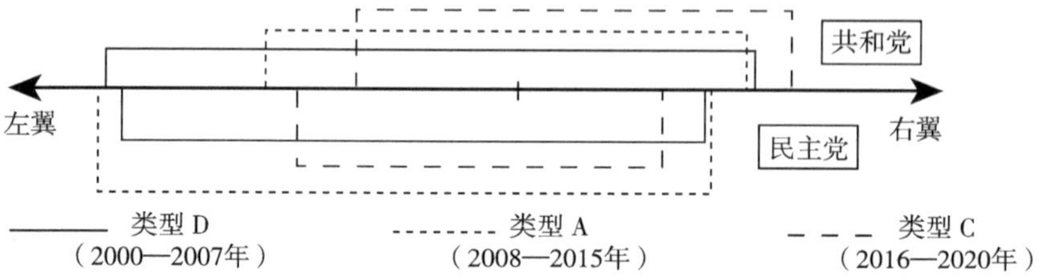

图 18　2000—2020 年两党对外政策意识形态类型极化路径演变

资料来源：作者自制。

四、两党对外政策意识形态的总体演变趋势与当代极化特征

本文基于政党宣言项目数据库的文本分析数据对美国民主党与共和党在对外政策领域的意识形态特征进行了量化处理，并借助形式模型的方法区分了两党对外政策意识形态特征的四种不同类型。在上述类型化处理的基础上，本文一方面梳理了两党自1920—2020年对外政策意识形态特征的总体演变趋势，另一方面统计了两党对外政策领域不同意识形态类型出现的频率。上述两个方面在较长时间维度上考察了两党对外政策意识形态演变的总体特征，并得出如下结论。

一是两党在对外政策意识形态总体范围的大小上存在差异。本文在考察两党1920—2020年的党纲内容演变后发现，共和党对外政策的意识形态范围在大部分时期相较于民主党要更加宽泛。从历史上看，共和党党纲在涉及对外政策的内容上不仅仅执着于对鹰派与单边主义意识形态的强调，鸽派意识形态内容在其党纲中也常常与孤立主义相结合出现。例如，1940年共和党党纲中主张："共和党坚决反对让这个国家卷入对外战争。我们仍在遭受上一次世界大战的不良影响。"〔1〕1968年共和党党纲中强调："整个国家都在深切关注那些仓促临时的、未经宣战的战争，这些战争使美国大规模的武装力量卷入了远离我国海岸数千英里的地方。是时候认识到，并非每一场国际冲突都能由美国军队解决。"〔2〕进入21世纪后，共和党党纲中依旧存在孤立主义思想的相关内容，且仍与鸽派意识形态内容结合出现，例如，"目前的政府随意派遣美国武装部队执行数十项任务，没有切实可行的目标、有利

〔1〕 Republican National Convention, "1900 Republican Party Platform", https://www.presidency.ucsb.edu/documents/republican-party-platform-1900.

〔2〕 Republican National Convention, "1968 Republican Party Platform", https://www.presidency.ucsb.edu/documents/republican-party-platform-1968.

的交战规则或明确的退出战略”。[1]

二是两党在对外政策意识形态范围扩张的路径上存在差异。长期以来，两党在实现自身对外政策意识形态范围的扩张上采取了不同的策略。民主党往往更倾向于在对外政策左翼意识形态范围采取极化演变策略，而共和党则更倾向于在左右两翼意识形态范围采取泛化演变策略。从较长时间维度来看，民主党在对外政策意识形态领域更倾向于将自己标榜为多边主义与鸽派意识形态的象征；而共和党不仅如前文所提及的，习惯将鸽派内容与孤立主义思想相糅合，且党纲中频繁出现涉及多边主义意识形态的内容。例如，1968 年共和党党纲中提及：“与盟友的多边合作行动，而不是美国的单边行动，更符合美国的利益。”[2] 1972 年共和党党纲更是批评了这一时期民主党所表现出的孤立主义倾向：“国家的挫折在我国人民中培养了一种危险的孤立主义精神。美国在世界上的影响力减弱了……民主党当前正试图削弱我们的防御，使美国退回到实际上的孤立状态，使我们在一个仍未摆脱侵略和威胁的世界中处于弱势。”[3]

此外，为了进一步分析两党近年来是否在对外政策意识形态领域出现了极化现象，本文在上述宏观分析的基础上，重点聚焦进入 21 世纪以来，两党对外政策意识形态类型转变的节点展开分析。通过形式模型实现数据的可视化处理后，本文得出如下结论。

一是两党近年来在对外政策意识形态领域确实出现了极化现象。进入 21 世纪以来，两党对外政策意识形态类型的演变规律与先前相比发生了明显变化。在此之前，两党对外政策意识形态类型的演变更多表现为极化演变路径

---

〔1〕 Republican National Convention, “2000 Republican Party Platform”, https://www. presidency. ucsb. edu/documents/2000-republican-party-platform.

〔2〕 Republican National Convention, “1968 Republican Party Platform”, https://www. presidency. ucsb. edu/documents/republican-party-platform-1968.

〔3〕 Republican National Convention, “1972 Republican Party Platform”, https://www. presidency. ucsb. edu/documents/republican-party-platform-1972.

与泛化演变路径的交替出现。但在2004年后，这一演变体现为极化演变路径内部不同类型之间的交替，即两党对外政策意识形态范围仅在左右两翼极化程度的大小上存在差异。上述论断同样反映在两党对外政策的具体实践中。近年来，两党在涉及多边机构与军事行动等外交政策关键手段上出现显著的两极分化态势。例如，民主党更倾向于国际政治合作、重视盟友关系并突出非军事手段的重要性；而共和党则对多边机制保持警惕，主张以双边关系取代多边关系，并强调维持强大军事力量的必要性。[1]

二是两党在对外政策意识形态领域的极化并非表现为单纯地向意识形态光谱的两端分化。具体来说，民主党对外政策意识形态的总体范围并不是一味地沿意识形态光谱向左移动；而共和党对外政策意识形态的总体范围虽然大体符合沿意识形态光谱向右移动的情况，但也同样存在一定程度上的偏差。这说明，不能简单地将民主党与共和党在对外政策意识形态领域的极化理解为两党各自向意识形态光谱左右端点的单调移动。这也充分反映在两党党纲中涉及对外政策意识形态的具体内容上。就单边主义与多边主义来看，民主党在2004年党纲中明确指出了安全联盟与国际合作的重要性。例如，“我们联盟的力量，加上我们民主理想的力量，一直是自由生存和成功的推动力……美国必须开启并领导一个联盟的新时代……我们必须建立一个包括联合国安理会其他常任理事国在内的国家联盟，与美国分担伊拉克的政治、经济和军事责任”。[2] 到了2008年，民主党进一步强调了安全联盟与重振国际机构的必要性。“为了恢复美国在世界上的领导地位，我们将重建应对共同威胁和加强共同安全所必需的联盟、伙伴关系和机构……在贝拉克·奥巴马的领导下，我们将重建与欧洲和亚洲盟友的关系，并加强我们在美洲和

---

〔1〕 Wagner Wolfgang and Tapio Raunio, “The Party Politics of Foreign and Security Policy”, *Foreign Policy Analysis*, Vol. 16, No. 4, 2020, pp. 515-531.

〔2〕 Democratic National Convention, “2004 Democratic Party Platform”, https://www.presidency.ucsb.edu/documents/2004-democratic-party-platform.

非洲的伙伴关系……为了加强从武器扩散到气候变化等问题上的全球合作，我们需要更强有力的国际机构。我们认为，联合国不可或缺，但需要进行深远的改革……然而，除非美国再次致力于联合国及其使命，否则这些问题都不会得到解决。”〔1〕 而在2016年，民主党党纲中针对安全联盟与国际机构的表态则出现了一定程度的改变，虽然同样提及了盟友的重要性，但更注重突出美国在联盟中的主导地位。在谈及北约时，更是首次提及成员国应承担的军费问题。此外，党纲中涉及国际机构的篇幅也有较大程度的缩减。具体内容如下：“当我们与合作伙伴和盟友合作时，我们会变得更加强大，而不应该尝试单打独斗。我们的全球联盟网络不是负担，而是巨大战略优势的源泉……在美国的领导下，以我们的原则为指导，并与我们的盟友和伙伴开展合作……我们将继续推动北约成员国贡献自己的公平份额……国际机构（尤其是联合国）和多边组织可以发挥强大的作用，并且是美国实力和影响力的重要放大器，但其中许多组织需要改革和更新。”〔2〕

三是当两党对外政策意识形态总体范围大小发生变化时，其左右两翼意识形态范围各自发生变动的幅度不同。进一步来说，两党在对外政策左翼意识形态领域发生变动的弹性要显著大于右翼。这在一定程度上表明，对两党来说，对外政策领域的多边主义与鸽派意识形态的象征意义要大于实质意义，因而可以根据不同时期国际形势或国内民众需求的变化情况做出适时调整。相比之下，对外政策领域的单边主义与鹰派意识形态特征则构成了美国对外政策中的实质性意识形态内核，因而两党在处理涉及单边主义与鹰派意识形态的变动时均表现得更加谨慎。这一点也在两党的党纲内容中有着相对充分的体现。就民主党而言，其在阐述本党针对军事议题的主张时表现得更

〔1〕 Democratic National Convention, “2008 Democratic Party Platform”, https://www.presidency.ucsb.edu/documents/2008-democratic-party-platform.

〔2〕 Democratic National Convention, “2016 Democratic Party Platform”, https://www.presidency.ucsb.edu/documents/2016-democratic-party-platform.

加含蓄谨慎。这一点也充分反映在 2016 年民主党党纲的具体内容当中。党纲文段开头写道："美国无与伦比的军事能力是我们全球领导地位的第二个核心支柱。经过 10 多年的战争，我们有机会重新装备我们的武装力量和国防战略，以确保我们既保持世界上最有能力的军队，又适应 21 世纪的挑战。" 随后话锋一转，"11 年来的持续军事行动和对伊拉克与阿富汗的反复部署使我们的部队捉襟见肘，使他们的家人感到紧张。展望未来，我们的部队将面临更少的部署，让他们有更多的时间进行训练，并确保他们为可能面临的各种任务做好准备"。最后方才表明了削减国防预算的主张，"在我们目前的财政环境下，我们还必须全面做出艰难的预算决定——这也包括国防预算在内。国会去年通过的《预算控制法案》得到了共和党人和民主党人的支持，要求削减联邦开支，包括国防开支……我们能够通过一支更敏捷、更灵活的部队来确保我们的安全。与此同时，我们将继续强调在关键地区的前瞻性接触，同时加强强有力的安全伙伴关系，以分担经济上的负担"。

五、结语

近年来，极化已经成为美国政党政治运行的主基调。社会公众与政党精英之间日益扩大的分歧消磨了美国的民主，并将一个围绕妥协而建立的政治体系转变为了一个充斥敌意、僵持且功能失调的党争博弈战场。[1] 伴随政治极化趋势的不断加深，两党之间的极化分歧逐渐超越国内政策范畴，外溢到对外政策议题的不同领域。例如，两党在涉及气候变化、军备控制、国际贸易与联盟关系等政策领域的偏好已经明显呈现两极分化的态势。伴随极化态势的不断加剧，美国的对外政策更有可能会随着行政部门的更迭而发生颠

〔1〕 Sarah Binder, "The Dysfunctional Congress", *Annual Review of Political Science*, Vol. 18, No. 1, 2015, pp. 85-101.

覆性改变。这直接导致了美国对外政策日益增长的不确定性，进而使得美国在全球事务中所发挥的影响力遭受侵蚀。这也呼应了部分学者在研究党派两极分化对美国全球领导力影响后得出的结论——政党极化现象极大地削弱了美国对外政策的稳定性与可靠性，同时也加剧了其他国家对美国全球领导地位的怀疑。[1]这一论断在特朗普政府时期的美国对外政策上表现得淋漓尽致。这一时期美国的对外政策大体上奉行“美国优先”原则，一方面通过频繁地“退群毁约”或施压盟友以减轻既有国际制度带来的负担，另一方面主张以单边主义外交路线取代多边主义国际机制。虽然拜登政府上台后针对前任政府所提出的对外政策议题进行了较大规模的调整，但在两党对外政策意识形态偏好高度极化的背景下，2024 年总统选举结果将在很大程度上决定美国对外政策是否会再次出现颠覆性改变。综上所述，两党在对外政策领域的高度极化不仅束缚了美国的国际合作能力，也导致美国自身的海外声誉遭受损失，[2] 对外政策的极化已然成为美国推动国际合作与重建国际秩序的桎梏。

在中美竞合关系错综复杂的当下，深入剖析美国在对外政策意识形态领域的极化特征以及演变趋势，具有重要的理论价值与学理意义。一是既有研究大多将两党对外政策意识形态领域的两极分化先验地预设为一种近似在意识形态光谱上持续地向两端移动的趋势，而本文在开展实证分析后发现，两党在对外政策意识形态领域的极化并非表现为单调地向光谱两端分化。尽管总体上保持了极化趋势，但在具体的对外政策意识形态范畴上，两党意识形态各自变动的幅度同样存在差异。本文针对美国对外政策极化概念的重新审视为开展后续分析提供了新的思路。二是既有研究更多关注 21 世纪后两党

---

〔1〕 Rachel Myrick, “The Reputational Consequences of Polarization for American Foreign Policy: Evidence from the US-UK Bilateral Relationship”, *International Politics*, Vol. 59, No. 5, 2022, pp. 1004-1027.

〔2〕 Gordon M. Friedrichs and Jordan Tama, “Polarization and US Foreign Policy: Key Debates and New Findings”, *International Politics*, Vol. 59, No. 5, 2022, pp. 777-778.

在对外政策意识形态上的极化特征与发展态势，并形成了两党在对外政策领域的“脸谱化”印象。例如，自由主义的民主党与保守主义的共和党。特别是自特朗普政府上台以来，共和党似乎已经成为坚守单边主义、孤立主义以及鹰派意识形态的代表。但本文在梳理1920年以来两党对外政策意识形态的演变后发现，共和党相较于民主党在对外政策意识形态领域往往表现得更加宽泛，此外，共和党党纲中也曾多次出现主张多边主义与反对孤立主义的内容。因而不能将民主党与共和党各自的对外政策意识形态理解为简单的二元对立，而是应当引入时间这一维度，并在一定的时间跨度上分析两党对外政策演变的阶段性特点。三是虽然受限于党纲文本分析数据的可得性，本文将分析美国对外政策极化的开始节点界定为1920年，但相较于大部分始于20世纪70年代的既有研究而言，也在较大程度上向前延伸了分析两党对外政策意识形态极化的时间范围，进而更加全面地反映了两党对外政策极化演变的历史发展趋势。

本文同样存在诸多不足之处。首先，在对两党对外政策意识形态的概念化操作上，本文选取了两党的党纲作为参照标准，并根据政党宣言项目数据库的相关数据实现了针对党纲文本内容的量化处理。这一概念化操作的可行性以及量化数据的可信度仍有待商榷。其次，本文将对外政策意识形态的左右两翼界定为鸽派、多边主义与鹰派、单边主义，这一界定具有较强的主观色彩。在现实情况中，对外政策意识形态左右两翼所包括的内容纷繁复杂，很难用某一类意识形态内容加以概括。最后，由于类型化处理自身在方法论层面的缺陷，例如过多关注极端情况而忽视中间情况、过度简化带来的信息损失〔1〕等，这将不可避免地导致本文在分析中同样存在上述问题。

此外，本文也发现了进行后续研究的若干可行路径。一方面，本文从探

〔1〕 刘丰:《类型化方法与国际关系研究设计》,载《世界经济与政治》,2017年第8期,第49—54页。

讨美国两党对外政策意识形态是否极化入手，虽然在开展实证分析后得出了超越是否极化本身的额外结论，但其本质上仍为围绕概念展开的判断性分析，并不涉及更深层面的因果推断。在后续研究中可以着眼于导致两党对外政策意识形态极化的原因展开分析。另一方面，根据两党意识形态特征类型的频率统计结果，类型 B 在两党 100 年以来的政治实践中仅出现两次，且均出现于国际格局发生巨大转变时期，围绕类型 B 出现情况的深入探讨或许能够在一定程度上解释两党对外政策意识形态特征发生转变的诱因。

社会集团、政党结盟与变革政治：从土地改革透视2003—2010年巴西卢拉政府的战略困境

董青青*

【内容提要】 当前世界经济朝向信息化和数字化的趋势发展，但土地分配格局仍是决定国家发展与社会稳定的关键问题，因此对土地的管理及变革也成为包括拉美国家在内的诸多发展中国家所面临的长期性挑战。21世纪初期，巴西迎来土地关系调整的重要机遇，然而在强大的政社合力推动下，土地分配格局仍然没能得到改善，甚至更趋于集中。作者旨在探究2003—2010年巴西劳工党政府的土地改革尝试逐渐被淡化的原因，并以政党结盟作为出发点，考察巴西劳工党与社会集团复合结盟的动态过程。研究发现在集中型的社会权力结构下，如果政党竞争中不存在对执政党传统结盟群体的有效争夺，执政党会倾向于与该群体维系松散的结盟关系，并与同其价值目标及利益诉求存在分歧的强势社会群体进行合作型结盟。因此，巴西劳工党在跃升为执政党后，不可避免地逐渐背离与无地农民运动的传统结盟关系，并与土地精英形成合作型联盟，从而失去调整土地关系的意愿与能力。

* 董青青，中国社会科学院大学国际政治经济学院国际政治专业博士研究生。

【关键词】 政党-社会关系；政党结盟；土地改革；无地农民运动；巴西劳工党

一、问题的提出

尽管在全球经济信息化的背景下，各国对传统的第一产业关注度逐步下降，但由于世界经济总需求长期不足，土地在拉动内需方面的重要性反而逐步上升，对于一国实现社会安定、经济发展繁荣及国家政权稳固而言依旧具有核心地位。尤其是相比于美国或英法等西方发达国家而言，在发展中国家密集的拉丁美洲和加勒比（以下简称拉美）地区，土地是实现经济发展所依托的重要资源。但 20 世纪拉美土地改革的不彻底性使得土地分配不均和过度集中的问题在该地区依旧根深蒂固，因此对土地的管理及变革也成为此后拉美国家历届政府所面临的长期性挑战。[1] 21 世纪初，伴随国际大宗商品超级周期带来的良好外部经济形势，拉美左翼政党集体执政，形成“粉红浪潮”（Pink Tide），并在巴西、玻利维亚、委内瑞拉、厄瓜多尔等国掀起了新一波土地改革的浪潮，成为拉美国家土地关系调整的重要机遇期。但由于相关变革措施往往以征用闲置土地、转变经营方式以及分配国有土地为主，难以取得颠覆性的变革效果。其中最为令人困惑的现象是，在 21 世纪初的巴西社会中，围绕土地问题兴起的巴西无地农民运动已成为规模最大、影响最广的拉美新社会运动之一，并且与主张重新实行土地分配的劳工党（Workers' Party）政府形成了紧密的合作关系。但在劳工党主政时期的巴西，伴随着土地改革的施行，不仅原有的土地关系未被触及，反而土地分配呈现

---

〔1〕 如在巴西，1985 年巴西 52.9%的农场土地面积在 10 公顷以下，仅覆盖了 2.7%的农业用地，但 0.9%的农场土地面积却超过 1000 公顷，占 43.8%的农业用地。相关数据参见 George Meszaros, “Taking the Land into Their Hands: The Landless Workers' Movement and the Brazilian State”, *Journal of Law and Society*, Vol. 27, No. 4, 2000, pp. 517-541。

日益集中的趋势，土地改革的成效几乎在实践中被完全消解。[1] 因此，本文拟解决的核心问题是为何在这一强大的政社合力推动下，巴西土地分配格局仍然没能得到有效改善？巴西如何错过了该轮实现土地关系结构性调整的历史机遇？

土地关系是每个国家都需要处理好的重大现实问题，并且土地改革实践的推行过程关乎土地改革的最终成效以及国家内部社会群体间的利益关系。本文通过探索 2003—2010 年卢拉·达席尔瓦（Lula da Silva）执政时期巴西劳工党政府与社会集团间围绕土地改革的互动过程，尝试对上述问题做出回答。这不仅有助于深化对拉美国家土地改革实践过程的理解及把握，也能够为中国深化与拉美、非洲等地区发展中国家在南南框架下的农业合作互动提供一定的政策参考。

二、对既有研究的回顾与述评

土地改革作为一种具有重要经济意义和政治色彩的再分配类型，[2] 通过将土地的控制权转让给农民从而增加其土地收入、创造农业领域就业机会，[3] 能够带来农村地区的农产品供应者收益和消费增加以及社会包容性的上升。并且随着农村地区和农业部门收入的增加外溢至非农地区和部门，

---

〔1〕 在 2003—2010 年间，巴西大型农场面积增幅高达 48.4%，中型农场及小型农场面积同期增幅低于大型农场，分别为 29.2%、19.7%；并且从基尼系数来看，巴西的土地集中度在 1995—1996 年（0.856）和 2005—2006 年（0.872）两次农业普查之间也有所增加。相关数据及论述参见王效云：《拉美土地改革的延误与经济增长困境：演化发展经济学的视角》，载《拉丁美洲研究》，2022 年第 1 期，第 137—153 页；Fabiana Frayssinet，"Brazil：Agribusiness Driving Land Concentration"，http://www.ipsnews.net/2009/10/brazil-agribusiness-driving-land-concentration/。

〔2〕 Michael Albertus，*Autocracy and Redistribution：The Politics of Land Reform*，Cambridge：Cambridge University Press，2015，p. 4.

〔3〕 Michael Lipton，*Land Reform in Developing Countries：Property Rights and Property Wrongs*，New York：Routledge，2009，p. 1.

土地改革可以对整个国家的经济进程产生重要影响。[1] 尽管在包括西欧、非洲、拉美、东亚等地区的众多发达和发展中国家中都出现了土地改革的尝试，但其结果并不总是变革性的，土地改革的意愿或行动可能被淡化、摧毁。学界对于土地改革实践进程及成效差异性的讨论提供了多样的解释，如政治稳定性及治理质量、全球化等国际影响、文化习俗及传统观念等诸多因素，其中针对巴西的土地改革问题，较为主流的解释包括制度限制、意识形态、社会经济条件、权力结构及动态四类值得借鉴的分析视角。

马克思指出，人们自己创造自己的历史，但是他们并不是随心所欲地创造，并不是在他们自己选定的条件下创造，而是在直接碰到的、既定的、从过去继承下来的条件下创造。[2] 从制度主义视角出发的研究多信奉初始条件是起作用的，着重于以历史制度限制这一因素解释东亚地区土地改革成功推行的原因以及南亚、拉美、非洲等地区的发展中国家的土地改革没有实现类似的村内土地均分制的原因。具体而言，有学者将东亚土改成功的共性因素归结为以暴力为后盾的强制性和无偿性以及以自然村为边界的农户土地均分制。[3] 也有学者认为东亚的家户制、俄国的村社制以及拉美和南非的庄园制三类不同的农村社会制度对改革进程产生不同的制约，正是拉美和南非社会中以“强组织弱自由”为特点的大庄园制及农奴制使得其土地改革进程漫长且成效不显著，[4] 或认为国家制度形态的发育能力会影响国家能力，

---

〔1〕 Alberto Alesina and Dani Rodrik, “Distributive Politics and Economic Growth”, *Quarterly Journal of Economics*, No. 109, 1994, pp. 465-490; Dietrich Vollrath and Lennart Erickson, “Land Distribution and Financial System Development”, http://www. imf. org/en/Publications/WP/Issues/2016/12/31/Land - Distribntion-and-Financial-System-Development-20624.

〔2〕 卡·马克思:《路易·波拿巴的雾月十八日》,载中共中央马克思恩格斯列宁斯大林著作编译局编译:《马克思恩格斯文集》(第二卷),北京:人民出版社,2009 年版,第 470 页。

〔3〕 杨殿闯、温铁军:《“东亚土改经验”何以成立——促使“东亚土改”成功的共性因素分析》,载《农业考古》,2015 年第 1 期,第 1—8 页。

〔4〕 徐勇:《历史制度底色下世界土地改革进程与成效比较》,载《社会科学研究》,2016 年第 4 期,第 58—63 页。

进而影响独立后国家实施土地改革的结果。[1] 尽管制度决定论在土地改革长期成效的跨国讨论方面具有强大解释力，但从历史制度限制的这一视角很难解释为何在相似的制度条件下，南非的非洲人国民大会（African National Congress，以下简称非国大）上台后，能够在既得利益集团阻挠的障碍下实施相对激进的土地改革措施，[2] 而巴西劳工党的土地改革尝试则推进困难。

从意识形态的视角出发，在对发展中国家社会变革关键因素的讨论中，诸多学者强调政府意识形态的重要性，将左翼力量视作改革的关键决定因素。[3] 相比于右翼政党，左翼政党往往更加注重社会公平，主张变革不合理的社会秩序，要求社会权利与利益的重新分配，从而具有推动形成更加公平的土地分配格局的动机。[4] 但同时，政党的意识形态右倾并不必然意味着对土地改革的逃避，机会主义和政治竞争会使得意识形态因素在土地政策中趋于淡化，[5] 智利、墨西哥和哥伦比亚等拉美国家中右翼政府的社会改

---

〔1〕 黄振乾:《国家制度形态的发育程度与土地改革——对独立后非洲国家的实证分析》,载《经济社会体制比较》,2020 年第 3 期,第 117—129 页。

〔2〕 自 1994 年推翻白人种族隔离政权,成立新南非政府后,南非执政党非国大颁布《土地权益归还法》,开启土地改革,计划把被非法掠夺的黑人土地重新归还给黑人公民。初期,非国大颁布的土地改革计划较为温和,在新自由主义政策的框架下进行,以自愿性质的市场买卖为主导机制,但面临作为资本主义精英的白人土地所有者的阻挠。后期非国大放弃原有的温和土地改革方针,于 2017 年年底召开第 54 次全国代表大会,提出通过无偿征收土地这一关键机制以纠正土地剥夺所带来的不平等,标志着南非非国大政府的土地改革的激进转向,在此基础上非国大进一步推动国家修宪以允许无偿征收土地。相关论述参见张凯:《南非土地改革:从温和到激进的转变及其逻辑》,载《当代世界与社会主义》,2019 年第 1 期,第 115—123 页; Arkadiusz Żukowski,"Land Reform in the Republic of South Africa: Social Justice or Populism?", *Werkwinkel*, Vol. 12, No. 1, 2017, pp. 71-84; Adeoye O. Akinola and Irrshad Kaseeram,"Globalization of South African Land Reform Scheme: An Interrogation", in Adeoye O. Akinola, Irrshad Kaseeram and Nokukhanya N. Jili, eds. *The New Political Economy of Land Reform in South Africa*, London: Palgrave Macmillan, 2021, p. 45。

〔3〕 Steven Levitsky and Kenneth M. Roberts, *The Resurgence of the Latin American Left*, Baltimore: Johns Hopkins University Press, 2011; Evelyne Huber and John D. Stephens, *Democracy and the Left: Social Policy and Inequality in Latin America*, Chicago: University of Chicago Press, 2012.

〔4〕 李菡、袁东振:《拉美政治发展的钟摆效应与新一轮左翼浪潮的特点》,载《国外理论动态》,2022 年第 3 期,第 64—72 页。

〔5〕 Prasad S. Bhattacharyaa, Devashish Mitrab and Mehmet A. Ulubaşo ğlua,"The Political Economy of Land Reform Enactments: New Cross-National Evidence (1900-2010)", *Journal of Development Economics*, Vol. 139, 2019, pp. 50-68.

革实践也表明在意识形态光谱中处于中间偏右的政党实际上也可以引入有利于大众的社会政策转变，[1] 巴西军政府时期（1979—1985 年）也曾采取开发边疆和分割国有土地的措施，对土地改革做出尝试。[2] 并且在现实实践中，意识形态因素往往不能决定改革的成功实施。

在全球化的背景下，一国的内政问题往往与国际背景紧密相连，因此国际社会经济状况也会影响一国的政治战略，但是对于该因素的讨论并没有形成共识。有学者认为在有利的外部环境因素影响下，巴西劳工党的实用主义政治倾向能够使该国在短期内实现经济的良性循环，这也意味着该党必须适应而非改变对于经济增长的制约，采取非对抗性改革的策略，从而阻碍了深层次改革的开展，改革措施逐渐温和化、边缘化，从而致使巴西劳工党土地改革成效不佳。[3] 但同时，也有学者认为良好的国际社会经济条件是土地改革施行的重要前提因素，巴西及其他拉美国家 21 世纪初的这轮土地改革正是在国际大宗商品超级周期的良好外部经济形势下开展，但随着 2008 年全球金融危机结束了国际大宗商品超级周期，以大宗商品出口为主要经济动力的拉美国家相继陷入经济衰退和社会动荡，从而使得土地改革进程被打断，改革势头逐渐衰弱。[4] 如果仅从外部经济背景以及实用主义的政治倾向的角度进行解释，则会陷入过度强调 2003—2010 年劳工党执政时期特殊性的误区，从而忽略巴西土地问题的延续性以及结构性限制因素，并低估国家内部行为体的能动性。

在权力结构与动态的视角下，国家与社会关系对于一国的施政走向具有重要的影响作用，特别是在处于国际体系外围的发展中国家中，社会与国家

---

〔1〕 Sara Niedzwiecki and Jennifer Pribble, "Social Policies and Center-Right Governments in Argentina and Chile", *Latin American Politics and Society*, Vol. 59, No. 3, 2017, pp. 72-97.

〔2〕 黄松甫：《浅谈巴西的土地改革》，载《世界农业》，1987 年第 4 期，第 12—13 页。

〔3〕 Pedro Mendes Loureiro and Alfredo Saad-Filho, "The Limits of Pragmatism: The Rise and Fall of the Brazilian Workers' Party (2002-2016)", *Latin American Perspectives*, Vol. 46, No. 1, 2019, pp. 66-84.

〔4〕 王效云：《拉美土地改革的延误与经济增长困境：演化发展经济学的视角》，载《拉丁美洲研究》，2022 年第 1 期，第 137—153 页。

结合的影响更为明显。[1] 20世纪90年代以前，国家与社会关系研究中的两条主要研究路径分别是以尼可罗·马基亚维利（Niccolò Machiavelli）、托马斯·霍布斯（Thomas Hobbes）为代表的“国家中心论”和以约翰·洛克（John Locke）、孟德斯鸠（Montesquieu）为代表的“社会中心论”。[2] 两派均将国家与社会间关系看作零和博弈，即强社会则意味弱国家，弱社会则意味强国家，并由此建立起国家与社会的二元分析框架。而随着以乔尔·S.米格代尔（Joel S. Migdal）、彼得·埃文斯（Peter B. Evans）为代表的部分学者提出国家与社会互动理论，这一二元对立的思维模式被打破，国家与社会间的关系被看作同处于社会竞技场的国家与社会力量为了实现对社会的控制权而展开控制与反制斗争，而国家控制社会能力的程度就是国家能力强弱之分的标准。[3] 强大的现代国家能够在维持国家自主性的基础上维护社会公平正义，从而在国家与社会的互嵌式互动中实现良好的社会控制，实现普惠性发展。但脆弱的国家则会由于国家自主性不足面临改革困境，逐渐为社会中的强势利益集团所俘虏，从而无法实现对社会的良好控制，并导致国家自主性被异化为强势利益集团的自主性，从而偏离社会公平的轨道，不仅无法弥合既存的社会对立问题，甚至会增加损害弱势群体利益的几率，最终致使国家威信以及国家合法性部分丧失。[4]

此外，有学者提出权力结构趋向于平等或集中的不同类型会决定一国土地改革的进程，并提出高度不平等引发的危机会开启权力平等化进程，农民

---

〔1〕 Juan Pablo Henao Guzmán, “El estado en la sociedad, explicación de cómo la disposición de las burocracias determina los Órdenes en Países Periféricos”, *Panorama*, Vol. 9, No. 17, 2015, pp. 104-122.

〔2〕 程同顺、高千:《国家与社会关系的另类阐释——〈社会中的国家〉评述》,载《国外社会科学》,2016年第1期,第138—142页。

〔3〕 参见乔尔·S.米格代尔、阿呼尔·柯里、维维恩·苏编著,郭为桂、曹武龙、林娜译:《国家权力与社会势力(第三世界的统治与变革)》,江苏:江苏人民出版社,2017年版;彼得·埃文斯、迪特里希·鲁施迈耶、西达·斯考克波编著,方力维、莫宜端、黄琪轩等译:《找回国家》,北京:生活·读书·新知三联书店,2009年版。

〔4〕 陈霞、王彩波:《中国经济发展与国家自主性关系考察——基于改革开放前后的比较视角》,载《中南大学学报》(社会科学版),2015年第4期,第151—156页。

集团权力地位的提升可促进土地平等的论断。[1] 这意味着社会力量与社会抗议对于调整一国的权力格局，进而改变改革动向具有重要作用。[2] 在民主国家，公民可以向政府施压，要求其引入更公平的财产权，并制衡精英的政治影响力。[3] 在巴西所采用的总统制政治体制设计下，府院对立往往会削弱内部改革的动力，而外部的民众抗议能促使各意识形态政党重视社会政策，扩大民众福利，因此社会变革的倡议往往从政府外部发起。[4] 在此基础上，有学者提出政治竞争水平和公民社会的力量是能否成功改变拉美国家社会政策的关键因素。在高度竞争的政治生态中，政府有强烈的动机吸引社会支持，社会政策的扩展往往被视作实现这一目标的关键工具。[5] 在实证研究中，韩国土地改革的成功被归因于农民的政治影响力更强，能够要求国家施行有利于自身的政策。[6] 但同时，有学者认为由于社会集团规模与其动员能力间存在反向相关关系，社会运动以及由底层民众组成的大规模社会集团无法聚合成为推动社会改革的强大力量，致使大地改革等社会变革往往

〔1〕 高波、李昊旻:《权力结构、土地平等与国家发展》,载《世界经济与政治》,2022 年第 12 期,第 116—149 页。

〔2〕 Santiago Anria and Sara Niedzwiecki, "Social Movements and Social Policy: The Bolivian Renta Dignidad", *Studies in Comparative International Development*, Vol. 51, No. 3, 2016, pp. 308-327; Candelaria Garay, "Social Policy and Collective Action: Unemployed Workers, Community Associations, and Protest in Argentina", *Politics & Society*, Vol. 35, No. 2, 2007, pp. 301-328; Candelaria Garay, *Social Policy Expansion in Latin America*, Cambridge: Cambridge University Press, 2016.

〔3〕 Legatum Institute, "Land Reform Playbook: Pathways to Prosperty", https://docs.prosperity.com/3216/7454/1618/4165_LI_Handbook2LandReform_AW_V2_Web.pdf.

〔4〕 Sara Niedzwiecki, "The Effect of Unions and Organized Civil Society on Social Policy: Pension and Health Reforms in Argentina and Brazil, 1988-2008", *Latin American Politics and Society*, Vol. 56, No. 4, 2014, pp. 22-48.

〔5〕 Tasha Fairfield and Candelaria Garay, "Redistribution Under the Right in Latin America: Electoral Competition and Organized Actors in Policymaking", *Comparative Political Studies*, Vol. 50, No. 14, 2017, pp. 1871-1906; David Altman and Rossana Castiglioni, "Determinants of Equitable Social Policy in Latin America (1990-2013)", *Journal of Social Policy*, Vol. 49, No. 4, 2020, pp. 763-784; Jennifer Pribble, *Between Elites and the Masses: Political Parties and Welfare Regimes in Latin America*, Cambridge: Cambridge University Press, 2013.

〔6〕 John P. Powelson and Richard Stock, *The Peasant Betrayed: Agriculture and Land Reform in the Third World*, Washington, D. C.: Cato Institute, 1990, pp. 381-388.

无法顺利推行。[1] 然而，在巴西的土地问题上，无地农民运动的核心策略是土地占领，并且政府通常只安置相关人员来应对其行动，能够形成一种选择性激励，因此在很大程度上该运动并非为奥尔森所定义的“公共物品”而斗争，较少受到集体行动逻辑中“搭便车”问题的困扰，从而能够具备极强的动员组织能力。[2] 但即使如此，土地改革团体的社会力量或动员能力强弱也很难有效解释土地改革实践的发展动向，巴西无地农民运动领导的广泛基层社会运动动员了巴西数十万个家庭，被称作世界上“最重要、最激动人心的群众运动”，[3] 但仍没有推进土地改革的有效实施，因此很难仅用社会力量或动员能力的强弱解释 2003—2010 年巴西劳工党政府时期土地改革效力的消解。

整体而言，现有的研究对于巴西劳工党政府土地改革实践的探讨往往从描述性视角出发，并且对于其过程及成效的分析均存在一定的解释力缺陷。因此，本文从政党结盟的视角出发，结合土地改革中所涉及的国家-政党-社会间的三方互动关系，将政党结盟的变动所带来的改革与反改革力量对比的动态调整视作解释 2003—2010 年卢拉主政时期的巴西劳工党政府最终没能对土地关系实现有效调整的关键切入口，这也是对上文提及的最后一类权力结构及动态与社会变革结果联结性研究的进一步拓展，将有助于深化对变革政治的理论探讨。

---

〔1〕 奥尔森的集体行动理论认为集体物品具有非排他性供给的特点，在集体行动中，个人承担成本而利益则由集团成员等额共享，因此在大集团中，个人理性致使缺乏自愿采取集体行动和生产集体物品的动力来源，从而带来“搭便车”问题。相关论述参见曼瑟尔·奥尔森著，陈郁、郭宇峰、李崇新译：《集体行动的逻辑》，上海：格致出版社，2014 年版；陈慧荣：《土地分配与政治秩序：以非洲和拉美国家为例》，载《国外理论动态》，2020 年第 3 期，第 152—162 页。

〔2〕 Gabriel Ondetti, *Land, Protest, and Politics: The Landless Movement and the Struggle for Agrarian Reform in Brazil*, Pennsylvania: Penn State University Press, 2011, p. 46.

〔3〕 乔治·梅萨罗斯著，胡尔贵译：《土地改革中社会运动、法律与政治的关系——巴西的教训》，北京：知识产权出版社，2021 年版，第 1 页。

三、基于政党结盟理论的分析框架

土地改革的本质是通过制度调整改变现存的利益格局，其核心是要剥夺拥有大量土地资源的土地精英的既得利益，并赋予无地或少地农民群体以生产资料。[1] 因此，在争夺社会控制的竞技场中，无地农民与土地精英围绕土地所有权和使用权确定了其社会关系的共同核心并形成对立的立场，一方希望推动土地资源的再分配，而另一方则希望维持原有的土地分配格局，双方均成为对由国家“供给”的产权制度的需求方。而能够通过界定产权以强制性干预土地这一生产资料再分配的国家则成为双方竞相争取的对象，社会博弈中的国家选择也因此成为重要的变量。

在以巴西为代表的拉美地区发展中国家中，国家自主性不足已成为既存的结构性问题。相比于强大的社会力量，国家能力较差，因而处于相对脆弱的地位，往往容易妥协于社会。特别是相比于无地农民群体，土地精英作为强势利益集团，具有更多渗透国家的途径，由此更容易俘获国家，给国家顺利制定与执行公共政策带来重大挑战。因此，在巴西这一具有集中型权力结构的发展中国家内部，土地制度及土地关系的确定与调整事实上在很大程度上不由国家这一“供给者”主导，而是制度“需求者”在同国家的讨价还价过程中使国家妥协，令制度保护其自身的利益，从而形成非中性产权制度的供求均衡。[2]

而政党作为社会与国家的桥梁，在整合民众意志的基础上将其输入国家政治体系，并通过自身作为执政党或反对党的身份，输出政治决策或影响政

---

〔1〕 张凯：《南非土地改革：一项未竟的事业》，载《中国投资》，2018 年第 18 期，第 18—19 页。

〔2〕 产权制度的非中性表现为同一制度框架内的不同集团在分配和享受产权保护的实际利益时获得份额不同，从而形成了一种制度的区别对待。相关论述参见高程：《非中性产权制度与大国兴衰——一个官商互动的视角》，北京：社会科学文献出版社，2013 年版，第 17—29 页。

治进程。[1] 因此，土地改革作为重大的国家政策，必然是国家、政党与社会三方行为体互动作用下的综合性结果，而政党的参与也改变了两大制度需求方的权力格局，使得尽管在结构上自主性不足的国家理论上更容易被土地精英所俘获，但在现实的土地实践中国家也不必然妥协于土地精英，并会在其制度实施的动态过程中发生妥协于无地农民及贫民群体的情形。这是由于政党的目标在于在民主选举中上升成为执政党从而获得执政机会并稳固自身的执政地位，以及能够在政治决策中获得话语权，从而获得按自身意愿塑造国家政治的机会。为实现这一目标，政党往往需要与社会集团结盟，并在这一结盟过程中创造了一种相互支持甚至相互庇护的关系，从而带来了国家的妥协对象发生动态变化的可能性。

总体而言，根据政党结盟对象的不同可以将政党结盟关系划分为传统结盟关系与合作型结盟关系两大类型。首先，在民主化进程与大众普选的推动下，群众型政党出现，这也使得政党与社会的关系更为密切，呈现出政党与特定社会群体或社会阶级结盟，从而争取外部支持的现象。西蒙·李普赛特（Seymour Martin Lipset）和斯坦·罗坎（Stein Rokkan）提出的政党结盟（Party Alignment）理论划分了中心-边缘、国家-宗教、土地-工业、雇主-劳工四种社会分野，并基于此将政党与社会关系总结为特定的社会集团与能反映其利益的相对应政党所结成的稳固的联盟关系。[2]

随着20世纪中后期以来中间选民的壮大、后物质主义价值观的传播以及媒体政治的兴起，政党与社会间的传统结盟关系出现松动，选民及政党间的关系呈现双向背离的态势，政党时常采取不利于其传统支持集团的政策，选民也不再与固定的政党结盟，而是观察政党的具体政策后选择，政党和社

〔1〕 祁霄:《政党结盟视域下发展中国家的共产党转型探析——以尼联共(毛)为例》,载《河北省社会主义学院学报》,2015年第1期,第46—50页。

〔2〕 Seymour Martin Lipset and Stein Rokkan, *Party System and Voter Alignments*, New York: Cross-National Perspectives, 1967, p. 50.

会集团互相选择新的合作伙伴，从而出现政党与社会之间解盟（Dealignment）和再结盟（Realignment）的现象，[1] 并动态演变成为一种复合结盟现象，即政党与社会间的结盟不再是固定的或单向的，而是多向度的弱结盟关系的复合，呈现开放性特点。具体而言，政党一方面会努力维持传统结盟关系，并以非正式和非制度化的方式与非组织动员和意识形态动员来维持结盟关系；另一方面政党以具体议题为中心，同中间选民进行合作性结盟，甚至可能会与传统的对立群体进行即时性合作。[2] 而政党在与同其自身价值观念相对立或冲突的群体进行合作型结盟的情况下，往往会自动削弱并破坏其传统结盟关系，从而影响政党在与其意识形态相关的传统议题上的态度。

在巴西的采掘主义发展模式下，土地既是统治精英的权力根源，也是国家独立及发展过程中崛起的新社会力量——无地农民的权力根源。[3] 因此，作为下层边缘民众代表的无地农民在竞选中倾向于支持能够代表其利益的政党，一般而言，低收入社会群体往往在竞选中投票给左翼政党，选择与左翼政党结盟。[4] 该群体通过基层网络为政党提供选举支持，以换取该党将其斗争诉求置于优先地位作为政策回报，即"意识形态赞助"（Ideological Patronage），从而形成对联盟双方均有益的交易。[5] 相比于右翼政党，左翼政党天然具有与土地改革相契合的意识形态，并且对左翼政党而言，活跃的无地农民也能够成为政党的重要支持力量及结盟选择，土地改革也是选举政治

---

〔1〕 Scott C. Flanagan and Russell J. Dalton, "Parties Under Stress: Realignment and Dealignment in Advanced Industrial Societies", *West European Politics*, Vol. 7, No. 1, 1984, pp. 7-23.

〔2〕 高奇琦:《西方政党与社会的关系变迁:一种复合结盟的分析框架》,载《当代世界与社会主义》,2013 年第 5 期,第 89—94 页。

〔3〕 Bruno Fornillo, "¿Existe una reforma agraria en la Bolivia del Movimiento al Socialismo?", *Íconos. Revista de Ciencias Sociales*, No. 42, 2012, pp. 153-166.

〔4〕 Seymour Martin Lipset, *Political Man*, New York: Doubleday, 1960, pp. 223-224.

〔5〕 Daniel Schlozman, *When Movements Anchor Parties: Electoral Alignments in American History*, Princeton: Princeton University Press, 2015, p. 5.

中动员民众的关键工具,[1] 因此左翼政党竞选纲领中往往纳入土地政策以吸引无地农民为自身投票，并以此为自身争取政治支持。[2] 因此，巴西左翼劳工党与无地农民群体具有传统结盟关系，而与以大土地所有者、农业综合企业为代表的土地精英集团则不具有这种传统结盟关系,[3] 但在互动中两者可以形成一种合作性结盟关系。

借助复合结盟相关讨论所提供的分析框架，有助于更清晰地探索巴西劳工党政府与社会力量间围绕土地问题产生的互动关系，但是该理论并没有进一步解释为何政党会与价值观念相对立或冲突的群体结成联盟关系，以及接受在一定程度上削弱政党本身传统结盟关系这两种与直觉相悖的现象。在土地改革问题中，成功实施土地改革的政治条件往往涉及国家改革意愿与能力的双重维度。[4] 一般而言，在制度约束程度较低时，当统治精英与土地精英间出现联盟分裂并与替代性社会力量形成合作时，土地再分配的改革就会发生并顺利推进。[5] 本文对这一观点进行延伸，提出下述命题：在集中型的社会权力结构下，执政党所处的党争格局决定统治精英是否具有强烈动机与土地精英集团分裂并与替代性社会力量紧密结盟，从而影响土地改革是否

---

〔1〕 Sam Moyo, "Land in the Political Economy of African Development: Alternative Strategies for Reform", *Africa Development*, Vol. 32, No. 4, 2007, pp. 1-34.

〔2〕 Catherine Boone, *Property and Political Order in Africa: Land Rights and the Structure of Politics*, London: Cambridge University Press, 2014, pp. 4-5.

〔3〕 巴西有着悠久的土地冲突历史，自葡萄牙殖民时期实行大庄园制和奴隶制以来，王室在教会和部分贵族家庭间划分了拥有继承财产权的领土，因此巴西农产品出口行业几乎完全掌握在大地主阶级手中。在相对和平的独立进程中，包括大庄园制在内的传统社会结构被保留下来。20 世纪 70 年代以来，随着巴西出口农业部门的现代化，市场导向的生产模式要求采用新兴技术进行大规模农业生产，地方农业精英和跨国农业综合企业所控制的土地资源增多，土地分配进一步呈现在土地精英手中集中化的趋势。相关论述参见 Cynthia S. Simmons, "Territorializing Land Conflict: Space, Place, and Contentious Politics in the Brazilian Amazon", *GeoJournal*, No. 64, 2005, pp. 307-317; Laura Landertinge, *Brazil's Landless Workers Movement*, *Center for Research on Latin American and the Caribbean*, New York: New York University, 2009, p. 2。

〔4〕 陈慧荣:《土地分配与政治秩序:以非洲和拉美国家为例》,载《国外理论动态》,2020 年第 3 期,第 152—162 页。

〔5〕 Michael Albertus, *Autocracy and Redistribution: The Politics of Land Reform*, Cambridge: Cambridge University Press, 2015, pp. 1-7.

能顺利推进。

具体而言，一方面，在集中型的社会权力结构作用下，具有强烈利益导向的强势土地精英集团会选择并且也能够渗透国家，通过权力-利益纽带与执政党进行合作，结成合作型联盟关系。另一方面，政党的重要目标是通过政治选举从在野党上升成为执政党，因此一般而言政党具有维系其传统结盟关系的动力。但在执政党自身地位稳固且不存在其他反对党争取其传统结盟群体时，执政党维系这一传统结盟关系的动力相对较弱，从而逐渐丧失与传统结盟群体紧密结盟的意愿，而是倾向于维持一种松散的联盟关系；反之，当存在其他反对党对执政党的传统结盟群体能够进行有效的争取，从而动摇执政党的传统票仓时，执政党维系这一传统结盟关系的动力会相对较强。

四、政党结盟动态视角下的 2003—2010 年卢拉政府土地改革进程

在政党结盟的动态视角下，劳工党在保持与无地农民运动的结盟关系的同时从反对党跃升为执政党，并试图推行土地改革，却在这一过程中逐渐转向同与国际金融资本相结合的土地精英集团结盟，从而与无地农民运动群体的传统联盟背离。这导致巴西无法形成国家与社会共同推进土地改革的合力，最终使得土地改革呈现无地农民运动自下而上向劳工党政府施加压力缓慢推进的态势。

（一）竞选结盟与土地改革的承诺

在巴西民主化进程中，劳工党作为一个庞大的群众政党而成立，其使命是为捍卫工人权利而斗争。土地权利分配是政党争取政治支持的重要手段，因此政党的竞选纲领中往往纳入土地政策以吸引农民投票。[1] 2002 年劳工

---

〔1〕 Catherine Boone, *Property and Political Order in Africa: Land Rights and the Structure of Politics*, London: Cambridge University Press, 2014, pp. 4–5.

党总统候选人卢拉在竞选纲领中表示将重新实行土地分配，其进步主义的竞选纲领为无地农民带来了土地改革的希望。对于无地农民运动而言，卢拉的当选带来重塑国家议程的历史性机会，意味着该群体长期以来的土地改革诉求迎来了付诸实践的机遇，[1] 而以无地农民为代表的底层民众成为卢拉在总统选举中的重要票仓。[2] 在这一意义上，卢拉的上台被认为是包括无地农民在内的底层民众群体与劳工党之间形成的选举联盟的成功，并在此基础上形成了推动土地关系调整的强大社会支持力量以及必要的资金、政策支持。

具体而言，在社会政策方面，为了缓解无地农民的抗争和由此引发的社会动荡，卢拉政府将扶贫作为解决社会冲突的基本政策，相继推出了“零饥饿”计划（*Zero Hunger*）、“家庭补助金”计划（*Family Allowance*）等一系列扶贫计划。2003 年至 2009 年，受“家庭补助金”计划资助的家庭数量从 360 万增加至 1240 万，资助资金总额从 6 亿雷亚尔增加至 125 亿雷亚尔。这一计划覆盖巴西所有州，并着力减少巴西东北部等无地农民运动活跃地区的贫困问题。[3] 卢拉政府还颁布粮食收购计划，试图通过政府收购农产品的举措来保护农村小生产者的利益，以促进农村经济发展。[4] 在土地改革方面，卢拉政府和无地农民运动领导层之间举行了一系列研讨会和听证会，[5] 同时该运动参与了卢拉政府第二期全国土地改革计划（*II National Plan for Agrarian Reform*）的制定，卢拉承诺通过购买和征用的方式来重新分配生产

〔1〕 Dolores Rocca Rivarola, “El MST en Brasil y las organizaciones sociales kirchneristas en Argentina: Roles, identificación y relaciones dentro del conglomerado oficialista”, *Sociohistórica*, No. 26, 2009, pp. 13-49.

〔2〕 Inés Lucía, “Echando raíces: el movimiento sin tierra de Brasil”, https://elordenmundial. com/movimie nto-sin-tierra-brasil/.

〔3〕 Aloizio Mercadante, *Governo Lula e a Construção de sil Mais Justo*, São Paulo: Editora Fundação Perseu Abramo, 2010, pp. 79-84.

〔4〕 苏波：《拉美农业可持续发展的典型模式——以巴西卢拉政府的粮食收购计划为例》，载《拉丁美洲研究》，2014 年第 2 期，第 24—27 页。

〔5〕 同〔1〕。

力较低和未使用的土地，以实现3年内重新安置43万无地农民的目标。[1]

（二）执政联盟与土地改革的停滞

但是，随着新自由主义政策的实施以及巴西农业部门的发展，大批外资进入巴西。在农业领域，包括孟山都（Monsanto）、拜耳（Bayer）、杜邦（Dupon）等企业在内的大量外国资本对农产品及其市场具有强烈的影响，并与本国的土地精英共同控制了巴西的农业产业，他们主张通过农业资本主义强化对巴西农业的控制。作为在社会中占据主导地位的强势利益集团，土地精英能够占据较多的社会资源，并借此不断渗透国家，采取种种方式寻租政府部门，使得资本与权力结合，成为一个稳定的利益共同体。

由于劳工党在国会的参众两院中都没有获得多数席位，为获得和控制公共资金、增强执政能力，卢拉只得求助于右翼保守派政党或者政治家，通过逐案交易的方式建立碎片化、不稳定的联盟，[2] 而代表农业综合企业以及国内大土地利益集团的农村民主联盟（Democratic Association of Ruralists）等右翼力量在国会中力量强大，甚至具有否决权，因此成为卢拉国会结盟中的重要支柱之一。[3] 被称为“乡村议员”（Ruralist Bench）的土地精英能够通过与劳工党政府形成国会联盟的方式渗透政治决策过程，而这种“收买”议员的权宜之计使得卢拉政府表现为右翼经济精英与左翼工人精英两个权力集团的融合。[4] 劳工党与土地精英的这种结盟关系也体现在政府内部的人员构成中。在第一个任期中，卢拉任命巴西农业综合企业协会主席罗伯托·罗德里格斯（Roberto Rodrigues）为农业部长，任命巴西最大的农业综合企业

---

〔1〕 方旭飞：《拉美左派政府的社会政策实施成效及面临的挑战》，载《西南科技大学学报（哲学社会科学版）》，2016年第5期，第18—23页。

〔2〕 Pedro Mendes Loureiro and Alfredo Saad-Filho, “The Limits of Pragmatism: The Rise and Fall of the Brazilian Workers’ Party (2002-2016)”, *Latin American Perspectives*, Vol. 46, No. 1, 2019, pp. 66-84.

〔3〕 乔治·梅萨罗斯著，胡尔贵译：《土地改革中社会运动、法律与政治的关系——巴西的教训》，北京：知识产权出版社，2021年版，第156—158页。

〔4〕 Francisco de Oliveira, *Crítica da razão dualista-o ornitorrinco*, São Paulo: Boitempo, 2004, p. 12.

之一萨迪亚（Sadia）的总裁路易斯·费尔南多·弗兰（Luis Fernando Furlan）为发展、工业和贸易部长。[1]

同时，与土地精英集团的结盟也使得卢拉受到金融市场的典型勒索，任何偏离新自由主义正统观念的尝试都会激起不稳定资本的回缩。因此，为避免陷入与金融和跨国资本利益相关方的紧张关系，卢拉只能进行保守化的妥协，[2] 这使得卢拉在推行土地改革的过程中，会受到国家的外部依赖性以及劳工党对新自由主义依恋的阻碍，从而不愿意推动政治体制转型，只能接受既定的游戏规则并做出妥协。这导致巴西经济的外围资本主义特质逐渐加深，[3] 并不得不妥协于土地精英集团，倾向于对主张土地集中化、反对土地改革的农业综合企业采取绥靖策略，逐渐淡化土地改革措施。[4]

因此，卢拉政府不仅无视无地农民对改变前政府新自由主义议程的要求，反而进一步加深了对新自由主义的依赖，自愿将核心预算盈余占国内生产总值的比例从 3.75%提高到 4.25%。为了实现这一自我设定的目标，财政部削减了公共开支，这进一步导致失业率的上升，工人收入的下降和家庭消费的减少。[5] 劳工党政府甚至同意征用亚马孙地区的重要土地，从而保证农业综合企业和私人土地所有者的利益，并在第二个任期中与农业综合企业

---

〔1〕 Pedro Gustavo de Sousa Silva, “Como os partidos de esquerda se posicionam em relação ao governo Lula?”, *Em Tese*, Vol. 13, No. 1, 2016, pp. 19-47.

〔2〕 Francisco de Oliveira, “Hegemonia às avessas” em Cibele Saliba Rizek, Francisco de Oliveira e Ruy Braga, eds. *Hegemonia às avessas: Economia, política e cultura na era da servidão financeira*, São Paulo: Boitempo, 2010, pp. 21-27.

〔3〕 Pedro Mendes Loureiro and Alfredo Saad-Filho, “The Limits of Pragmatism: The Rise and Fall of the Brazilian Workers' Party (2002-2016)”, *Latin American Perspectives*, Vol. 46, No. 1, 2019, pp. 66-84; Francisco de Oliveira, *Crítica da razão dualista-o ornitorrinco*, São Paulo: Boitempo, 2004, pp. 73-80.

〔4〕 Txema Guijarro, Jon Landaluze and Milena Barreda y Raul Pau, “Brasil. La reforma agraria y la lucha por la tierra”, *Revista Viento Sur*, Vol. 87, No. 15, 2006.

〔5〕 Abdurazack Karriem, “MST on the March for Agrarian Reform and Changes in the Lula Government's Neoliberal Economic Policy”, https://www.mstbrazil.org/news/mst-march-agrarian-reform-changes-lula-government%E2%80%99s-neoliberal-economic-policy.

建立了战略联盟，实施了有利于引进转基因种子和大豆单一种植的土地政策。[1]

（三）社会压力与土地改革的缓慢推进

此外，在2003—2010年卢拉执政期间，劳工党占据主导地位，反对劳工党的右翼势力则一直处于无序状态。由于直接导致1999年巴西金融危机的发生，巴西重要的中间偏右政党社会民主党（Brazilian Social Democracy Party）在民众中缺乏良好声誉，而其他反对党则普遍缺乏意识形态，只是宣传其领导人和攫取公共资源的工具。[2] 因此，这一时期的反对党难以与执政党形成公开的系统性竞争，无法对执政党的行为进行有效的监督与制衡，[3] 从而使得政治权力倾向于集中化，劳工党通过实施土地改革以维系与传统联盟关系的动力不足。并且劳工党政府与大土地所有者集团的结盟形成强大的政治力量，进一步排斥、破坏劳工党与无地农民运动间的传统联盟关系，使得劳工党与无地农民运动呈现出疏远的态势，后期土地改革已经不再是政府公共议程的一部分，[4] 社会运动也失去在参与式民主中占据的关键地位，双方呈现背离态势。

一方面，无地农民运动对劳工党政府的信任程度下降，不再相信国家干预的有效性，转而频繁使用占领和游行的策略挑战政治权力，从而推动土地改革。2005年，无地农民运动发起了进攻性示威活动，举行“全国就业、

[1] Lia Pinheiro Barbosa, “Challenges Facing Latin American Peasant Movements Under Progressive Governments and New Right-Wing Parties: The Case of Brazil”, *Latin American Perspectives*, Vol. 47, No. 5, 2020, pp. 94-112.

[2] Pedro Mendes Loureiro and Alfredo Saad-Filho, “The Limits of Pragmatism: The Rise and Fall of the Brazilian Workers' Party (2002-2016)”, *Latin American Perspectives*, Vol. 46, No. 1, 2019, pp. 66-84.

[3] Benno J. Ndulu and Stephen A. O'Connell, *The Political Economy of Economic Growth in Africa, 1960-2000*, New York: Cambridge University Press, 2007, p. 393

[4] Dolores Rocca Rivarola, “El MST en Brasil y las organizaciones sociales kirchneristas en Argentina: Roles, identificacíon y relaciones dentro del conglomerado oficialista”, *Sociohistórica*, No. 26, 2009, pp. 13-49.

正义和土地改革大游行”，呼吁卢拉进行土地改革，改变新自由主义经济政策，[1] 这体现了无地农民运动和卢拉政府之间的紧张关系。此外，无地农民运动对卢拉极为不满，拒绝了其在 2007 年第五届无地农民运动大会上发言的请求，这标志着巴西无地农民运动与卢拉政府之间的联盟破裂，双方关系走向对抗。

另一方面，劳工党政府对待无地农民运动的策略也从合作逐渐转向镇压。无地农民运动在 2009 年占领卡特雷尔公司（Cutrale）橘子园的视频被描绘成故意破坏私有财产的犯罪行为，这种污名化的策略使无地农民运动在巴西民众中失去支持及合法性。2009 年，全国农业联合会（National Confederation of Agriculture）和巴西公共舆论和统计研究所（Brazilian Institute of Public Opinion and Statistics）进行的一项调查发现，超过 92%的公众认为土地占领是非法行为，75%的人认为无地农民运动应该寻找并使用其他获得土地的方式，57%的人认为无地农民运动是非法组织。[2] 在缺乏公众的同情和国家政策及态度支持的情况下，该运动通过占领土地在巴西维持动员状态的能力大为减弱。此外，在卢拉执政期间，基层警察对无地农民运动采取了暴力行动，包括在没有获得授权的情况下对该群体实施暴力行动。2014 年 4 月，全球见证组织（Global Witness）报告指出，巴西是“南美洲追求土地和环境权利最危险的地方”，在 2002 年至 2013 年期间，至少有 44 人因环境权和土地使用权被杀害。[3]

---

〔1〕 Abdurazack Karriem, “MST on the March for Agrarian Reform and Changes in the Lula Government’s Neoliberal Economic Policy”, https://www.mstbrazil.org/news/mst-march-agrarian-reform-changes-lula-government%E2%80%99s-neoliberal-economic-policy.

〔2〕 Anthony Pahnke, “Social Movement Consolidation and Strategic Shifts: The Brazilian Landless Movement during the Lula and Dilma Administrations”, *Latin American Perspectives*, Vol. 47, No. 4, 2020, pp. 206-222.

〔3〕 Global Witness, “Sharp Rise in Environmental and Land Killings as Pressure on Planet’s Resources Increases-Report”, https://www.globalwitness.org/en/archive/sharp-rise-environmental-and-land-killings-pressure-planets-res ources-increases--report/.

因此，尽管卢拉政府有意愿采取一些有利于工人和农民的社会政策，但实际上并没有从根本上触动巴西社会结构。在土地问题上，卢拉采取了向土地精英集团倾斜的政府补贴和技术支持等一系列政策，以便从与该群体的联盟关系中获得更多利益。[1] 在卢拉主政期间，尽管家庭农业在农村提供了超过80%的就业机会，但农业综合企业获得的公共资源是家庭农业的7倍。在1990年至2011年间，用于粮食生产的土地数量不断减少，但用于生产糖（122%）和大豆（107%）的土地数量反而增多。[2] 可以说，伴随着劳工党政府土地改革的施行，不仅原有的土地关系未被触及，反而土地分配呈现日趋集中的趋势，土地改革的成效几乎在实践中被完全消解。

除此之外，卢拉政府将无地农民的安置工作优先于土地改革，并试图避免没收土地等与土地改革有关的直接行动。2003年卢拉政府颁布的第二期全国土地改革计划，被认为倾向于土地资本主义的范式，是“反改革”的改革尝试。在农村发展政策领域，“加强家庭农业国家计划”（*National Program to Strengthen Family Agriculture*）将关于土地改革的历史辩论转移到家庭农业方面，将土地改革与农业企业的市场逻辑联系起来，形成一种市场驱动下的土地改革，农民在其中处于从属地位。此外，这一计划免除了联邦政府实施土地改革的责任，将问题下放给地方政府，为与农村管理部门结盟的政治力量提供了庇护关系的可能性。[3] 由于巴西采取了灵活的联邦制，地方政府有相对较大的自主权，这使得地方行政长官在地方上比联邦中央政府更有影响力，并因此成为执行国家政策的一个薄弱环节。土地精英通过与地方劳工

---

〔1〕 王萍、周进：《新自由主义视阈下的拉美土地改革：以巴西为例》，载《历史教学（下半月刊）》，2018年第7期，第3—10页。

〔2〕 Lia Pinheiro Barbosa, “Challenges Facing Latin American Peasant Movements Under Progressive Governments and New Right-Wing Parties: The Case of Brazil”, *Latin American Perspectives*, Vol. 47, No. 5, 2020, pp. 94-112.

〔3〕 Maria Orlanda Pinassi e Frederico Daia Firmino, “O MST, a reforma agrária e o neodesenvolvimentismo”, https://www.correiocidadania.com.br/politica/8700-07-08-2013-o-mst-a-reforma-agraria-e-o-neodesenvolvimentis mo.

党政府结盟，对地方行政单位、司法部门和基层警察施加压力，使自身非法占有土地的行为合法化，并使国家忽视农业综合企业和农业寡头的土地控制行为。因此土地改革的实施极为缓慢，政府甚至无法实施自己的计划。卢拉承诺在其任期的第一年安置60 000个家庭，但实际上只有不到30 000个家庭从中受益。[1] 另外，由于安置区缺乏必要的生产、生活设施和服务条件，大量被安置的失地农村劳动力被迫离开田地，再次沦为无地农民。[2]

这一背景下，巴西无地农民运动转而强化自身作为社会压力集团定位，倒逼左翼劳工党政府在土地政策领域进行建设性的改革，如全国土地改革教育计划和全国农村教育政策均是无地农民运动自下而上实施政治压力的产物，而非劳工党政府根据与民众达成协议而做出的让步。[3] 但由于缺乏自上而下的政府权威及力量的支持，土地改革进程缓慢，并很难涉及土地关系的核心领域。

（四）小结

总体而言，在政党结盟的动态视角下，劳工党在与无地农民运动的联盟关系中从反对党跃升为执政党，试图推行土地改革，却在这一过程中逐渐转向同土地所有者与国际金融资本相结合的土地精英集团结盟，从而背离与无地农民运动的传统联盟关系，无法形成国家与社会土地改革的合力，最终使得土地改革呈现无地农民运动自下而上向劳工党政府施加压力缓慢推进的态势，并逐渐陷入停滞。

在2003—2010年劳工党主政时期，一方面鉴于农业综合企业在巴西经济中的重要地位，为将农业综合企业纳入其国会联盟，政府无法和土地精英

---

〔1〕 Breno Marqués Bringe, "El lugar también importa. Las diferentes relaciones entre Lula y el MST", *Revista NERA*, No. 9, 2006, pp. 27-48.

〔2〕 农业部经管司经营体制处：《巴西的农地改革和纠纷调处》，载《农村经营管理》，2009年第6期，第45—46页。

〔3〕 Lia Pinheiro Barbosa, "Educação do campo as a political project in the context of the struggle for land in Brazil", *Journal of Peasant Studies*, Vol. 44, No. 1. 2016, pp. 118-114.

集团实现分裂，甚至不得不服从于该群体的利益安排，从而获得资金利益与政治支持，因此试图避免在农业综合企业感兴趣的地区征用土地，只得继续将土地公平分配问题视为边缘问题；另一方面，反对党派力量难以同劳工党相抗衡，并且不存在对无地农民群体的有效政治争夺，因此劳工党政府缺乏维系与无地农民运动的传统结盟关系的动力，选择通过实施温和的土地改革措施以暂时缓解失地农民的愤慨和需求，如使用生产力较低或未开发使用的土地，安置无地农民和改善社会福利等。因此巴西社会中存在一种“反向的霸权”，被统治者或其代表可以承担国家的道德指挥，但前提只能是不触及统治者的经济基础。[1]

五、结语

左翼政党与要求土地改革的社会团体间具有传统的共生-结盟关系，这一结盟关系并非简单地局限于选举中的支持，而是相应的社会团体凭借向与其结盟的政党提供选票和支持网络的能力，通过自身的影响力不断形塑政党，并在此基础上通过帮助结盟党派在选举中获胜，逐渐改变国家政治发展轨迹。[2] 因此左翼政党为使自身从在野党上升成为执政党，往往会将土地改革纳入自身的竞选纲领，借助该团体的选票和支持在选举中获胜，从而获得重塑国家政治发展轨迹的机会。但巴西的实践表明这一机遇并不总是能转化为现实，甚至会被错过。

在 2003—2010 年巴西左翼劳工党执政时期，表面上卢拉政府与无地农

---

〔1〕 Pedro Mendes Loureiro and Alfredo Saad-Filho, “The Limits of Pragmatism: The Rise and Fall of the Brazilian Workers' Party (2002-2016)”, *Latin American Perspectives*, Vol. 46, No. 1, 2019, pp. 66-84.

〔2〕 Daniel Schlozman, *When Movements Anchor Parties: Electoral Alignments in American History*, Princeton: Princeton University Press, 2015, p. 18.

民运动形成了结盟关系共同推动土地改革，在深化民主的基础上建立福利国家，[1] 但实际上这一传统联盟关系极为脆弱。受集中型社会结构的影响，强大的土地精英集团能够异化国家自主性，使得左翼政党上升成为执政党后，在强化自身执政能力的过程中不仅无法与大土地所有者相关的政治力量决裂，反而不可避免地与土地精英进行谈判并妥协，甚至会与该群体围绕农业及发展问题形成合作型联盟。同时，政党竞争格局也深刻影响了土地改革的推进模式。当不存在其他党派对劳工党的传统结盟群体进行有效竞争的情况时，劳工党政府没有强烈的动机维护并巩固与无地农民群体的联盟关系，并倾向于进行多向度的弱结盟，甚至与土地精英集团达成紧密的利益-权力结盟关系，从而逐步放弃土地改革措施。这也会进一步导致劳工党与土地改革团体的传统联盟关系淡化，从而最终致使推动土地改革的国家及社会力量均被逐步消解，也就无法推动土地关系的调整与变革。

因此，即使在左翼劳工党执政的2003—2010年，卢拉政府所推行的土地改革也没能取得良好成效，这也可以解释为何即便存在与自身利益诉求及价值目标相似的社会力量进行联盟的替代选择，执政党最终也无法与土地精英集团划清界线，并且即使与土地精英的价值目标以及利益诉求间存在分歧，两者仍会不可避免地结合并形成联盟关系。在这一过程中，劳工党的上台是一个从变革性力量转变为霸权性力量的过程，而无地农民运动则逐渐强化其作为社会压力集团的身份，通过占领非生产性土地及游行示威策略推动土地改革相关行动的缓慢进行。从社会运动生命周期的角度来看，随着无地农民运动的去动员化转向与力量的消散，尽管目前以无地农民运动为代表的中下层民众仍在很大程度上作为劳工党的执政基础存在，但双方相对疏离的

---

〔1〕 Gianpaolo Baiocchi, Einar Braathen and Ana Claudia Teixeira, "Transformation Institutionalized? Making Sense of Participatory Democracy in the Lula Era", in Kristian Stokke and Olle Törnquist, eds. *Democratization in the Global South: The Importance of Transformative Politics*, New York: Palgrave Macmillan, 2013, pp. 217-239.

趋势也使得劳工党逐渐丧失其作为天然的中下层民众利益代表的身份，两者形成一种松散的协作关系，从而使得双方均错过了借助联盟关系改变国家政策议程的历史性机会。而这种机会在历史中往往很难再次出现，如尽管 2023 年卢拉再度赢得大选，但其当选在一定程度上得益于选民投下的“反对现任票”，这也使得卢拉的执政根基不够稳定，并且巴西也很难在短期内围绕土地问题凝聚起强大的社会改革压力集团，因此在此轮左翼执政周期中，也难以看到巴西对土地关系做出卓有成效的调整。

对于中国而言，思考并厘清巴西左翼劳工党政府推进土地改革的动态过程，可以为我们推进并深化与发展中国家的农业合作，以及避免相关风险提供一些线索。正如习近平总书记在全球文明倡议中所指出的，文明应在交流互鉴中实现发展。土地问题同样是对国家发展至关重要的政治、经济及社会问题，因此总结拉美等发展中国家土地改革的发展和演变规律及特征对于中国在未来推动乡村振兴具有一定借鉴意义。随着中国日益走近世界舞台中央，中国的崛起更需要根植于自身的发展，这也要求我们在与世界各国的密切互动中不断调试自身，并在参考各方经验的基础上实现经济的发展以及社会的平稳运转。

国际关系研究的两大结构主义差异性比较

——兼谈如何进行马克思主义的政党结构分析

孟凯强*

【内容提要】 国际关系研究中存在两种截然不同的结构主义传统：一是以华尔兹的结构现实主义为代表的西方主流国际关系理论；二是以沃勒斯坦的世界体系理论为代表的马克思主义国际关系理论。深入到结构主义的元理论层面，可以发现结构主义存在“轴距”和“构态”两大维度。以此为工具分析两大结构主义，可以发现二者的差异性主要体现在结构构成的单元假定、结构作用的动力逻辑，以及共时性和历时性因果律倾向性三个方面。以结构现实主义为代表的西方主流国际关系理论本质上是一种短轴距的原子结构分析，通过轴距拓展可以形成一种长轴距的层级结构分析范式。马克思主义是一种长轴距的层级结构分析，基于此可构建一个马克思主义的政党结构分析模型，它承认政党在结构分析中的主体性，并且接受多元主体的行动者资格，通过过程植入的历时性分析，能够把握国际政治现象的深层逻辑。

【关键词】 结构主义；马克思主义；结构现实主义；政党理论

* 孟凯强，南开大学周恩来政府管理学院国际关系专业博士研究生。

一、引言

结构主义是国际关系理论的重要元理论基础。一方面，国际关系的研究对象本身是一些宏观结构性的问题，国家间关系的状态和结果（比如战争与和平、冲突与合作、均势和霸权等）与国家的对外行为或政策都处于互动性的结构之中，是一种结构性的条件或结果；另一方面，结构主义在国际关系理论发展史中具有特殊意义，是国际关系理论研究走向科学化和理论化的重要标志。“理论终结”与结构主义的式微密切相关。[1] 第三、四次大辩论结束之后，国际关系理论创新的势头逐渐放缓，“理论终结”逐渐成为国际关系学界普遍担忧而又不得不承认的一个论断。同时，国际关系理论发展出现由宏观层次向中微观层次转向的整体趋势，这种从抽象理论构建到行为主义解释的转变产生了大量问题导向性的经验主义实证研究，进一步推动了“理论终结”的进程。结构主义的式微在整个人文社会科学领域并非个例，究其根源，与以往学者对结构主义的反思批判有余、创新发展不足高度相关。

提起结构或者结构主义，国际关系领域的学者们自然会将其与肯尼思·华尔兹（Kenneth N. Waltz）的结构现实主义相联系。然而，国际关系领域实际上存在两种截然不同的结构主义传统：一是以肯尼思·华尔兹的结构现实主义为代表的西方主流国际关系理论，二是以伊曼纽尔·沃勒斯坦（Imman-

---

〔1〕“理论终结”的话题最早出现在20世纪80年代末90年代初，至2013年几乎成为学界共识。可参见 Yosef Lapid,“The third debate:On the prospects of international theory in a post-positivist era”, *International Studies Quarterly*, Vol. 33, No. 3, 1989, pp. 235-254; Kalevi J. Holsti, “Scholarship in an Era of Anxiety:The Study of International Politics During the Cold War”, *Review of International Studies*, Vol. 24, No. 5, 1998, pp. 17-46; Tim Dunne, Lene Hansen and Colin Wight,“The End of International Relations Theory”, *Eurcpean Journal of International Relations*, Vol. 19, No. 3, 2013, pp. 405-425; Patrick Thaddeus Jackson and Daniel H. Nexon,“International Theory in a Post-Paradigmatic Era:From Substantive Wagers to Scientific Ontologies”, *European Journal of International Relations*, Vol. 19, No. 3, 2013, pp. 543-565; Michael C. Williams,“In the Beginning:The International Relations Enlightenment and the Ends of International Relations Theory”, *European Journal of International Relations*, Vol. 19, No. 3, 2013, pp. 647-665; John J. Mearsheimer and Stephen M. Walt,“Leaving Theory Behind:Why Simplistic Hypothesis Testing is Bad for International Relations”, *European Journal of International Relations*, Vol. 19, No. 3, 2013, pp. 427-457。

uel Wallerstein）的世界体系理论为代表的马克思主义国际关系理论。其中，马克思主义的结构主义基底脱胎于经典作家所创造的历史唯物主义。列宁的帝国主义论是该种结构主义的理论先声，之后陆续发展出了诸如罗伯特·考克斯（Robert W. Cox）的批判理论，特奥托尼奥·多斯桑托斯（Theotonio dos Santos）、萨米尔·阿明（Samir Amin）等学者倡导的依附理论，沃勒斯坦的世界体系理论以及大卫·哈维（David Harvey）的新帝国主义论等理论。

西方主流国际关系理论虽未言明，但明显借助了一度盛行于政治学和社会学界的结构主义思潮，[1] 所以有学者称结构现实主义为结构主义思潮的一个后知后觉的“迟到回响”。[2] 伴随着持续性的批判以及科学行为主义的冲击，结构功能主义虽有短暂中兴，但总体已呈衰退之势。在国际关系研究领域，西方主流国际关系理论获得了与之殊途同归的命运。华尔兹于 1979 年提出结构现实主义理论，随后兴起的新自由主义和建构主义分别在元理论的不同方面接受了华尔兹的结构主义假定，塑造了一种在国际体系层面构建理论体系的大理论生产模式。[3] 华尔兹虽然认识到国际关系问题的结构主义本质，但他仅仅从自然科学和微观经济学领域汲取灵感，忽视和拒绝了哲学和其他社会科学领域对结构主义元理论的探讨和已经发生的进步。因此，一旦国际体系要素穷尽，或研究者的想象力枯竭，国际关系理论发展就会陷于停滞，理论也就随之“终结”。国际关系领域进入 21 世纪之后再无大理论面世就是最好的现实佐证。

国际关系研究要想打破“理论终结”的魔咒，需要“再出发”以重振理论研究的活力。在国际关系理论研究“再出发”多种可供选择的路径中，

---

〔1〕 杨光斌:《世界政治理论》,北京:中国社会科学出版社,2021 年版,第 30 页。

〔2〕 薛力:《国际关系的结构概念》,载《国际政治科学》,2007 年第 3 期,第 138 页。

〔3〕 秦亚青:《关系本位与过程建构:将中国理念植入国际关系理论》,载《中国社会科学》,2009 年第 3 期,第 70 页。

马克思主义基于与时俱进的理论品格是可靠路径之一。[1] 马克思主义的结构主义传统或许能够为国际关系理论走出发展困境提供一种启示：不能仅仅依靠寻找体系变量的方式构建理论，必须深入到结构主义的元理论层面，对国际结构进行“解构”与“再构”，以重塑国际关系理论的生产模式。基于此，本文发展了一种观察和理解国际结构的认识论工具，以重塑国际关系学界对结构的固有认知，并以此为基础对两大结构主义传统进行差异性比较，从而展示一种新的结构主义理论生产的可能性，最后以马克思主义的阶级政党为例，尝试进行新结构主义分析模型的构建。

二、结构之结构——认识结构的两大维度

如果承认结构的显著变量地位，不管这个结构是否具有实体性，那么它一定存在一个能够用以理解和描述它的形式，因为一个形式永远是更高一级形式的内容。[2] 对更高形式的认识使用皮亚杰的话说就是要开发“形式的形式”,[3] 也就是要在元理论层面认识结构之结构。

（一）结构主义本源与结构之结构

所谓“结构之结构”，指的是结构构成的内容和形态。华尔兹之后，国际关系理论似乎进入了“结构的时代”。[4] 结构成为描述和解释国际关系事实最常用的术语之一。国际关系学界对于结构的认识往往基于华尔兹的界定，即结构包括三个方面：体系的排列原则（无政府状态）、单元的特性

---

〔1〕 王存刚:《国际关系理论研究再出发:马克思主义的路径》,载《外交评论(外交学院学报)》,2017年第1期,第5页。

〔2〕 皮亚杰著,倪连生、王琳译:《结构主义》,北京:商务印书馆,2006年版,第100页。

〔3〕 同〔2〕,第45页。

〔4〕 薛力:《从结构主义到国际关系理论:一项系统的考察——兼论华尔兹结构观的局限性》,载《世界经济与政治》,2007年第10期,第35—36页。

（功能相同）和单元的能力的分配（力量大小）。[1] 这是一种简单的“原子结构”观。有学者对此表示质疑，他们认为，国际体系的结构排列方式千差万别，而且往往非常复杂，它们不只是一种简单的结构，因此结构变化是常见的，通常是相互联系的系统中相互交织的元素变化并进行相互作用和积累的结果。[2] 由此可见，学者们对于结构并非只有一种认识，对结构与结构之结构的把握需要重新回到结构主义的本源。综合来看，结构主义可大致分为三种类型。

第一，结构-功能论。结构-功能论者将社会视为一个有机的系统，组成结构的系统只有满足相应的功能性需求之后，社会才能均衡运转。这一思想可追溯至实证主义社会科学的源头。结构最早是作为分析社会的一种整体主义范式出现，此时社会结构概念的建构基本依赖于生物学的移植与嫁接。[3] 实证主义的开创者奥古斯特·孔德（August Comte）将社会视为一个有机体，并将有机体的结构分为个人、家庭和社会三个层次。他从静态的角度考察社会有机体不同层次的组成部分之间的结构关系，以及它们如何相互协调以便维护社会存在的秩序。[4] 孔德的结构观建立在实体主义本体论之上，初步涉及了结构的功能性。赫伯特·斯宾塞（Herbert Spencer）进一步阐发了这种功能性，他将社会视为由“支持”“分配”“调节”三大系统组成的结构，[5] 实体性结构主义开始向功能性结构主义转变，这种转变完成于埃米尔·涂尔干（Emile Durkheim）。涂尔干将社会视为一种实体，这种实体是由

〔1〕 肯尼思·华尔兹著，信强译：《国际政治理论》，上海：上海人民出版社，2017 年版，第 106 页。

〔2〕 Jack Donnelly, “Levels, Centers, and Peripheries: The Spatio-Political Structure of Political Systems”, *International Theory*, Vol. 13, No. 1, 2021, p. 2.

〔3〕 周怡：《社会结构：由“形构”到“解构”——结构功能主义、结构主义和后结构主义理论之走向》，载《社会学研究》，2000 年第 3 期，第 55 页。

〔4〕 杨深：《简论孔德的社会发展阶段理论》，载《中国社会科学院研究生院学报》，2008 年第 5 期，第 42 页。

〔5〕 参见 Herbert Spencer, *The Principle of Sociology*, New York: D. Appleton and Company, 1925, p. 505；周怡：《社会结构：由“形构”到“解构”——结构功能主义、结构主义和后结构主义理论之走向》，载《社会学研究》，2000 年第 3 期，第 56 页。

存在功能需求的部分组成的，同时强调社会整体存在超越个体的特质。塔尔科特·帕森斯（Talcott Parsons）综合前人的思想发展出了现代意义上的结构功能主义，他提出 A-G-I-L（目的达成、适应、整合与模式维持）模型来表示社会运转所需要的功能性条件，认为社会结构就是由满足不同功能的次级系统组成。加布里埃尔·阿尔蒙德（Gabriel A. Almond）将社会分析的结构功能主义沿用到政治分析中，提出了一个包含“体系、过程、政策”三种功能的政治结构体系，社会组织、政党、议会、行政机构、法院等机构具体履行利益表达、利益综合、政策制定与执行等功能。[1] 结构功能主义者将支撑社会均衡运转的功能性结构进行了类型学的划分，戴维·伊斯顿（David Easton）在《政治结构分析》中将这种划分进一步抽象为了高阶结构与低阶结构，并且认为低阶结构是可观察的结构，而高阶结构则需要推断。[2]

第二，结构-法则论。结构-法则论的学者否认结构的实体性质，认为人类社会的结构并非一种能够彰显功能的水平结构，而是具有不同层次的垂直结构，表层结构由深层结构所决定，深层结构就是一种超越于政治和社会之上的法则。语言学家弗迪南·德·索绪尔（Ferdinand de Saussure）所界定的符号之下的语法结构就是一种深层结构。人类学家列维-斯特劳斯（Claude Lévi-Strauss）认为，结构是决定历史、社会事件或社会行为的原始性规则。他认为在社会历史中起决定性作用的是深层结构，这种结构是一种心灵结构，十分依赖于人的主观感受和认知。[3] 马克思主义的结构主义传统本质上就是一种结构-法则论。马克思在《〈政治经济学批判〉序言》中指出：“社会的物质生产力发展到一定阶段，便同他们一直在其中运动的现存生产关系或财产关系（这只是生产关系的法律用语）发生矛盾。于是这些关系便

〔1〕 加布里埃尔·阿尔蒙德著，任晓晋译：《发展中地区的政治》，上海：上海人民出版社，2012 年版，第 54 页。

〔2〕 戴维·伊斯顿著，王浦劬译：《政治结构分析》，北京：北京大学出版社，2016 年版，第 275 页。

〔3〕 Claude Lévi-Strauss, *Structural Anthropology*, New York: Anchor, 1967, p. 272.

由生产力的发展形式变成生产力的桎梏。那时社会革命的时代就到来了，随着经济基础的变更，全部庞大的上层建筑也或慢或快地发生变革。”[1] 马克思将经济结构视为生产关系的总和，认为社会结构由支撑其下的经济基础所决定，社会结构随经济基础而变更。

第三，结构-动力论。社会科学中还有一种将结构视为社会过程或行动结果“动力”或“根源”的论断，即结构-动力论。结构-动力论有两个向度——结构决定论和结构互构论。结构决定论主要以法国结构主义的路易·阿尔都塞（Louis Pierre Althusser）为代表。阿尔都塞的结构决定论的观点肇始于他对马克思主义“经济决定论”的批判，他提出了多元决定论结构动力观。阿尔都塞认为，社会过程的所有细节并非都由生产矛盾运动所支配，他将社会分为经济、政治和意识形态三大结构，三大结构平行推进社会总进程。[2] 结构决定论者将结构（单一结构）视为唯一的决定性因素，结构与单元行动过程之间的关系是单向输送的，因此可以通过探求结构来发现预期的组织性效果。结构互构论则认为，行动过程并非由结构所决定，二者应该是一种互构的关系。英国社会学家安东尼·吉登斯（Anthony Giddens）构建了一种阐释结构何以形成的结构化理论。他认为，结构是社会系统能够持续发挥作用的规则和资源，行动者和结构在实践中形成了一种二重性，行动者的行动在受制于结构的同时也构造出了结构。结构-动力论对西方主流国际关系理论的影响最大。结构现实主义核心“结构是这样一个概念，它可以使我们说出预期的组织性效果如何，以及结构单元是如何互动和彼此影响的”。[3] 这本质上是一种结构决定论的论断，而建构主义所理解的结构与单元的互构关系，实际上直接来源于吉登斯的结构二重性。

---

〔1〕 卡·马克思:《〈政治经济学批判〉序言》,载中共中央马克思恩格斯列宁斯大林著作编译局编译:《马克思恩格斯文集》(第二卷),北京:人民出版社,2009年版,第591—592页。

〔2〕 李厚羿:《简论西方马克思主义之结构主义的马克思主义》,载《马克思主义学刊》,2017年第3期,第53页。

〔3〕 肯尼思·华尔兹著,信强译:《国际政治理论》,上海:上海人民出版社,2017年版,第106页。

（二）认识结构的“轴距”维度

通过对结构本源的结构–功能论、结构–法则论和结构–动力论的梳理和探讨，我们可以得出一个基本的事实：结构并非只有一种构造和形态，结构的构成内容也不一定完全是一种封闭的、功能相似的单元。对结构的认识需要借助一种认识论的工具，比如皮亚杰通过整体性、转换性和自身调整性三个方面描述结构之结构。[1] 本文在借鉴前人成果的基础上，在此提出一种认识结构的轴距维度。

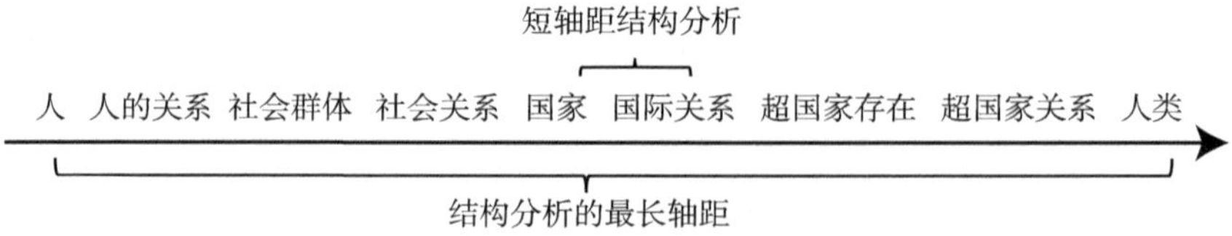

图 19　结构分析的轴距

资料来源：作者自制。

如图 19 所示，从整体上看，结构主义存在一个以作为个体的“人”为分析起点，以作为总体的“人类”为分析终点的最长轴距，人类社会所面对的所有问题都能在这个轴距上找到对应的节点。其中，“人”“社会群体”“国家”“超国家存在”“人类”这几个具有明显层次性的节点是社会科学研究中最为核心的主体，而这些节点的内在关系也是社会科学各个部门或学科的主要指涉对象。从这个视角看，西方主流国际关系理论秉持华尔兹结构观，以原子国家作为基本分析单元，本质上是以“国家”为起点，以“国际关系”为终点的短轴距结构分析。

最长轴距的结构分析覆盖了人类社会的一切问题，不同轴距对应不同的研究内容，因而划分出了不同的学科。一般认为，“人”和“人的关系”是心理学的研究范畴，“社会群体”“社会关系”和“国家”是政治学和社会

[1] 皮亚杰著，倪连生、王琳译：《结构主义》，北京：商务印书馆，2006 年版，第 27 页。

学的研究范畴，“国际关系”“超国家存在”“超国家关系”是国际关系学的研究范畴，“人类”是人类学的研究范畴。轴距的拓展意味着社会科学学科的内在交叉，这种交叉往往能够打破学科壁垒，带来学科的发展和新的知识生产，例如社会心理学、政治心理学、政治社会学、国际社会学等跨学科部门的出现。

由此可见，结构分析的轴距并非一个内部封闭的体系，轴距拓展是进一步发展国际关系宏观理论的一个重要思路。一方面，轴距向前拓展可以打开“国家黑箱”，将作为个体的人，作为社会群体的家庭、阶级、政党、民族、官僚部门、跨国公司等主体纳入行动者资格的考察范围，有助于形成一种与机制相连接的新型结构分析模型。[1] 另一方面，轴距向后拓展可以从超国家关系的更宏观层面形成考察国际关系的“宏结构”分析，例如文明形态、世界体系、帝国主义、国家集团，甚至可以从人类总体性质的视角重新认识国际关系，例如类哲学、[2] 类危机、类安全、类生存和类发展等。[3]

（三）认识结构的“构态”维度

轴距的拓展意味着要将华尔兹所排斥的还原主义（Reduction）理论传统从结构主义中重新阐发出来，但这并不意味着结构主义的后退，或者简单回复到以往的多因解释，其意义在于从元理论的层次揭示不同结构主义理论构建的可能性。轴距的不同节点揭示了能够构成结构的潜在主体，但并不意味着向这些节点的拓展就一定能够形成超越短轴距的结构分析，还需要对这些节点之间的关系以及拓展后的结构构成内容做更深层次的考察。

除了轴距之外，结构分析还存在一种构态维度，所谓的“构态”，就是

---

〔1〕 微观机制关系的微宏观连接问题可参见 Robert I. Rotberg and Theodore K. Rabb, eds. *The Origin and Prevention of Major Wars*, Cambridge: Cambridge University Press, 1989, p. 88。

〔2〕 高清海、余潇枫：《“类哲学”与人的现代化》，载《中国社会科学》，1999 年第 1 期，第 70—79 页。

〔3〕 方世南：《人类命运共同体视域下的生态-生命一体化安全研究》，载《理论与改革》，2020 年第 5 期，第 12 页。

性质相同或者不同的单元所构成结构的整体形态。在短轴距结构分析中，结构是由同一层级上性质相同的单元所构成，因此短轴距结构分析的构态是同质性的“原子结构”；而在长轴距结构分析中，结构则由不同层级上性质不同的单元所构成，因此长轴距结构分析的构态是异质性的“层级结构”。

层级结构分析的基本研究单元不是功能相同的“原子国家”，而是处于不同层级上的多个主体，主要包括家庭、阶级、政党、跨国集团、官僚部门、中心国家、半边缘国家、边缘国家、世界体系等。按照沃勒斯坦的说法，这些不同的主体，就像人们可以列举的一长串结构一样，是一个过程的产物。它们不是原始的原子元素，而是体系混合的一部分，它们从中产生并作用于此。〔1〕这些主体是结构分析轴距上关键节点的具体展开，它们作为一种基本单元理应具有充分的自由，但是这种自由被竖立其上的学科意识形态壁垒所限制。层级轴距的拓展能够最大限度地解放这些单元，形成一种长轴距的层级结构分析。

从功能性的角度看，长轴距的层级结构分析本质上是一种多元主体参与的多层次治理系统。在层级结构中，治理以重要的度量功能组织起来，不同的机构管理不同的问题，使大多数地方受制于多个不同的中心，共同治理，不同类型的中心行使不同的权力。〔2〕长轴距的层级结构与短轴距的原子结构分析相比，或许面临理论不够简约的质疑：当把不同层级上的多个主体同时纳入一个结构分析体系时，我们需要同时考虑多个节点的具体情况，因此容易削弱结构主义整体性的分析优势，将构成单元从弥散性的从属性因素升格为聚合性的主导因素，从而消解了国际结构的主体性地位。这里存在两种解释。

---

〔1〕 Immanuel Wallerstein, *World-System Analysis: A Introduction*, Durham: Duke University Press, 2004, p. 12.

〔2〕 Jack Donnelly, "Levels, Centers, and Peripheries: The Spatio-Political Structure of Political Systems", *Intenational Theory*, Vol. 13, No. 1, 2021, p. 9.

第一，层级结构是一种“过程”植入的动态结构。相对于结构现实主义而言，制度自由主义认识到了过程因素对于体系转变的重要作用。约瑟夫·奈认为国际体系既包括结构性因素，也包括过程性因素，过程因素解释了当国际结构未发生显著变化时，国家行为也发生了变化的现象，为国家行为提供了一种非结构性因素的解释。[1] 但制度自由主义对过程的认识仍然基于原子结构的前提，认为原子国家之间的互动形成了国际过程，这本质上仍然是一种静态的结构观，是对结构现实主义结构决定论的细化和补充。长轴距的层级结构是一种存在时间维度的历史结构，过程要素天然嵌入其中，形成了一种具备实践性的动态结构。结构与不同层次上的单元在过程之中互构而成，处于不同历史阶段的层级结构呈现出不同的单元特征，并且始终能够对单元施加重要影响。组成层级结构的单元作用会随着过程的变化而变化，但在每个阶段都会存在数量有限的核心单元。因此，在对某一阶段的国际关系状况和结果做层级结构分析时，并不需要面面俱到地将所有因素都考虑到，而是考察具体时空之中支撑结构的核心单元，进而揭示这一历史结构在具体问题上的具体机制。

第二，层级结构的构成单元存在不同的“中心度”(Centrality)。层级结构的过程植入塑造了一种动态的结构主义分析范式，但是当把历史维度进行最大程度地扩展之后，我们发现结构的动态特征越来越不明显，结构的作用单元越来越趋于均质。这种情况下应当如何理解层级结构的中心性问题？以世界体系理论为例，当把层级结构的构成单元进行横向展开之后，发现结构的构态开始以一种网络结构的方式向结果施加影响。基于此，我们可以借助中心度的概念来理解层级结构分析的中心性问题。中心度指的是个体或者组

[1] 秦亚青:《权力政治与结构选择——现实主义与新现实主义评析》,载秦亚青:《权力·制度·文化——国际关系理论与方法研究文集》,北京:北京大学出版社,2011 年版,第 44 页。

织在其社会网络中具有怎样的权力，或者说居于怎样的中心地位。〔1〕沃勒斯坦虽然关注多个单元，但他将“世界体系”视为中心度最高的单元。他认为，世界体系研究者对历史学家所关注的国家历史、经济学家所关注的国家经济、政治学家所关注的国家政治结构和社会学家所关注的国家社会表示质疑，质疑这些研究对象是否真的存在，以及在任何情况下它们是否是最有用的分析位点，世界体系研究者主张用一种世界体系的分析单位来代替国家的标准分析单位，〔2〕构建了一种典型的层级结构分析模型。

三、马克思主义结构分析与结构现实主义的差异

从知识生产的角度讲，华尔兹理论最大的贡献并非发现了权力结构这一体系自变量，而是筑造了一个结构主义理论生产模式。制度自由主义、结构建构主义虽然在主导性自变量、结构内在性质、结构与行动者关系方面与华尔兹的结构现实主义存在分歧，但这些理论本质上都是在该基础架构上构建而成的，它们对于国际结构的构成和功能存在一致性认识。

根据结构之结构工具，西方主流国际关系理论基于原子国家的同质性行为体假定，〔3〕是一种典型的短轴距的原子结构分析范式。其中，建构主义虽然强调主体间性，但坚持国家是在具备基本身份和属性的条件下进入社会互动过程的，主体间互动引发的身份变化只是“表层变化”，不会触及国家

---

〔1〕中心度概念可参见社会网络分析。可参见韩亦、范文：《嵌入的样式：社会网络分析的流派和发展》，载《清华社会学评论》，2022 年第 1 期，第 99—130 页；陈冲、刘丰：《国际关系的社会网络分析》，载《国际政治科学》，2009 年第 4 期，第 92—111 页；曹德军、陈金丽：《国际政治的关系网络理论：一个新的分析框架》，载《欧洲研究》，2011 年第 4 期，第 69—82 页；林聚任：《论社会网络分析的结构观》，载《山东大学学报（哲学社会科学版）》，2008 年第 5 期，第 147—153 页。

〔2〕Immanuel Wallerstein, *World－System Analysis: A Introduction*, Durham: Duke University Press, 2004, p. 35.

〔3〕罗伯特·基欧汉：《世界政治理论：结构现实主义及其超越》，载罗伯特·基欧汉主编、郭树勇译：《新现实主义及其批判》，北京：北京大学出版社，2007 年版，第 180—181 页。

最为实质的自在和自为属性。[1] 结构现实主义认为根据不同的结构排列原则，能够形成不同的结构形态。比如根据原子国家物质性实力的不同配比，能够以“极数”来区分不同的原子结构类型：单极原子结构（霸权体系）、两极原子结构（两极体系）和多极原子结构（多极体系）。马克思主义的结构分析是一种异质性的层级结构分析。马克思主义首先立足于对“人”的关怀，最终以全体人类文明发展为旨归，关注有关人类福祉的一切社会问题，因此马克思主义定位于社会政治变迁的“高阶结构”，[2] 是一种最长轴距的异质性层次结构分析。马克思主义认为结构的构成单元并非同一层次上的同质性个体，而是不同层次上的异质性个体，是一种相互链接的复杂结构。马克思主义的结构分析与结构现实主义存在诸多差异，主要体现在三个方面。

第一，结构构成的单元假定不同。华尔兹认为，无政府状态成为国际关系结构的排列原则，国际结构由边缘封闭、功能相同的国家单元构成。[3] 华尔兹的结构现实主义将国家彻底“原子化”，国家被视为一个单一行为体，具有恒定的属性和自组织能力。[4] 以“原子国家”作为基本研究单元成为三大主流理论的自觉性共识和理论构建的前提。华尔兹在结构构成单元上的“原子国家”假定忽略了单元的差异性，[5] 以一种“大而化之”的方式将国家变成了单一的原子，回避了传统理论家在国家本源问题上所形成的复杂系统性共识。在国家对外行为之中发挥直接作用的决策者、政党、政治集团、官僚部门，以及发挥间接作用的跨国公司、利益集团、国际组织等都被

〔1〕 秦亚青：《知识观重建与国际关系理论的发展进路——以三大理论批判为例的分析》，载《社会科学文摘》，2022 年第 9 期，第 147 页。

〔2〕 吴晓林：《新结构主义政治分析模型——马克思主义结构分析的回溯与发展》，载《复旦学报（社会科学版）》，2020 年第 2 期，第 140 页。

〔3〕 Kenneth N. Waltz, *Theory of International Politics*, New York : Mc Craw-Hill Inc, 1979, p. 91.

〔4〕 同〔1〕。

〔5〕 参见罗伯特·杰维斯著，李少军、杨少华、官志雄译：《系统效应：政治与社会生活中的复杂性》，上海：上海人民出版社，2020 年版，第 122—123 页；秦亚青：《西方国际关系学的现实主义与新现实主义理论》，载《外交学院学报》，1996 年第 2 期，第 45—46 页；王政达：《国际关系研究中科学方法的缺陷》，载《国际论坛》，2020 年第 6 期，第 89 页；等等。

排除在了宏观理论构建的视野范围之外，国际关系的宏观理论被不证自明为了一种以“国家”为逻辑起点的理论。马克思主义的结构分析以历史唯物主义为基底，这一视野下的国际社会结构或国际秩序是一种建立在国际生产基础之上的政治经济结构。[1] 马克思主义虽然从阶级统治工具的角度理解国家的作用，但在国际问题研究中从来没有忽视国家性。马克思主义对国家性的强调与结构现实主义不同，它没有将国家视为结构的唯一构成单元，作为一种长轴距的层级结构分析，它更加强调结构的多元主体性，构成结构的单元分散于经济基础和上层建筑的不同环节之中，它们共同形成了一个连续性的历史结构，对结果和行动产生着持续影响。从广义上讲，理论应当在研究问题上具有总体上的一致性，而不应该在逻辑起点、研究视野和基本单元上设立限制。将原子化的国家视为唯一能够构成国际结构的单元极大地限制了结构主义的理论视野和知识生产的活力。

第二，结构作用的动力逻辑不同。把结构引入国际关系分析是华尔兹对国际关系理论的重要贡献，但是华尔兹所定义的国际结构是微观经济学意义上的完全由物质力量分配所决定的结构，是由国家物质性实力所构成的权力结构，是完全意义上的物质性结构。[2] 华尔兹的结构观立足于牛顿经典力学的自然科学观以及微观经济学的市场逻辑，并没有深入考察哲学社会科学领域业已发生的结构主义思潮，也没有深入探索结构主义所揭示的社会现象的深层逻辑。因此，新现实主义的核心命题——物质性实力所界定的权力结构决定国家行为，其逻辑是一种简单的机械主义力学逻辑。它把结构比作物理学中的“场”，[3] 结构通过竞争和社会化影响单元行为。这种逻辑实际上回避了更深层次的社会根源，构建了单一的“结构-单元”或“结构-行动

[1] 李滨、陈子烨:《论马克思主义国际关系研究方法——兼评历史唯物主义与西方现实主义理论的方法差异》,载《世界经济与政治》,2021 年第 12 期,第 5 页。

[2] 秦亚青:《国际政治的社会建构——温特及其建构主义国际政治理论》,载秦亚青:《权力·制度·文化——国际关系理论与方法研究论文集》,北京:北京大学出版社,2011 年版,第 131—132 页。

[3] Kenneth N. Waltz, *Theory of International Politics*, New York: Mc Crow-Hill Inc, 1979, p. 40.

者”解释路径。其一，力学逻辑忽视了单元的能动性。华尔兹的结构观排除了单元及其互动的功能，体现出结构优于单元的特征，新现实主义以及后来的新自由主义都延续了这种结构决定论的认识，直到以建构主义为代表的国际政治理论利用社会学中的后结构主义、符号互动理论、结构化理论等对行动者和结构的关系进行重新审视，[1] 单元的能动性才被初步揭示，进而以“二重性”的结构互构逻辑取代简单的结构决定逻辑。其二，力学逻辑忽视了实践性。华尔兹的结构观在认识论上坚持脱离实践的逻辑理性，他从超越时空的抽象结构来理解国际关系这一社会存在，反映了其黑格尔意义上“历史屈从逻辑”的唯心主义本质。他把国际关系世界建构为一个非人的纯粹自然世界，否认了实践在社会秩序生成和转换中的作用。[2] 所以，人实践的历史主动性、生产实践的经济基础都被简化。华尔兹力学逻辑的单一性质决定了它无法为理论的动态机理提供思想活力之源，因此华尔兹之后的理论，尤其是现实主义的理论往往容易得出简单的结论甚至走向极端。[3] 马克思主义结构分析的动力观主要来源于历史唯物主义对人类社会进步规律的揭示。马克思主义者认为，历史进步的深刻根源存在于社会基本矛盾之中，特别是生产力和生产关系的矛盾，这一矛盾对历史进步的直接推动，在阶级社会中表现为革命阶级反对反动阶级的直接推动。阶级分析的方法是马克思主义的结构主义的一种独特方法，但往往因为难以在当前状况下把握阶级概念而经常遭受科学主义者的批判。面对某些非马克思主义者和部分马克思主义者试图将阶级从现代历史研究中剔除出去的企图，罗伯特·考克斯坚持认为传统政治经济学仍然正确，强调阶级关系为经济和政治、生产和权力提供了

---

〔1〕 袁正清:《国际关系理论的行动者-结构之争》,载《世界经济与政治》,2003 年第 6 期,第 44 页。

〔2〕 理查德·K. 阿什利:《新现实主义的贫困》,载罗伯特·基欧汉编:《新现实主义及其批判》,北京:北京大学出版社,2007 年版,第 244 页。

〔3〕 David Lake,“Theory is Dead,Long Live Theory:The End of the Great Debates and the Rise of Eclecticism in International Relations”,*European Journal of International Relations*,Vol. 19,2013,pp. 567-587.

彼此之间的联系。[1] 沃勒斯坦的世界体系理论从表面上看是一种分工体系，但本质上反映的是一种剥削关系，他所界定的核心、边缘、半边缘区域其实就是三个阶级，世界经济体系实际上也可以看作是一种世界范围内的阶级体系。[2] 在结构与施动者关系上，马克思主义是真正强调施动者作用的流派，这一点首先体现在对个人和人民群众（社会群体）在历史（结构）作用的重视上。列宁说："马克思主义和其他一切社会主义理论的不同之处在于，它出色地把以下两方面结合起来：既以完全科学的冷静态度去分析客观形势和演进的客观进程，又非常坚决地承认群众（当然，还有善于摸索到并建立起同某些阶级的联系的个人、团体、组织、政党）的革命毅力、革命创造性、革命首创精神的意义。"[3] 作为一种长轴距的层级结构分析，马克思主义者对于结构多个节点的强调并非一种机械的多元决定论，而是强调施动者是一个不断发展、变化的范畴。在阶级社会的不同历史时期中，由于社会形态、阶级结构以及历史进程的差异，起主要作用的施动者往往也不同，人民群众也总是包括不同的阶级、阶层和社会集团。因此，这种结构并非先验的和永恒的，它存在时空性和实践性，马克思主义者对任何历史时期的结构认识都置于具体的历史情境之中。

第三，共时性和历时性因果律倾向性不同。华尔兹从"抽象的国家"和"抽象的国际体系"出发，以一种超时空的方式研究国际关系，[4] 以共时性的观点研究结构，将时间因素排除在了结构现实主义的理想分析模型之外。华尔兹看到了结构共时性的一面而忽略了其历时性的一面，把结构当成像

---

〔1〕 罗伯特·W. 考克斯著，林华译：《生产、权力和世界秩序——社会力量在缔造历史中的作用》，北京：世界知识出版社，2004 年版，第 10 页。

〔2〕 李强：《社会分层十讲》，北京：社会科学文献出版社，2011 年版，第 72 页。

〔3〕 中共中央马克思恩格斯列宁斯大林著作编译局编：《列宁选集》（第一卷），北京：人民出版社，1995 年版，第 747 页。

〔4〕 王政达：《新现实主义理论哲学基础的历史唯物主义批判》，载《国际论坛》，2023 年第 1 期，第 102 页。

“场”那样涌现出来、固定不变的东西。[1] 华尔兹的结构观抽离了时间性因素，使宏观理论对于国际关系的认识丧失了历史向度，它们的因果机制并不强调社会过程的时间面向，是一种“时间横截面”的理论。[2] 从这个角度讲，华尔兹的结构现实主义是一种停滞的结构主义，在这个理论中，国际关系的过程因素经过结构决定论逻辑的取舍和清洗而缺失，只有静止和重复的逻辑而无演进和变革的逻辑。[3] 对历时性问题回答的缺场使其无法理解国际关系现实在历史时间中的变化，只能以一种简单往复的循环史观理解变化的现实。同时，时间性的抽离使结构现实主义及其次生理论忽视了时间在结构分析中的主体性作用，它们假设了一个没有正反馈的世界，所有的时间性（包括历史、次序）都被忽略，理论给予的表层解释要多于深层解释，造成了这些理论“营养不良”的现状。马克思主义主张共时性与历时性的辩证统一，但是历史唯物主义的方法论明显更加强调历时性。马克思主义视野下的结构是一种建立在“历史-时间”维度上的历史结构，这种结构必须在具体的时空或情景之中才能被完全认识到，它对历史进程和结果的影响是无法脱离时间性存在的。马克思主义的历时性结构分析体现在偶然性与必然性链接的问题上，这种结构蕴藏着偶然性结构与必然性结构的连接机制，与吉登斯只强调偶然性不同，马克思主义者始终坚持偶然性受内部隐蔽着的规律的支配。

---

〔1〕 薛力:《从结构主义到国际关系理论:一项系统的考察——兼论华尔兹结构观的局限性》,载《世界经济与政治》,2007 年第 10 期,第 36 页。

〔2〕 保罗·皮尔逊著,黎汉基、黄佩璇译:《时间中的政治:历史、制度与社会分析》,江苏:江苏人民出版社,2014 年版,第 1 页。

〔3〕 Barry Buzan et al. , *The Logical of Anarchy*, New York: Columbia University Press, 1993, pp. 22-26.

四、马克思主义政党结构分析模型的构建

轴距、构态维度对华尔兹的结构观进行了解构，证明国际关系研究并非只有原子主义的“国家-结构”一种结构主义的分析向度。从这个意义上讲，华尔兹的短轴距、原子结构的结构主义理论确实已经“终结”，而长轴距、层级结构的结构主义理论不过发轫之始。在长轴距、层级结构的基础架构之上，本文以历史唯物主义为方法论视野，以政党为基本分析单元，力图构建一个马克思主义的政党结构分析模型。

（一）马克思主义的长轴距结构分析

从轴距的维度看，马克思主义立足于对人的关怀，以人类整体文明的发展变迁为理论的最终旨归，是一种最长轴距的结构分析。长轴距的结构分析优势意味着马克思主义能够用来分析一切社会问题，但是落实到具体问题领域时，还需要进行截距的截断，只有这样才能提高分析效力，避免走向空泛。

首先需要进行“后截”，找到问题领域和分析的终点。最长轴距上的“国际关系”节点是国际关系研究所关注的核心，从社会科学的一般范式上讲，这就是国际问题研究的“因变量”。西方主流国际关系理论一般以国家间关系的状态和结果（战争与和平、冲突与合作、均势与霸权等）以及国家的对外行为和政策为主要的研究对象。马克思主义认为国际关系是人类社会的一种特殊现象，同其他社会问题一样，马克思主义承认这些现象的存在，自然也承认国际关系体系的存在。马克思主义除了关注一般性的国际关系问题，更关注被排除在西方主流国际关系理论视野之外的其他问题，例如国际生产、国际发展、国际社会、国际伦理、国际思潮和人类文明等众多深层次问题。马克思主义对国际关系问题的认识建立在其对于人类社会形态整体变迁的宏观观察之上，因此马克思主义还需要回答的一个核心问题就是资本主义世界秩序如何产生？何以存续？对此，新马克思主义者和马克思主义的国

际关系研究者都提供了不同的答案。批判理论代表人物罗伯特·考克斯借助于葛兰西“历史集团”的思想，提供了一种“霸权秩序”的解释；[1] 依附理论代表人物多斯桑托斯、阿明、阿瑞吉等，以及体系理论的代表人物沃勒斯坦都从世界经济结构的角度，揭示了资本主义寄生性的本质；[2] 新帝国主义的代表人物大卫·哈维则提出“空间修复”使资本主义世界秩序实现了自我的幸存。[3] 马克思主义的经典作家虽然并未构建出系统的国际关系理论，但是其后来者在其理论之光的照耀之下已经完成了理论体系的构建，其涉及的研究问题也极大地扩展了主流国际关系理论所关注的一般范畴。

其次需要进行“前截”，找到结构的基本研究单元和分析的起点。西方主流国际关系理论的基本研究单元都是“原子国家”，[4] 前文已经从结构分析的轴距和构态两个维度初步探讨了其在方法论上的局限性。从本体论上讲，马克思主义质疑国家作为一种研究单位的有效性，按照马克思主义的观点，国家是阶级统治的一种工具，是一种象征性的主体，它并不存在真实的意志和利益，也无法自觉实施行动，它所有的理念、价值和行为都是其构成内容所主观赋予的，所以马克思主义并不倾向于以原子化的国家作为结构构成和结构分析的基本单元。一般而言，马克思主义以具体的人作为逻辑起点和初级行动者，但在国际关系问题研究中，“人”与“国际关系”两个节点之间的距离过远，除了某些极为特殊的个人之外，[5] 具体的人对于国际关系的影响过于微小，因果机制存在模糊性和复杂性，人虽然是逻辑起点但却并不适合作为分析起点，因此还是要从人连结而成的社会群体出发。

---

[1] Robert W. Cox, *Production, Power and World Order: Social Force in the Making of History*, New York: Columbia University Press, 1987, p. 24.

[2] Theotonio Dos Santos, “The Revolutionary Intellectual Who Pioneered Dependency Theory”, *Development and Change*, Vol. 51, Issue. 2, 2020, pp. 599-630.

[3] 大卫·哈维著，付立新译：《新帝国主义》，北京：中国人民大学出版社，2019年版，第24页。

[4] 秦亚青：《知识观重建与国际关系理论的发展进路——以三大理论批判为例的分析》，载《社会科学文摘》，2022年第9期，第146页。

[5] 特殊人物与国际关系之间的关系一般属于微观机制分析，超出了结构分析的范畴。

（二）政党在结构分析中的主体性

以人连结而成的社会群体众多，小到家庭、部落，大到民族、种族，何种群体最能反映人的本质和国家行为的本质？哪个群体在层级结构中的中心度最高？马克思在《摩尔根〈古代社会〉一书摘要》中指出，人与原始社会历史告别的标志性特征是“生产”，人首先是生产中的人、是生产关系中的人，其次才是附着其上的社会关系中的人。马克思对于人的定义充分把握了“生产关系中的人”的核心本质，从生产关系的角度把握人的性质，可以得出两个重要推论。

推论1：阶级性是人的第一性。由此，生产关系所区分出的人的群体是阶级群体，人首先是阶级中的人，阶级深刻揭露了人的政治经济本质。因此，阶级关系为经济和政治、生产和权力提供了彼此之间的联系，阶级是马克思主义指涉最多的群体，理应成为马克思主义结构分析的基本单元。但通过具体的考察可发现，在21世纪的今天，阶级无法作为一种直接可视化单元。原因有二：一是阶级情况在21世纪发生了极为复杂的变化，需要重新说明；二是当前资本主义的异化之下，人的阶级性被各种因素（身份、职业、利益等）所掩盖，同时作为一种经济性群体，在国际关系这一政治性活动中需要一个代言人。能够满足阶级性和政治代言人这两个条件的，只有“阶级性政党”。由此，可以得出第二个推论。

推论2：（阶级性）政党是马克思主义国际关系理论结构分析的行动主体，政党在国际结构中具有主体性。[1] 从政党作为阶级政治代言人的意义上讲，政党不是决策过程中的一个简单方面，而是结构的主体，具有主体性意义，在本体论上居于人之后的第二顺位，在认识论上位居第一顺位。这一认识突破了政党在传统国际关系层次分析法中的可被选择的平等性地位，将

〔1〕 政党的本质属性是阶级性，虽然可能会被异化，形成各种类型的政党（功能、意识形态、价值、议题、使命），但对政党阶级性本质的忽视将无法认识政党行为的深层逻辑，也难以构建一般性的政党理论。

其置于主要的主体性地位。原因有四，一是政党是阶级的代言人，反映阶级利益。从这个层面上讲，国家利益是阶级利益的附属或延续。国家利益是一种象征性（虚假）的利益，政党所代表的阶级利益才是实在性（真实）利益，国家利益只是占据统治地位阶级利益的外化或者包装。所以国家利益所反映的实在利益与政党代表的阶级利益事实重合，与国家整体利益表面重合。二是政党是连接内政外交的枢纽。政党尤其是执政党在国内掌握国家政权，国家政治生活的所有组成部分都与政党相关，当前基本上所有国家的政体都包括政党体制。政党通过直接（政党外交）和间接（政府外交）的方式组织外交活动，实施国际和外交战略。三是政党是连接作为个体的人、各种社会群体的重要主体和机制，相对于官僚部门、利益集团等，政党的中心度最高。四是政党是一种实体，其认知、结构、目标、功能、性质、能力都能够被充分认识。

（三）政党结构分析模型的构建

如上所述，政党在国际关系问题的结构分析中具有主体性的意义，这是一种超越“原子国家”假定的新视角。本文在此基于马克思主义的指导，立足于结构之结构的元理论视角，尝试构建一个以政党为基本单元的长轴距的层级结构分析模型，该模型存在以下假设。

假设 1：国际结构是由多个层次的多元主体构成，政党是中心度最高的层级主体，主体与结构均具有“二重性”。层级结构与层级主体并非单向决定关系，而是在历史向度中的双向互构关系。这一方面避免了原子结构对于单元内容的剥夺，将共时性的力学逻辑改造为了历时性的历史辩证逻辑，克服了机械主义的结构决定论；另一方面也进一步突出了结构主义的整体性分析优势，避免落入“神化”个体主义的窠臼。

假设 2：国际关系的层级结构分析依赖于政党主体的行为过程。层级结构是一种存在过程植入的结构，作为分析终点的国际关系和作为分析起点的政党都是这个历史结构的一部分，因此层级结构的分析要与微观机制相连接，从纯粹方法论的架构拓展到具体的过程分析中。政党行为首先会受到内外部结构的制约，同时过程也将结构与行为连接起来，使结构与过程形成一种互赖关系。

假设 3：政党在国际结构中的主体性作用是通过权力的“双重占有”实现的。“政党”与“国际关系”两个节点之间的因果关系主要存在两种结构性机制。一是覆盖机制，政党通过与其他国家的政党（包括执政党或者在野党）结成独立的交际网络而影响政党所在国家之间的关系。二是参与机制，政党通过政治过程组织权力，以国家为合法工具参与互动。第一种机制在历史中曾发挥重要作用，但随着全球化市场的建立，第二种机制逐渐成为主导性机制，政党通过权力的双重占有，实现了对国际关系的结构性影响。

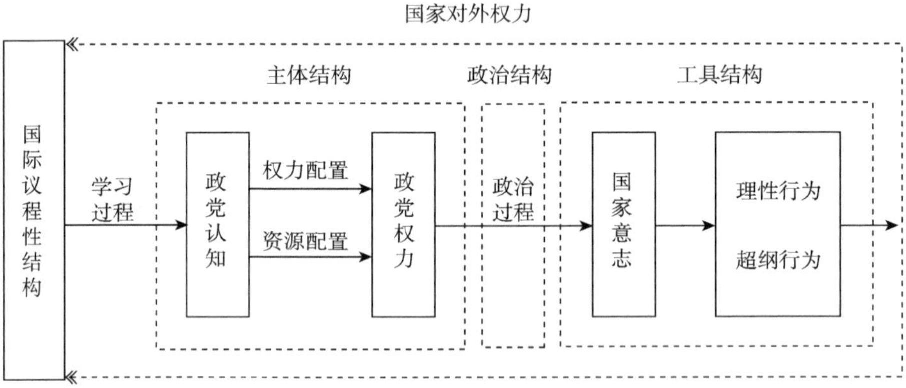

图 20　政党在国际结构中的主体性作用发挥的参与机制

资料来源：作者自制。

如图 20 所示，当以政党结构分析模型分析具体问题时，国家之间会在该问题领域形成一个国际关系的议程性结构，该结构是一种议程性的结构，表现为各行为体在该问题领域形成的一种关系性状况或者结果。政党通过学习过程对此形成认知，并在接受既有条件的规定下，通过组织社会关系的生产和再生产进行权力和资源的配置，最终获得自己的政党权力，随后通过特定的政治过程将政党认知上升为国家意志，以国家行为来具体行使自己的对外权力，并在这个过程之中改变结构，这是一个辩证统一的系统过程。

（四）政党结构分析模型的理论构建与现实检验

以上以政党为主体构建了一个新型的结构分析模型，这里以一个具体的分析对象为例，展开对该模型的应用检验。

在对全球气候治理机制变革的案例研究中，有学者使用了长轴距的层级结构分析方法，构建了一个政党结构分析模型的理论框架。这个案例的背景是既有研究对于全球治理机制变革中的政党，尤其是执政党的作用未作充分的探讨，而执政党特别是主要大国的执政党对于某一社会实践领域认知的形成与转化，在对本国的国家治理产生直接而重大影响的同时，也会通过国家的对外行为在相关领域直接甚至显著地引发全球治理机制的变化。[1]

全球气候治理作为当代最复杂的系统性治理，其治理主体逐渐呈现多元化的趋势。在既有的研究中，治理主体可大致分为国家行为体和非国家行为体。而非国家行为体也具体包括两种类型，一是超国家性行为体，即独立于国家系统和国家结构的行为体类型，例如国际组织、跨国社会运动、议题联盟、城市以及学术共同体等。二是国家性行为体，即构成国家政治具体内容的行为体类型，例如决策者、政党、政府等。相对而言，国家行为体在治理中的关键性作用学者们已经达成了共识。既有研究大多是从整体性的角度探讨国家在全球治理中的关键性作用，本质上还是从原子结构的假设中认识全球气候治理的议程性结构问题。因此，作者认为既有研究存在一个重要疏漏：未能充分注意到政党特别是执政党这一特殊政治行为体在全球治理中的重要作用，未能充分揭示执政党认知与全球治理机制变革的关系，忽视了执政党（认知）在开展国内相关行动、处理国内外相关事务的基础性作用。[2]

〔1〕 王存刚:《执政党认知、国家战略与全球治理机制变革——以中国共产党与全球气候治理机制为例》,载《东北亚论坛》,2022 年第 6 期,第 19 页。

〔2〕 同〔1〕,第 20 页。

基于此，作者提出了三个基本假设：其一，中国共产党应对气候变化、参与全球气候治理的认知形成是一个主动、渐进和逐步提升的过程，其间经历了中国共产党特有的学习过程；其二，作为执政党的中国共产党应对气候变化、参与全球气候治理的认知，通过中国特有的政治过程和政府过程，促成中国政府制定和实施相关领域的国家战略；其三，中国政府制定和实施应对气候变化、参与全球气候治理的国家战略，通过积极、有效的气候外交，促使全球气候治理机制发生了多方面的重要变化。[1] 这里引入政党结构分析模型进行再分析。

第一，轴距拓展将多元主体纳入结构分析，揭示了参与全球气候治理机制变革的多层级主体，超越了“原子国家”的结构构成假设。作者试图打开“国家黑箱”，该案例中涉及了政党、政府、国家、气候治理机制四个不同层级的主体。其中，政党是分析起点，同时也是基本分析单元，政府、国家是政党表达认知、组织权力、施展行为的过渡性工具，最终指向的是气候治理机制这一具体的议程性结构的改变。在这里，政党与政府虽然同属于一个层级之中，但二者并非研究中的互为替代者。执政党通过所在国家的国内政治过程特别是政府过程，将自身认知上升为国家意志，转化为国家战略以及相应的政策。[2] 这意味着国家作为一种行为体具有虚幻性，国家理念和利益都是通过政党认知赋予，同时通过政府行为表达出来。

第二，通过分析中国共产党参与全球气候治理的行为过程，揭示了中国参与气候治理和全球气候治理机制变革的历时性的历史辩证逻辑，超越了力学逻辑的共时性因果律。政党结构分析模型存在两对辩证关系，结构和单元的互构关系以及结构与过程的互赖关系，层级结构作为一种历时性的结构，必须从历史辩证的角度去认识。在该案例中，气候变化所形成的国际议程性

---

〔1〕 王存刚：《执政党认知、国家战略与全球治理机制变革——以中国共产党与全球气候治理机制为例》，载《东北亚论坛》，2022 年第 6 期，第 22 页。

〔2〕 同〔1〕，第 20 页。

结构激发了中国共产党的学习过程，中国共产党通过认知形成、认知发展和认知表达初步形成了在该问题上的理念，通过特定的政治过程，中国共产党推动中国政府采取积极行动，并最终将其上升为国家战略，对全球治理的多边进程、双边机制形成了全方位、多层次的影响，这种影响并非以一次性原子结构决定的结果，而是层级结构渐进累加的结果。

第三，通过确认中国共产党在全球机制发展变革中的关键作用，揭示了政党通过权力的双重占有机制，实现了与宏观层级结构的连接。作者认为，政党认知上升为国家意志，并最终转化为国家战略对全球气候治理机制产生影响，首先要发挥国内政治结构的桥梁和纽带作用。〔1〕国内政治结构是政党主体结构和国家工具结构之间的过渡层级，往往是政党通过资源和权力配置获得第一重权力之后，以该结构为中介最终获得国家工具，这个过程一般不可见，需要通过转化过程的顺畅程度评估行为能力（执政党领导力）大小。〔2〕其后进入第二重能力的占有，同样也是一个不可见过程，只能根据一国对相关国际规则、规范和机制的影响程度，判断该国在国际体系中的地位和作用，〔3〕即评估第二重权力的占有程度。

五、结语

本文主要揭示了国际关系研究中的两大结构主义传统，并且在理论原理上对二者进行了比较。通过对结构主义的溯源可以发现，近代以来的结构主义思潮大致形成了结构-功能论、结构-法则论和结构-动力论三种理论类型，这些理论具体展示了结构的多元样态。本文在对这些结构进行梳理的同

〔1〕 王存刚：《执政党认知、国家战略与全球治理机制变革——以中国共产党与全球气候治理机制为例》，载《东北亚论坛》，2022 年第 6 期，第 21 页。

〔2〕 同〔1〕。

〔3〕 同〔1〕。

时构建了一种结构的认识论工具——结构之结构，这一工具能够从轴距和构态两个维度对结构进行观察或重构。在这一工具的审视下，马克思主义的结构分析与结构现实主义之间呈现出了较大的差异性。二者在结构认识上的差异本质上反映了历史唯物主义方法和主流国际问题研究之间在世界观、时空观和历史观的差异性，这同样也说明了两大流派对待历史、理论等概念时具有不同的倾向性。

在国际关系研究领域，主流研究范式长期由西方学者供给，建立在华尔兹结构观之上的三大主流国际关系理论都是西方理论。随着国际关系知识的“全球转向”，一种强调知识生产的地方性路径被开拓出来，其主要目的是通过揭示地方性的知识和历史，找到理论发展的新路径，知识生产的地方性路径在反对学术话语霸权的同时，也丰富了理论创新的思想知识资源，但这种“知识民族主义”的理论在很大程度上并未真正超越西方国际关系理论所创立的生产模式，仍然是披着地方性外衣的西方理论。马克思主义的国际关系理论在西方长期处于边缘地位，在西方理论创新乏力的情况下，马克思主义的与时俱进特征使其可能成为一种有效路径。之所以这么说，是因为马克思主义的最新成果，是高度建立在实践之上的新结合。发展自主性的国际关系理论，我们必须在原理层面上重新思考马克思主义的时代价值，深入发掘和理解以中国为实践基体的历史唯物主义新原理，构建知识生产和理论创新的“原理性”路径。

帝国主义概念的差异逻辑与重塑

梁岱桐*

【内容提要】 作为阶级矛盾的一种集中表现，帝国主义对当今世界百年未有之大变局的走向有着重要影响。帝国主义是统治阶级为了维护阶级利益、解决阶级矛盾而通过帝国主义主体对外进行矛盾转移的现象。帝国主义概念的差异，源于帝国主义本体的变化和认识维度的不同。既有帝国主义概念无法为帝国主义研究分歧提供有效解释，需要在元理论层面重塑帝国主义概念。当代帝国主义是资产阶级为解决阶级矛盾、维护阶级利益对外进行矛盾转移的最新表现。推动全人类的共同发展，缩小发达国家与发展中国家之间的发展差距，将加快帝国主义主导的世界体系衰落，促进世界体系向着更加公正合理的方向发展。

【关键词】 帝国主义；阶级；阶级矛盾；资本主义；资产阶级

当今世界百年未有之大变局的重大变数，在于美国主导的新帝国主义世

* 梁岱桐，南开大学周恩来政府管理学院国际关系专业博士研究生。

界体系的危机与衰落。[1] 作为专有名词，帝国主义的含义并非一成不变，而是在历史发展过程中逐渐演变，兼具共时性与历时性两大特征。在依附关系与中心-边缘格局已然形成但又面临冲击挑战的国际背景下，[2] 议题政治越来越成为当今对帝国主义研究关注的焦点，由此衍生出不同的帝国主义概念，如金融帝国主义、生态帝国主义、科技帝国主义、文化帝国主义、数字帝国主义、媒介帝国主义、社会帝国主义等。[3] 由于界定维度不同，帝国主义概念在相关研究中出现了对立的阐释，这使得部分学者对当代继续使用帝国主义概念描述国际社会现象提出质疑。

本文从阶级矛盾出发，将帝国主义放入人类历史发展的整个过程中进行概念界定。从时间、层次与道德三个维度分析既有帝国主义概念的差异逻辑，分析帝国主义概念存在差异的原因。从本体论与认识论两个视角研究帝国主义与当代资本主义的关系，为弥合帝国主义概念的对立分歧提供解释框架，进而在对立统一规律的基础上重塑帝国主义在元理论层面的概念。

一、帝国主义概念研究述评

帝国主义作为一个标准的学术概念出现在19世纪的最后25年，但帝国主义作为一种社会现象的存在却是源远流长，[4] 可以追溯至原始社会的瓦

---

〔1〕 周文、肖玉飞：《新帝国主义的形态、动向与危机》，载《江淮论坛》，2022年第2期，第13页。

〔2〕 参见户晓坤：《世界体系与现代化替代方案：萨米尔·阿明与俄罗斯左翼学者的对话》，载《世界哲学》，2023年第2期，第16—27页。

〔3〕 参见坦纳·莫里斯著，项仲平、刘晓妍、唐朱勇等译：《全球娱乐媒体——在文化帝国主义与全球化背景之下》，杭州：浙江大学出版社，2020年版，第3—7页；吉纳维芙·阿布拉瓦内尔著，蓝胤淇译：《被美国化的英国——娱乐帝国时代现代主义的兴起》，北京：商务印书馆，2015年版，第15—35页；汪勇：《21世纪西方左翼新帝国主义理论：样态、逻辑与趋势》，载《理论导刊》，2022年第6期，第102—103页；郑冬芳、秦婷：《数字帝国主义技术霸权的政治经济学批判》，载《理论学刊》，2022年第3期，第95页；蒋相泽：《苏联社会帝国主义是阿拉伯人民最危险的敌人——从苏埃关系看苏修的霸权主义》，载《中山大学学报（哲学社会科学版）》，1977年第4期，第88—96页。

〔4〕 于海洋：《国际体系的帝国主义倾向及其批判》，北京：中国社会科学出版社，2021年版，第1页。

解和阶级社会的出现。早期帝国主义概念的核心是政治-军事意涵，[1] 聚焦扩大权力和统治的国家政策、做法或主张，特别是通过直接获取领土，或对其他地区进行政治和经济控制。20世纪初，随着阶级矛盾的变化，帝国主义表现形式与内容不断增加，帝国主义概念因此得到多面扩展。当前，伴随着区域边界软化与生产生活方式的改变，帝国主义以更加隐蔽的方式存在和呈现，帝国主义概念研究更加聚焦中微观层面。

（一）既有研究状况

第一，以经济因素为核心的帝国主义概念界定。首先，在投资与生产过剩方面，帝国主义被视为资产阶级为了维护自身在政治经济等领域的阶级统治进行对外投资而产生的附属行为。[2] 与早期帝国主义概念相比，此时帝国主义概念的核心转移至商品生产、资本投资等经济领域。其次，在垄断资本主义方面，帝国主义被界定为工业资本与银行资本融合而成的金融垄断资本产物，是资本主义发展的最高阶段，也是资本主义即将崩溃的最后阶段。[3] 列宁对帝国主义的界定与分析对国际关系产生巨大影响，直接推动了世界范围内的社会主义革命运动，并对左翼思潮和左翼运动产生深远影响，成为马克思主义的经典帝国主义理论代表。再次，从经济上的依附关系及其衍生的其他依附关系界定帝国主义。基于这一视角，帝国主义被看作在世界经济体系条件下处于依附状态并导致依附国处于落后和受统治国剥削的原因。依附状态不仅是限制经济发展的外部因素，更成为由依附条件赋予其

[1] 霍布斯鲍姆著，贾士蘅译：《帝国的时代 1875—1914》，北京：中信出版社，2014年版，第66—67页；曹龙虎：《近代中国帝国主义概念的输入及衍化》，载《武汉大学学报（人文科学版）》，2017年第4期，第116页。

[2] 霍布森著，纪明译：《帝国主义》，上海：上海人民出版社，1960年版，第253页。

[3] 中共中央马克思恩格斯列宁斯大林著作编译局编译：《列宁选集》（第二卷），北京：人民出版社，1995年版，第575—688页。

合法性或活力的社会结构与运行模式。[1] 最后，在经济结合军事手段方面，帝国主义被界定为一国对别国进行经济和军事征服的企图。[2] 总之，在经济视角下，帝国主义概念以经济要素为核心，政治、军事等方面的帝国主义表现都以此为基础。经济视角下的帝国主义概念有效解释了资本主义阶段的帝国主义统治和依附关系，分析了进入垄断阶段后依附与被依附的社会运行模式，即依附国被迫在帝国主义国家的统治中非自主性地有限发展，明确了资本主义社会与奴隶社会、封建社会时期帝国主义的根本不同。

第二，以政治因素为核心的帝国主义概念界定。首先，在国家主权方面，帝国主义被界定为基于现代民族国家体制下的主权国家对其他主权国家的侵犯。[3] 其次，在地缘政治方面，基于对资本主义逻辑与领土逻辑平衡的强调，帝国主义被界定为国家、帝国政治与资本积累在时空中的矛盾混合，地缘政治环境作为一个整体与全球资本主义联系起来。[4] 再次，在权力与政策制定实施方面，帝国主义被界定为通过建立殖民地、增强军事力量等方式强化国家支配地位、扩大国家影响力的政策，主要通过直接占领领土或对其他地区进行政治和经济控制来实现。也有学者将帝国主义定义为实施“旨在颠覆现状、扭转两国或多国间力量关系的政策”，目标是“政治上组织起来的全球的统治”，或者建立“大致在陆地范围内的帝国或霸权”，或者取得更加局限于某个区域的优势力量。[5] 佩里·安德森认为，旨在维持

---

〔1〕 参见特奥托尼奥·多斯桑托斯著，杨衍永等译：《帝国主义与依附》（修订版），北京：社会科学文献出版社，2017 年版，第 258 页；Theotonio Dos Santos，“The Revolutionary Intellectual Who Pioneered Dependency Theory”，*Development and Change*，Vol. 51，No. 2，2020，p. 605。

〔2〕 参见瓦西利斯·福斯卡斯、比伦特·格卡伊著，薛颖译：《新美帝国主义：布什的反恐战争和以血换石油》，北京：世界知识出版社，2006 年版，第 13 页。

〔3〕 迈克尔·哈特、安东尼奥·奈格里著，杨建国、范一亭译：《帝国》，江苏：江苏人民出版社，2008 年版，第 1—3 页。

〔4〕 参见大卫·哈维著，付立新译：《新帝国主义》，北京：中国人民大学出版社，2019 年版，第 11—17 页。

〔5〕 参见摩根索著，李晖、孙芳译：《国家间政治》，海南：海南出版社，2008 年版，第 66、78—80 页。

现状的政策本身也可能转变为帝国主义政策。[1] 总之，在政治视角下，帝国主义概念界定突破了既往经济视角界定中时间维度的限制，不仅可以解释资本主义社会发展阶段的帝国主义的表现，也可以用来解释奴隶社会、封建社会和社会主义条件下的帝国主义现象。在当代，以政治因素为核心的帝国主义概念还可以用于分析国际关系中的安全、发展、合作、霸权等重要议题。

第三，以精神意识为核心的帝国主义概念界定。首先，在文化方面，帝国主义被视为“将一个社会带入现代世界体系的过程，以及社会统治阶层被吸引、遭受压力、被强迫或者收买，从而形成与这个体系的统治中心的价值观和结构相一致，甚至是提升为社会制度的过程的总和”，或者是“一种违背知情受众意愿而将精神包裹强加于受众的行为”。[2] 其次，在社会规范与软实力方面，帝国主义被视为通过加强共同规范、价值观、信仰和生活方式等软实力的传播，实现国家权力需要，[3] 侧重强调软实力的延伸、主张和影响。再次，在文明方面，帝国主义被界定为一体化的世界体系帝国。这一概念界定结合“两代人权理论”的“体”“用”关系，强调与普世文明相匹配的政治秩序必然是世界帝国体系。[4] 最后，在文学与社会思潮方面，帝国主义被界定为一种“世界文学”，强调帝国主义对文化的主导。[5] 概而言

---

[1] 参见佩里·安德森著，李岩译：《原霸：霸权的演变》，北京：当代世界出版社，2020 年版，第 67 页。

[2] 参见 Schiller and Herbert, *Communication and Cultural Domination*, New York: M. E. Sharpe, 1976, p. 9；波尔尼德·哈姆、拉塞尔·斯曼戴齐著，曹新宇、樊淑英译：《论文化帝国主义——文化统治的政治经济学》，北京：商务印书馆，2020 年版，第 55 页。

[3] 参见 Fraser and Matthew, *Weapons of Mass Distraction: Soft Power and American Empire*, Toronto: Key Porter Books, 2003, p. 10。

[4] “两代人权理论”指“门户开放”和“民族自决”。第一代人权理论的价值核心是“自由”“民主”“开放”，注重市场自由，强调“自由贸易”；第二代人权理论的价值核心是“平等”，注重政府调控，强调“公平贸易”。参见强世功：《文明终结与世界帝国——如何理解中国崛起面对的全球秩序》，载《开放时代》，2022 年第 2 期，第 43 页；强世功：《贸易与人权（下）——世界帝国背景下的中美竞争》，载《文化纵横》，2021 年第 6 期，第 90—92 页；强世功：《“天下一家”vs. 世界帝国：“深度全球化”与全球治理的未来》，载《社会科学文摘》，2022 年第 3 期，第 68—71 页。

[5] 参见爱德华·W. 萨义德著，李琨译：《文化与帝国主义》，北京：生活·读书·新知三联书店，2016 年版，第 64、83—90 页。

之，当代以精神意识为核心的帝国主义概念界定，改变了既往帝国主义概念仅仅关注帝国主义在物质层面表现的偏颇做法，将意识形态渗透等其他精神意识层面的帝国主义行为纳入研究议程，由此扩展了研究帝国主义行为的范围，揭示了帝国主义在精神意识层面的表现。

第四，以具体议题为核心的帝国主义概念界定。首先，在生态方面，帝国主义被界定为“帝国式生活方式”，由欧美国家主导的全球化，伴随着绿色经济的“选择性”和社会生态歧视性。〔1〕其次，在自然资源方面，帝国主义被界定为主权国家围绕自然资源进行冲突与合作的公共政策。〔2〕历史上资本主义国家对外进行生态自然资源的开发占有形成的资本积累领先，确立了当今相对稳固的依附关系。再次，在数字技术方面，帝国主义被界定为数字化的资本积累模式与掠夺世界的方式，科学技术的领先与经济霸权的优势结合维持了这种状态。〔3〕最后，在娱乐传媒方面，帝国主义被看作是大众娱乐“美国化”的过程，关注美国等资本主义国家从文化产业基础、国家传媒政策法规、娱乐文本与形态特征三个核心要素主导的全球化过程。〔4〕具体议题视角下的帝国主义概念，总结了 20 世纪末以来帝国主义在当代资本主义世界体系条件下的新表现，更加关注帝国主义行为在某个具体问题上

---

〔1〕 参见 Ulrich Brand,“Growth and Domination:Shortcomings of the (De-) Growth Debate”,in Ausra Pazere and Andrius Bielskis,eds. *Debating with the Lithuanian New Left*,Vilnius:Demons,2013,pp. 34-48;Ulrich Brand and Markus Wissen,“The Financialisation of Nature as Crisis Strategy”,*Journal fir Entwicklungspolitik*,Vol. 30,No. 2,2014,pp. 16-45;《法国碳税法案被批“生态帝国主义”》,载《人民日报》,2010 年 1 月 12 日,第 21 版;乌尔里希·布兰德、乌尔库斯·维森著,郇庆治译:《资本主义自然的限度:帝国式生活方式的理论阐释及其超越》,北京:中国环境出版集团,2019 年版,第 ii 页。

〔2〕 参见阿尔弗雷德·克罗斯比著,张谡过译:《生态帝国主义——欧洲的生物扩张,900-1900》,北京:商务印书馆,2017 年版,总序第 1 页、序第 5—7 页、第 272—283 页。

〔3〕 刘皓琰、柯东丽、胡瑞琨:《数字帝国主义的形成历程、基本特征与趋势展望》,载《政治经济学评论》,2023 年第 1 期,第 163 页;参见乔尔·克兹曼著,周亦奇、王丽娜、毛舒悦等译:《低碳创新和美国经济霸权 2.0》,大连:东北财经大学出版社,2015 年版,第 1—13 页。

〔4〕 参见坦纳·莫里斯著,项仲平、刘晓妍、唐朱勇等译:《全球娱乐媒体——在文化帝国主义与全球化背景之下》,杭州:浙江大学出版社,2020 年版,译序第 1 页、序第 2—3 页;吉纳维芙·阿布拉瓦内尔著,蓝胤淇译:《被美国化的英国——娱乐帝国时代现代主义的兴起》,北京:商务印书馆,2015 年版,第 11—21 页。

的表现，即帝国主义在中微观层面的具体表现。在涉及科学技术等帝国主义表现变化速度较快的领域，具体议题视角下的帝国主义概念能够更准确、更快速地做出有效解释。

（二）既有研究存在的问题

从前文的叙述可以看出，不同视角、不同议题下的帝国主义概念界定具有各自的适用范围。通观这些界定，主要存在以下几个问题。

第一，未能揭示不同帝国主义表现之间的联系与区别。经济视角下的帝国主义概念，将观察限定在资本主义社会发展时期，没有对人类历史不同发展阶段的帝国主义进行考察，无法有效解释资本主义社会发展阶段之外的帝国主义现象。政治视角下的帝国主义概念，突破了对帝国主义在时间上的观察限制，但无法区分不同社会发展阶段帝国主义的本质属性差异。精神意识视角下的帝国主义概念，将帝国主义行为隐藏在人权、自由等议题的表象背后，部分概念甚至赋予帝国主义传播“文明”的使命。具体议题视角下的帝国主义概念，注重向下细分而忽视向上统合，强调当下而缺少历史联系，这使得帝国主义概念界定注重差异特性而忽视同质共性，因而无法揭示不同议题、不同时期帝国主义之间的联系。

第二，未能揭示帝国主义的本体结构以及帝国主义与阶级矛盾之间的根本联系。当代帝国主义概念界定反映出明显的中微观的倾向，淡化了世界资本主义体系背景下阶级这一核心的基础性条件。帝国主义概念的核心转移至为国家或霸权国家主导的世界体系服务的具体议题需要，使帝国主义本体降为附属于国家需要的存在。既往帝国主义概念既无法合理解释作为社会主义国家的苏联为什么出现帝国主义现象，也无法有效区分社会主义国家出现的帝国主义现象与资本主义的帝国主义现象的区别，更无法为新旧帝国主义的差异提供恰当的解释框架。

第三，侧重共时性而忽视历时性，忽略了帝国主义现象在人类社会历史发展中兼具的连续性与阶段性。以往帝国主义概念主要研究范围是研究者所生活时代或相近时期的帝国主义表现，这在客观上限制了帝国主义概念反映帝国主义现象在人类社会历史上展现的全貌。如部分帝国主义概念强调，资本主义社会优于其他社会，发达国家对外干涉是为了创造出实现“自由中的平等”的条件。[1] 这种解释正是忽视历史联系、仅研究某一特殊阶段现象的结果。

本文认为，不同帝国主义概念的异同在现实中是共存的，彼此之间是对立统一的关系，如自主与依附、保守与自由开放、世界资本主义体系的权力中心化与去中心化等现象的共存。帝国主义概念的差异与分歧，源于帝国主义本体的变化以及研究者关注维度的不同。

二、帝国主义概念的差异逻辑

既有帝国主义概念的差异源于两个方面：一是帝国主义本体发生变化引起研究者认识的不同，二是研究者观察维度的不同产生差异化的结果。具体表现在时间逻辑、层次逻辑与道德逻辑三个维度。

（一）时间逻辑

时间逻辑主要反映帝国主义本体在不同社会历史时期的变化引起研究认识的变化，即本体论的变化导致认识论的差异。由于帝国主义本身在社会历史不同时期存在差异化表现，既有帝国主义研究对不同时间段的本体关注得出不同的特征结果。因此，首先要对帝国主义在人类历史上不同时期的本体变化进行研究，这是帝国主义概念界定的基础。

从人类社会的整体变迁看，帝国主义源于阶级社会的出现以及阶级矛盾

〔1〕 参见布雷特·鲍登著，杜富祥、季澄、王程译：《文明的帝国——帝国观念的演化》，北京：社会科学文献出版社，2020 年版，第 223—224 页；佩里·安德森著，李岩译：《原霸：霸权的演变》，北京：当代世界出版社，2020 年版，第 69 页。

的产生。社会时间的发展序列是由社会发展的内部状态决定的,[1] 在不同社会发展阶段,阶级矛盾的根本差异决定了帝国主义的性质、表现形式和具体特征的不同。如图 21 所示,马克思主义认为,人类社会的发展是由低级到高级的过程,人类社会变迁共经历六大阶段,即原始社会、奴隶社会、封建社会、资本主义社会、社会主义社会和共产主义社会[2]。阶级作为人类社会历史特定阶段的产物,存在于奴隶社会、封建社会、资本主义社会与社会主义社会,"共产主义社会则不会有阶级"。[3] 不同时期的阶级矛盾决定了帝国主义在不同时间维度下的异同。

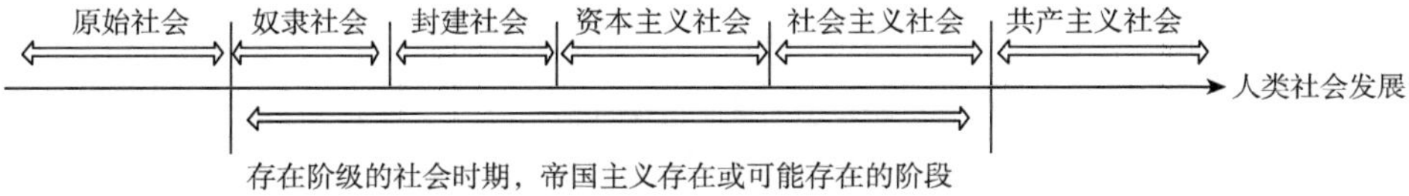

图 21　帝国主义在人类社会变迁过程中存在的时间分布

资料来源:作者自制。

如图 22、表 24 所示,依照是否存在阶级的标准来划分,人类社会变迁的六大阶段可以分为有阶级社会时期和无阶级社会时期。在不存在阶级的社会时期,即原始社会和共产主义社会时期,只存在非对抗性矛盾,即孤立的个体矛盾或不存在阶级矛盾。在此前提下,帝国主义存在的基本条件不存在,因此不产生帝国主义。在有阶级的社会时期,即奴隶社会、封建社会、资本主义社会和社会主义社会时期,一方面,在具有对抗性矛盾的社会发展

[1] 欧阳英:《理解当今世界的全球化:信息技术、社会时空与加速社会》,载《人民论坛·学术前沿》,2023 年第 2 期,第 95 页。

[2] 经典马克思主义将人类社会发展阶段分为原始社会、奴隶社会、封建社会、资本主义社会与共产主义社会五个阶段,列宁等学者在此基础上进一步指出在资本主义社会与共产主义社会之间存在无产阶级执政的社会主义过渡阶段,社会主义阶段依旧存在阶级与阶级矛盾,但与此前的阶级矛盾属性有根本不同。参见王沪宁主编:《政治的逻辑》,上海:上海人民出版社,2004 年版,第 89—96、118—125、127—129 页。

[3] 李斌:《坚持和发展立足于历史实际的阶级分析方法》,载《史学理论研究》,2022 年第 3 期,第 20 页。

时期，由于发展的本身具有剥削压迫以及侵略属性，阶级矛盾要通过对外强迫使用外部资源解决，阶级内部矛盾和阶级之间矛盾的对抗性始终存在；另一方面，在非对抗性矛盾主导的阶级社会发展时期，虽然也存在阶级矛盾，即帝国主义产生的前提条件也存在，但非对抗性矛盾是可调和的，有不产生帝国主义的路径选择。当发展路径选择错误，不能正确处理生产力与生产关系、经济基础与上层建筑的矛盾时，出现两种结果：一是社会发展形态的倒退，二是产生帝国主义。当选择通过正确路径处理两对非对抗性基本矛盾的关系时，阶级矛盾能够避免通过对外部的资源掠夺、剥削压迫等方式得到有效解决，从而规避帝国主义的产生。

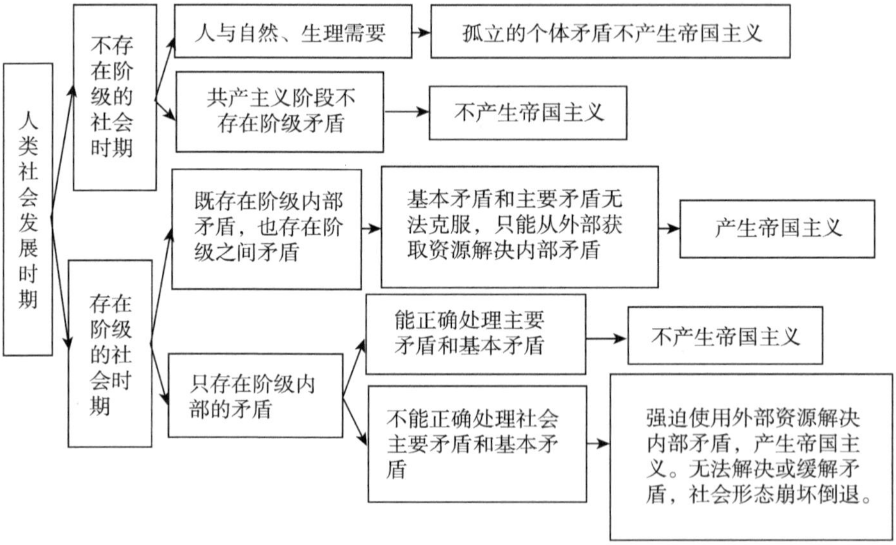

图 22　帝国主义在人类社会不同发展时期的产生可能

资料来源：作者自制。

表 24　帝国主义在不同社会发展时期的产生可能

	社会主要矛盾	解决矛盾主要方式	帝国主义是否产生
原始社会时期	非对抗性矛盾，人与自然、人的生理需要	利用自然或与自然斗争	孤立的个体矛盾不产生帝国主义

续表

	社会主要矛盾	解决矛盾主要方式	帝国主义是否产生
奴隶社会时期	对抗性矛盾，奴隶与奴隶主、新兴地主阶级与奴隶主	阶级斗争，有限制地发展生产力（具有剥削压迫属性，无法解放生产力的发展）	一定产生
封建社会时期	对抗性矛盾，农民阶级与地主阶级（阶级之间与阶级内部都存在矛盾）	阶级斗争，有限制地发展生产力（具有剥削压迫属性，无法解放生产力的发展）	一定产生
资本主义社会时期	对抗性矛盾，资产阶级与无产阶级的剥削与被剥削，生产社会化和生产资料私人占有（阶级之间与阶级内部都存在矛盾）	阶级斗争，有限制地发展生产力（具有剥削压迫属性）	一定产生
社会主义社会时期	非对抗性矛盾，人民需求与发展的矛盾（不同发展阶段具体表现有差异，在国内资本主义作为剥削阶级的存在已被消灭，内部不存在阶级斗争）	不断发展与解放生产力，调节生产力与生产关系、经济基础与上层建筑的矛盾	不能正确处理矛盾可能产生，正确处理不产生
共产主义社会（完全实现）时期	不存在社会主要矛盾，物质生产资料极大丰富，人类精神境界极大提高，人类社会实现人人劳动、按需分配，成为自由人联合体	无社会矛盾，阶级自然消亡，不需要解决	不产生

资料来源：作者自制。

（二）层次逻辑

层次逻辑即帝国主义概念界定所围绕的中心问题，处于宏观或微观的认识层次，反映的是研究者认识的差异所引发的研究结果的不同。认识论的不同导致差异化的概念归纳。帝国主义的产生及表现源于阶级矛盾的产生，但观察帝国主义现象的认识层次不同，将使帝国主义概念界定所围绕的主次矛盾存在差异。从宏观层次到中微观层次，由于对帝国主义观察问题层次逻辑的不同，帝国主义研究会出现差异化结果。

基于宏观认识论，帝国主义概念反映的是帝国主义在相对长时段、大范围的表现。以列宁为代表的马克思主义的帝国主义理论家们，关注的是20世纪初期全世界资本主义经济在国际相互关系上的总的情况；毛泽东等理论家则将对帝国主义本体的关注时间范畴扩展至地主阶级主导的封建社会时期；新帝国主义论者关注的是20世纪50年代之后至今，生产全球化带来的资产阶级主导的帝国主义形式的新转变。[1] 在封建社会时期，帝国主义的矛盾集中在农民阶级与地主阶级之间。到资本主义时期，帝国主义的矛盾主要体现在无产阶级与资产阶级之间，阶级矛盾具体表现在分配剩余价值给资本积累和在创造剩余价值的生产单位工作的人与人之间[2]。此外，资本主义社会包含着多个不同的长时期阶段，帝国主义在资本主义社会发展时期的不同阶段在宏观上也有不同表现和特征，即在资本主义世界政治体系、殖民体系、经济体系等方面有不同的表现，如资本主义早期的殖民帝国主义、金融帝国主义、垄断资本主义等。尤其是20世纪70年代末以来，在全球化不断深化的背景下，帝国主义产生许多新变化，出现国家的国际化与全球国家等新现象，形成“新帝国主义”“帝国”等新形态。[3] 在这个过程中，帝国主义概念界定已经从反映国内资产阶级维护利益与生产，转变为反映跨国

〔1〕 参见毛泽东：《中国革命和中国共产党》，载毛泽东：《毛泽东选集》（第二卷），北京：人民出版社，1991年版，第638页；John Smith, *Imperialism in the Twenty-First Century: Globalization, Super-Exploitation and Copitalism's First Crisis*, New York: Monthly Review Press, 2015, pp. 82-97。

〔2〕 参见I. Wallerstein, *World-System Analysis: A Introduction*, Durham: Duke University Press, 2004, p. 50。

〔3〕 参见J. Rosenberd, *The Follies of Globalisation Theory: Polemical Essays*, London: Verso, 2000; J. Rosenberd, Globalization Theory: a Post Mortem, International Politics, Vol. 42, 2005, pp. 2-74。

资产阶级维护利益以及由此主导的全球生产秩序与政治逻辑。[1]

基于中微观认识论，帝国主义概念揭示的是相对短时期或小范围的帝国主义表现。20世纪60年代以来，伴随着传统工人运动的衰落，新社会运动在西方发达国家兴起。新社会运动参与者来自不同国家、民族、阶级和阶层，他们为实现特定的社会进步目标或反对现政府及其实行的某一政策，采取多种多样的方式进行抗议。如以环境保护为目的的生态运动，强调妇女个体性别意识和心灵独立、反对在日常生活领域和文化价值观方面的性别歧视与压迫的新女权运动，以及大规模的反核运动等。[2] 在此背景下，帝国主义概念界定关注转向中微观层面。比如，生态帝国主义概念揭示出的资本主义生产增长的无限扩张与环境破坏之间的不可克服和不可调和矛盾。[3] 数字帝国主义概念揭示了帝国主义通过控制数字空间的因特网通道和软件来控制生产方式，形成一个有异于古典帝国主义的超越国家边界的新帝国主义。[4] 媒介帝国主义概念表现出帝国主义通过正式与非正式的发言机构、传媒公司等载体对其他国家媒介进行有目的的渗透、控制等行为，[5] 其过程往往以具有特定价值倾向的传播来实现。

（三）道德逻辑

道德逻辑是指既有帝国主义概念对帝国主义行为表现作出的褒贬价值评

---

〔1〕 参见 M. Hardt and A. Negri, *Empire*, Cambridge: Harvard University Press, 2000, pp. xi-xiv, 9; S. Bromley, "Reflections on Empire, Imperialism and US Hegemony", *Historical Materialism*, Vol. 11, No. 3, 2003, pp. 17-68; W. I. Robinson, "Capitalist Globalization and the Transnationalization of the State", in M. Rupert and H. Smith, eds. *Historical Materialism and Globalization*, London: Routledge, 2002。

〔2〕 参见刘颖:《全球左翼运动中的世界社会论坛研究》，北京:人民出版社，2021年版，第34—43页。

〔3〕 参见 MÉSZÁROS I, *Socialism or Barbarism: From the "American Century" to the Crossroads*, New York: Monthly Review Press, 2002, pp. 13-14; 汪勇:《21世纪西方左翼新帝国主义理论:样态、逻辑与趋势》，载《理论导刊》，2022年第6期，第102—103页。

〔4〕 弗兰克·卢斯夏诺著，黄华莉编译:《数字帝国主义与文化帝国主义》，载《马克思主义与现实》，2003年第5期，第92—103页。

〔5〕 参见 Christian Fuchs, "New Imperialism: Information and Media Imperialism", *Global Media and Communication*, Vol. 6, No. 1, 2010, pp. 46-52; O. Boyd Barrett, *Media Imperialism*, London: SAGE Publications Ltd, 2015, pp. 65-82。

价取向和趋势。帝国主义在当代资本主义世界体系的发展过程中，随着资本主义国家利用资本循环的方式将阶级矛盾向外部转移，帝国主义概念界定所蕴含的“褒”“贬”评价取向也随之发生变化。

在过去20年中，部分学者把帝国主义作为思考和诠释世界政治的首要选项，将帝国主义与“文明开化使命”相关联，新形成的帝国主义描述充分体现了具有宿命论性质的思维和实践。[1] 帝国主义被部分概念赋予正当性，即为了维护或确立人权，推动当地文明的进步，霸权国家有权进行包括武装方式在内的直接或间接的干涉。资本主义世界体系的结构与发展形成“二难境地”，即普遍主义与反普遍主义同时存在。[2] 边缘国家拒绝或接受中心国家的文明都会有所损失，完全拒绝中心国家的文明将使先进科学技术的传播受阻，而全盘接受则意味着放弃自己所具有的文明。资本主义将帝国主义主导的统治秩序与社会稳定结合，使资本主义边缘国家的社会发展融入帝国主义构建的世界体系，从而更好地维持帝国主义秩序，由此，“它背后所蕴含的统治和权力关系被常态化”，[3] 从而进一步导致帝国主义的道德基础被抽空，掩盖成为社会发展的需要。在当代，帝国主义一方面引发传统社会危机，另一方面又为解决危机提供方案，它变成了永久的帝国主义统治的辩解。[4] 帝国主义在这个过程中，既获得统治权力、收益与合法性，同时也占领了道德制高点。

综上所述，时间维度、层次维度与道德维度构成了三位一体的帝国主义

---

〔1〕 参见布雷特·鲍登著，杜富祥、季澄、王程译：《文明的帝国——帝国观念的演化》，北京：社会科学文献出版社，2020年版，第238页；爱德华·W. 萨义德著，李琨译：《文化与帝国主义》，北京：三联书店，2016年版，第404页。

〔2〕 参见埃里克·霍布斯鲍姆著，顾晓祺译：《论帝国——美国、战争和世界霸权》，上海：上海人民出版社，2022年版，第6页；I. Wallerstein, *World-System Analysis: A Introduction*, Durham: Duke University Press, 2004, p. 41。

〔3〕 乌尔里希·布兰德、乌尔库斯·威森著，郇庆治等译：《资本主义自然的限度：帝国式生活方式的理论阐释及其超越》，北京：中国环境出版社，2019年版，第2页。

〔4〕 参见卡鲁娜·曼特娜著，何俊毅译：《帝国的辩解——亨利·梅因与自由帝国主义的终结》，上海：华东师范大学出版社，2018年版，第250—251页。

概念的差异逻辑。基于当前帝国主义概念的分歧与趋势背景，重塑帝国主义概念应当同时把握时间、层次与正确的道德价值评价，实现对帝国主义的立体考察，避免陷入当代资产阶级构建的二维平面逻辑陷阱。在时间维度上，把握人类历史不同发展阶段帝国主义的异同，既要研究同一社会发展阶段时期、相同议题下的帝国主义，也要研究不同时段、不同议题下帝国主义之间的联系。在层次维度上，要结合从元理论到中微观不同观察层次，分析帝国主义在不同层次之间的联系与区别。在道德评价维度上，要始终站在人类共同价值追求的基础之上，对帝国主义保持批判态度。

三、帝国主义与当代资本主义的关系

如前文所述，帝国主义在不同社会发展阶段的具体表现由阶级矛盾所决定。帝国主义从 19 世纪 90 年代进入资本主义主导的阶段并延续至今，[1] 资本主义确立了对世界的统治。这决定了当代帝国主义的阶级条件与阶级矛盾是资本主义性质的。研究当代帝国主义的变化，不能脱离对资本主义阶级矛盾的变化分析。

第一，阶级矛盾的变化使资产阶级改变了帝国主义实践方式与形态。一方面，在阶级内部矛盾方面，生产力与生产关系、经济基础和上层建筑的矛盾运动，使资产阶级改变帝国主义形态。资产阶级主导的科学技术发展和生产社会化水平的不断提高，改变了资产阶级的阶级矛盾，推动当代帝国主义发生变化。“当代资本主义发生的一系列新变化，阶级结构和阶级矛盾出现的一系列新特点，就是资本主义生产关系和上层建筑为适应这一时期生产力

〔1〕 亚历山大·阿涅瓦斯著，李滨等译：《马克思主义与世界政治——争论中的全球资本主义》，上海：上海人民出版社，2023 年版，第 34 页。

的发展要求而作出的自我调整和革新。”[1] 在三次工业革命的推动下，西方资本主义国家完成了从初级产品加工、劳动密集型经济发展模式向高科技、自动化、高附加值生产模式转变，产业结构由第一、第二产业占主导向第二、第三产业转变，帝国主义的阶级社会基础进入生产过剩时期。帝国主义对外转移阶级矛盾的重点转向生产全球化、“全球劳动力套利”[2] 和中心-边缘的依附关系建立，以实现高效率的全球范围剥削，从而消化国内的生产过剩。另一方面，在阶级之间的矛盾方面，由于资产阶级的内在矛盾无法消灭，即私有制和异化劳动基础上的阶级对立矛盾在资本主义社会始终存在，因此“劳动和资本的这种对立一达到极端，就必然是整个关系的顶点、最高阶段和灭亡。”[3] 当今全球化的世界体系是以资本主义国家为主导构建的，“资本主义和世界经济（指单一劳动分工但具有多种政体和文化）是一枚硬币的两面。”[4] 第二次世界大战结束以来，资本主义国家的无产阶级不断开展各种形式的斗争运动，迫使资产阶级调整生产方式，以适应阶级矛盾的变化。为了避免阶级矛盾的极端激化造成资本主义灭亡，资产阶级改变帝国主义传统的殖民、剥削等方式，通过主导全球性的国际组织建立和规则制定，进行全球范围内的资本循环。主要资本主义国家将在全球范围内获得的超额剥削，用于本国资本主义社会工人阶级生活待遇的提高和社会福利制度的改善等，转移原先资本主义国家内部的阶级矛盾。而处在帝国主义主导的全球

---

〔1〕 赵卯生:《唯物史观视野下当代资本主义阶级结构与阶级矛盾新变化》,载《人民论坛·学术前沿》,2023 年第 9 期,第 52 页。

〔2〕 “全球劳动力套利”是指企业或个人利用不同国家或地区之间的劳动力成本差异来获取经济利益的行为。此处强调帝国主义对外转移阶级矛盾的一项重心是,在全球范围内把工作外包给劳动力成本低的地方来降低生产成本,然后将这些劳动成果在高劳动力成本的地方销售或提供服务,从而获取利润。参见 J. B. 福斯特、R. W. 麦克切斯尼、R. J. 约恩纳等:《全球劳动后备军与新帝国主义》,载《国外理论动态》,2012 年第 6 期,第 42—44 页。

〔3〕 中共中央马克思恩格斯列宁斯大林著作编译局编译:《马克思恩格斯文集》(第一卷),北京:人民出版社,2009 年版,第 172 页。

〔4〕 I. Wallerstein, “The Rise and Future Demise of the World Capitalist System: Concepts for Comparative Analysis”, *Comparative Studies in Society and History*, Vol. 16, No. 4, 1974, p. 391; C. Chase Dunn, *Global Formation: Structures of the World-Economy*, Oxford: Black Well, 1991, p. 107.

化劳动分工体系边缘的国家则承载了原先属于中心国家的阶级矛盾。

第二，在资本主义阶段形成了相对稳定、分工明确的帝国主义本体结构。帝国主义作为一种国际关系的结构、逻辑和实践，反复在国际体系发展的不同阶段出现。[1] 帝国主义的本体结构，正是在人类社会发展过程中由阶级矛盾推动形成的特殊现象，在不同阶级条件与社会发展阶段有着相对稳定性。如图 23 所示，进入资本主义阶段以来，帝国主义经过资本主义条件下阶级矛盾发挥的作用，形成了相对稳定的本体结构，即帝国主义实施主体、帝国主义收益方式与帝国主义权力结构。在当代，从帝国主义实施主体看，国家承载了资产阶级实现帝国主义霸权的武装干涉能力、各种核心权力的需要以及在政府间国际平台的合法化身份，跨国企业成为资产阶级在全球范围内剥削剩余价值的直接载体，同时资产阶级通过国际组织平台赋予了帝国主义在全球范围实施的正当性。从帝国主义收益方式看，不同的收益方式服务于帝国主义的不同实施主体实现生产资料占有、剩余价值剥削等形式的需要，可以分为实体和虚拟两种形式。如资本主义国家对全球价值链关键节点的把控，对 5G 等信息互联网核心技术的壁垒设置，尤其是美国构筑的支撑金融资本的互联网技术体系，利用互联网技术扩展传统帝国主义收益方式，令其从实体为主转为实体与虚拟形式共存的状态。从权力结构看，中心化的权力结构伴随帝国主义的始终，根源在于帝国主义服务的阶级本体存在，这决定了权力结构必然有一个核心存在。去中心化的权力结构主要形成于新帝国主义时期，是“资本逻辑”与“领土逻辑”关系调整的产物。这种中心化与去中心化并存的权力结构，是由帝国主义的层次不同引起的，即中微观的帝国主义议题既有中心化权力结构，也有去中心化的权力结构。但从帝国主义的根源层次看，即从阶级矛盾的视角看，帝国主义的权力结构向

[1] 于海洋:《国际体系的帝国主义倾向及其批判》,北京:中国社会科学出版社,2021 年版,序第 1 页。

上必然以阶级矛盾的行为主体为中心，向下即中微观层次则兼容多样化的权力结构，去中心化的权力结构本质上是突破领土逻辑向资本逻辑服务的需要。“金融资本所希望的不是自由，而是统治。”[1] 帝国主义需要保持资本主义逻辑与领土逻辑的平衡，既让世界保持足够的开放，以允许资本主义逻辑可以突破约束获得相对的自由，又保持领土逻辑的稳定与足够控制，以防止任何对帝国主义的军事和政治主导地位构成重大挑战的国家的崛起。[2]

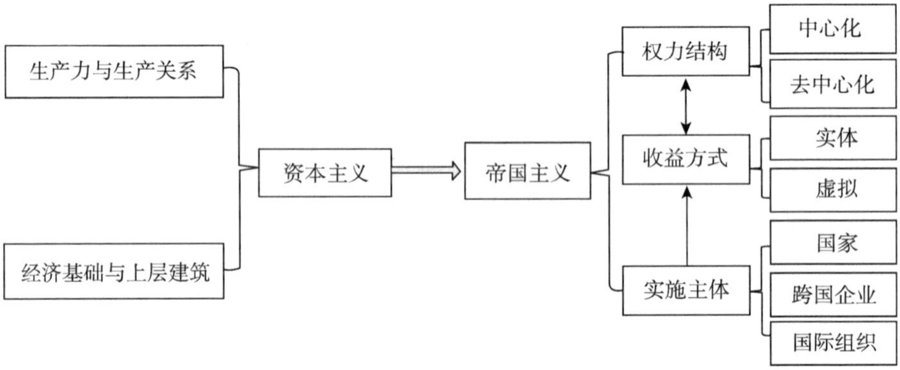

图 23　资本主义基本矛盾与帝国主义本体结构的关系

资料来源：作者自制。

第三，受阶级矛盾的影响，帝国主义在资本主义的不同发展阶段有不同的特征形态。资本主义的阶级矛盾对外转移伴随帝国主义发展的始终，主要差别体现在具体实现方式和手段等方面。在资本主义发展时期的不同阶段，帝国主义受资产阶级矛盾阶段特征的影响不断变化。在资本主义初期发展阶段，帝国主义以直接对外武装侵略殖民为特征。在世界范围内的民族解放与国家独立之后，受到阶级斗争的影响，帝国主义行为呈现隐蔽性特征，通过

---

〔1〕 鲁道夫·希法亭著，福民等译：《金融资本——资本主义最新发展的研究》，北京：商务印书馆，1994 年版，第 385 页。

〔2〕 参见大卫·哈维著，付立新译：《新帝国主义》，北京：中国人民大学出版社，2019 年版，第 48 页。

把控全球生产链、价值链、商品链等的关键节点，以及输出价值观、主导国际规则秩序建设等方式实现阶级矛盾的对外转移。从全球性垄断的帝国主义到高度金融化、虚拟化的帝国主义，再到新自由主义主导的帝国主义，最后到当代“一超独霸、多强拱卫”的美国帝国主义。〔1〕在当代全球化的不同发展阶段，伴随帝国主义的垄断霸权实施行为手段也存在不同阶段。首先是包容阶段，紧随其后的是区别阶段，最后是操控阶段。第一阶段使普遍权力观的建立和合法成为可能；第二阶段涉及被接纳对象的差异肯定，利用差异为操控做准备；第三阶段是对这些差异的操控和等级分化，借助流动和混乱实现繁荣。〔2〕

当代资本主义强调的社会发展观是一种单向、线性的发展。由帝国主义中心国家以自身为标准划分出社会文明的高低和先后阶段，割裂了社会发展的时空条件。如在碳排放的标准制定和能源开发利用上，资本主义发达国家忽视自身在早期发展阶段产生的碳排放和能源使用，只强调当前的排放标准，〔3〕并以此限制经济发展相对落后的国家。帝国主义国家将一个国家发展、生产力水平相对落后的现状，归因于所处时代国家内部生产关系与上层建筑的落后，有意隐藏了帝国主义侵略、剥削、压迫等属性的历史向度关联和阶级矛盾，混淆了帝国主义本体的道德批判属性，忽视了资本主义世界体系中帝国主义的阶级矛盾前提条件，即当前资本主义的高度发达，源于阶级剥削和压迫基础上的资本原始积累。在不同社会发展阶段，阶级矛盾的差异使各个国家在发展道路、发展方式等选择上存在差异。帝国主义以维护阶级利益、解决阶级矛盾为根本目的，这决定了帝国主义的发展模式必然服务于

---

〔1〕鲁保林：《新帝国主义的形成、特征与积累模式》，载《教学与研究》，2021 年第 3 期，第 63—65 页。

〔2〕参见迈克尔·哈特、安东尼奥·奈格里著，杨建国、范一亭译：《帝国》，江苏：江苏人民出版社，2010 年版，第 193—195 页。

〔3〕参见乔尔·克兹曼著，周亦奇、王丽娜、毛舒悦等译：《低碳创新和美国经济霸权 2.0》，大连：东北财经大学出版社，2015 年版，第 225—227 页。

统治阶级的需要。为实现这一根本目的，统治阶级在不同社会发展时空条件下衍生出了帝国主义的实施主体、收益方式、权力结构等核心构成要素和相对稳定的本体结构，并随着社会发展与阶级矛盾的变化，以更多新的具体形式出现。

综上所述，与传统的帝国主义相比，新帝国主义既有继承又有新的调整变化。变化的是帝国主义的主要表现形式、实现方式等，不变的是帝国主义服务资产阶级统治的本质属性。因此，帝国主义在当代并未消失，而是改变了既往的主要存在形态。在当代资本主义条件下，资产阶级矛盾是帝国主义的前提条件，无论帝国主义的形式、操作如何变化，本质上仍旧是为以资产阶级为核心的帝国主义国家服务，差异化与一体化的阶级矛盾始终伴随着帝国主义的发展。

四、重塑帝国主义概念

帝国主义是一种社会历史现实，是人类历史发展过程中阶级矛盾的特殊表现，它的存在、变化与消亡有着特定的条件。帝国主义概念是在帝国主义研究基础之上反映帝国主义表现的系统归纳总结。既有帝国主义概念的自我局限性，源于对解释对象的特定时空节点的观察限制，[1] 缺乏共时性与历时性的共同考察，即对人类社会历史的长时段考察与特定时空条件的结合。如前文所述，帝国主义多样化的表现，如垄断资本主义、中心-边缘帝国主义、依附帝国主义、一体化全球统治构成的世界帝国等，都受到阶级矛盾这一前提条件的制约，并在不同的时间维度与层次维度上相互联系。阶级矛盾这一前提条件的差异，决定了帝国主义的不同属性和特征。在阶级条件确定

〔1〕 参见 Karl Kautsky, "Ultra-Imperialism", *DieNeue Zeit*, Vol. 2, 1914, pp. 908-922；克里斯蒂安·罗伊-斯米特、邓肯·斯尼达尔著，方芳、范鹏、詹继续等译：《牛津国际关系手册》，南京：译林出版社，2020 年版，第 182 页。

的情况下，帝国主义的本体构成因素与阶级矛盾之间的互动，形成了差异化的帝国主义具体表现。因此，重塑帝国主义概念离不开对不同历史时期统治阶级的阶级矛盾表现的分析。

在进入资本主义社会之前，随着生产工具的进步和生产力的提高，原始社会的物质生产开始有剩余。剩余产品的出现使私有制产生，人类社会出现了剥削和被剥削的现象，原始社会开始解体并逐渐过渡到奴隶社会。在奴隶社会，随着阶级和统治阶级的出现，帝国主义产生。奴隶一方面承载了创造社会财富的全部劳动生产，另一方面又作为物成为奴隶主的财产被自由交易买卖，且无任何自由和收入。奴隶主阶级为了维持统治，避免阶级矛盾失控，通过对外发动战争等扩张行为，不断从外部获取包括奴隶在内的资源财富。随着生产力水平的提高和土地私有制的确立，地主与政权的结合形成了新的统治阶级即地主阶级，奴隶社会过渡到封建社会。农民阶级与地主阶级之间的矛盾成为社会的主要矛盾。在封建社会，地主阶级在政治上压迫农民阶级，在经济上剥削农民阶级，在精神上驯服农民阶级。地主与农民之间阶级矛盾的激化，往往发展为大规模的武装斗争运动等。为了避免阶级矛盾激化，地主阶级一方面提高社会生产力，采取开发荒地、发展水利灌溉、免除灾年农民赋税等措施；另一方面对外发动战争兼并人口土地，扩大领土与建立藩国，通过封建剥削、徭役等方式获取外部资源，对外转移内部矛盾。

进入资本主义社会之后，资产阶级成为统治阶级，帝国主义有了新的变化。资产阶级的内部矛盾，即生产社会化和生产资料私人占有之间的矛盾不可调和，使资本主义国家需要不断向外转移阶级矛盾。在资本主义早期，资产阶级推行帝国主义的方式，仍然延续奴隶社会与封建社会时期的对外武装侵略手段，不同之处在于资产阶级同时还建立殖民地与半殖民地。资产阶级通过资本输出，不仅剥削和掠夺殖民地和半殖民地人民，促进本国经济的发展，而且导致全球性的剥削和掠夺关系的形成。在第二次世界大战结束之后，随着被剥削阶级开展广泛的阶级斗争运动，世界范围内民族解放与国家独立相继实现。在此背景下，资产阶级为避免与被剥削阶级之间矛盾激化，改变了以武装侵略为主要手段的帝国主义方式，采用更加隐蔽的方式实施帝国主义，实现阶级矛盾的对外转移。

进入垄断资本主义阶段后，垄断成为资本主义社会发展条件下帝国主义的属性与目标，但垄断并不一定在资本主义任何时期、所有领域都直接表现出来。资本主义阶级内部矛盾的变动，决定了在不同时空条件下资产阶级构成主体的利益并非完全一致，而是存在主次矛盾之分。这种资本主义的内部主次矛盾关系并非一成不变，不同时期帝国主义垄断行为涉及内容反映的是资本主义在当前的主要矛盾、占资本主义主导地位的产业和利益团体的需求，本质上是调节生产关系与生产力的矛盾。因此，为了服务主导地位的产业与利益团体，处于次要地位的资本主义产业与利益团体可以被牺牲或者转移至外国，被帝国主义国家包装美化为"基于规则"的交往原则、市场贸易的"自由开放"等具有欺骗性质的对外政策。当帝国主义主体中具有前沿性、决定性主导地位的产业或利益团体对外处于劣势时，"自由开放"的伪装会被立刻抛开，此时"领土逻辑"与"资本逻辑"的平衡将向前者倾斜。比如，在当下，美国一方面通过国际贸易规则打开中国市场，另一方面针对芯片、5G、生物医药、传媒等重点行业领域进行垄断，对中国实施禁止或限制销售、合作等措施。这从本质上反映了资本主义条件下帝国主义的"资本逻辑"与"领土逻辑"的核心是为资产阶级服务，并主导依附关系规则。当前，资本主义国家、跨国企业与资本主义国家主导的国际组织为转移阶级矛盾，通过帝国主义方式对外实施军事、经济、政治、文化等多维度的措施，获取全球价值链等重要资源控制权，进而实现"时空修复"和"资本循环"。

综合上述讨论，本文认为，帝国主义是指在阶级社会历史中，统治阶级为了维护阶级利益、解决阶级矛盾，通过实施载体即帝国主义实施主体对外进行矛盾转移的现象。这既包括直接性的殖民侵略、垄断资本主义、大国沙文主义等行为，也包括通过在政治、经济、文化、生态、科技等领域构建服务于统治阶级体系的间接行为。统治阶级的利益与体系内各个国家社会稳定发展形成互嵌关系，由此赋予帝国主义行为以隐蔽性、合法性与正当性。当今世界体系由资本主义国家主导，这决定了当代帝国主义的阶级条件与阶级矛盾是资本主义性质的，即资产阶级矛盾是当代帝国主义的先决条件。在此条件下，帝国主义的实施主体为主权国家、跨国企业与国际组织。不同主体的地位与发挥作用的大小并非一成不变，由具体矛盾的性质状态决定。帝国主义主体之间既可以独立发挥作用，也受到不同主体间的相互影响。在阶级矛盾、时间维度、层次维度等基础条件不同时，帝国主义在宏观与微观层次表现出多样化的内容与形式。在阶级前提条件相同时，帝国主义实施主体、权力结构与收益方式的具体形式的不同组合也产生了差异化表现。这种差异化表现既是帝国主义在不同时期、不同层次的表现，也是帝国主义构成要素不同组合产生的结果。

虽然全球化的世界体系是资本主义主导建立的，但帝国主义不一定只存在于资本主义国家，非资本主义国家也可能产生帝国主义。〔1〕由于人类社会历史发展尚未实现共产主义，各种社会形态的国家都存在阶级矛盾。社会主义国家虽然不存在资产阶级，但依旧存在非对抗性矛盾与阶级内部矛盾，有可能出现帝国主义。与资本主义国家相比，区别在于发生可能性、资本主义经济因素在社会经济发展中的地位与作用，以及帝国主义核心构成要素的完备程度的不同。资本主义国家由于阶级矛盾的对抗性和资产阶级矛盾的不可调和，不断进行资本循环的缓解方式必然具有对外转移矛盾的特性，这使得资产阶级主导的社会发展模式必然产生帝国主义。社会主义国家的阶级矛盾是非对抗性且可调和的，解决阶级矛盾的方式不具有必然对外转移的属

〔1〕 参见 B. Teschke, "Imperial Doxa from the Berlin Republic", http://newleftreview.org/issues/ii40/articles/benno-teschke-imperial-doxa-from-the-berlin-republic。

性，这使得无产阶级主导的社会发展模式可以避免帝国主义产生。

五、结语

帝国主义无论形式、内容如何变化，都无法摆脱代表统治阶级利益的属性，也无法掩盖其站在全人类共同利益对立面的事实。因此，要在全人类共同利益与价值追求基础之上，坚持对帝国主义的道德批判。当前，帝国主义并未消失，阶级矛盾仍旧存在，并会以不断变化的新形式存在相当长的时期。要秉持与时俱进的理念，在坚持差异性与统一性的基础上，不断丰富对帝国主义及其理论概念的认知。

习近平指出："人类社会现代化的征程难免遭遇坎坷，但前途终归光明。"〔1〕未来，中国作为无产阶级政党执政的社会主义国家，将努力促进全人类的共同发展，减少阶级矛盾，尤其是缩小当前所谓代表"普世文明"的发达国家与其他国家地区的结构性发展水平差距，改变既有的依附关系与中心-边缘格局，削弱帝国主义存在的基础条件，推动建设相互尊重、公平正义、合作共赢的新型国际关系，推动构建人类命运共同体。

〔1〕习近平：《携手同行现代化之路》，新华社北京 2023 年 3 月 15 日电。

图书在版编目（CIP）数据
政党与世界政治. 第一辑 / 王存刚主编. -- 北京 : 当代世界出版社, 2024. 10. -- ISBN 978-7-5090-1840-8
Ⅰ. D564
中国国家版本馆 CIP 数据核字第 20246A4L49 号

书　　名：政党与世界政治 第一辑
作　　者：王存刚 主编
出 品 人：李双伍
策划编辑：刘娟娟
责任编辑：刘娟娟　杨啸杰
出版发行：当代世界出版社有限公司
地　　址：北京市地安门东大街 70-9 号
邮　　编：100009
邮　　箱：ddsjchubanshe@163. com
编务电话：(010) 83907528
(010) 83908410 转 804
发行电话：(010) 83908410 转 812
传　　真：(010) 83908410 转 806
经　　销：新华书店
印　　刷：廊坊市印艺阁数字科技有限公司
开　　本：710 毫米×1000 毫米　1/16
印　　张：17. 75
字　　数：244 千字
版　　次：2024 年 10 月第 1 版
印　　次：2024 年 10 月第 1 次
书　　号：ISBN 978-7-5090-1840-8
定　　价：79. 00 元

法律顾问：北京市东卫律师事务所　钱汪龙律师团队　(010) 65542827